住宅地の
マネジメント

「まちネット」から学ぶ
まちづくりの知恵

編著 大月敏雄＋東京大学建築計画研究室
監修 住宅生産振興財団

建築資料研究社

はじめに

　高齢化や人口減少の進展が見込まれる中、住宅地の価値を守り育て、住み継がれるまちとしていくためには、住宅地の企画・計画に関わる「生みの親」(つくり手)による様々な工夫に加え、「育ての親」(住まい手)による適切な維持管理・運営やまちの課題に対応したコミュニティ活動などが大切です。

　このような住まい手による住宅地のマネジメントを応援するため、住宅生産振興財団では、国土交通省の「まちづくり月間」の行事の一環として、「住まいのまちなみコンクール」を実施し、魅力的な住まいのまちなみを育む維持管理や運営などの活動に成果を上げている住民組織を顕彰し、支援しています。

　コンクールの受賞団体では、古くからの既成市街地、開発から年月を経たニュータウン、新たに開発された住宅地などで、それぞれのまちの課題に向き合い、さまざまな活動に主体的に取り組んでおられ、そこでの工夫や努力は全国各地でのこれからのまちづくりに大いに参考となるものと考えます。

　また、各団体は、「すまいのまちなみネットワーク」(通称：まちネット)にご参加いただき、情報交換、交流を行っています。

　本書では、まちネットで情報交換を行ったコンクール受賞団体の活動成果から、住宅地を守り育て、問題解決に当たるために役立つ実践に裏打ちされたノウハウを問題解決の知恵として取りまとめるとともに、先進事例として受賞団体の活動内容を紹介しています。

　マンション管理に関するマニュアル類は数多く刊行されていますが、戸建てを中心とした住宅地のマネジメントの参考となるような書籍はほとんど見かけることがありません。

　各地域で実際に住宅地の管理運営に取り組んでいる方々、これからの住宅地のマネジメントのあり方に関心をお持ちの方々、住宅団地の再生等に関わる行政や事業者の方々などに、大いに役立てていただけることを期待する次第です。

　まちネットにご参加いただき、活動内容をご紹介いただいた受賞団体の皆様には、日頃の活動やその成果に深く敬意を表しますとともに、様々な情報提供等をいただいたことに御礼を申し上げます。

　また、極めてご多忙の中、コンクールやまちネットへのご指導、このたびの問題解決の知恵のとりまとめにご尽力をいただきました東京大学の大月敏雄先生に、深く感謝の意を表したいと思います。

　コンクール実施にご指導、ご支援、ご協力をいただいている、藤本昌也委員長をはじめとする審査委員会の先生方、国土交通省、関係機関、当財団会員社をはじめとする関係者の皆様、そして、このたびの出版に際しお世話になりました皆様にも、改めて御礼を申し上げます。ありがとうございました。

一般財団法人 住宅生産振興財団

住宅地のマネジメント

「まちコン」と「まちネット」

　「住まいのまちなみコンクール」は、住宅生産振興財団が2005年から実施している顕彰事業である。これからは住宅や住宅地をつくるばかりではなく、「住みこなす(マネジメントする)」技術も蓄積していかなければならない。そのためには、開発事業者や設計者だけが切磋琢磨するばかりではなく、住まい手にも切磋琢磨の場が必要だろう。ただ、しのぎを削って1等賞をめざす設計競技(コンペ)という形よりは、多くの経験者や知恵者が、互いのまちづくりの技を見せ合い、顕彰し合う、コンクールのような形がふさわしいだろう。というのが、この事業の企画時の議論だった。

　こうして出発した「住まいのまちなみコンクール」は、戸建て住宅地を主体とした住まいのまちなみづくりに長年取り組んでいる居住者団体を対象に、その活動内容と、形成されたまちなみを評価して、毎年1件の国土交通大臣賞と、4件の住まいのまちなみ賞(時には、国交大臣賞の次点として住まいのまちなみ優秀賞が出ることもある)を授与し、かつ、5つの受賞団体に対して、3カ年にわたり活動経費の支援を行うというプログラムとして出発し、今年2018年で第14回目を迎えようとしている。

　第1回の受賞5団体には、2006年の授賞式に出席してもらい、記念の懇談会を開いたのだが、その後の活動支援期間の3年間も第2回と第3回の授賞式にお呼びした。そうすれば、「まちコン」授賞式の場を借りて、全国のまちなみづくりに取り組む居住者団体同士が、各々の経験や知恵を、フラットに交換できる場ができるのではないかと考えたからだ。そのせいもあってか、実際に、授賞式後にも互いに行き来されるような団体も出てきた。

　そこで、第1回目の受賞団体の支援終了後も、引き続き受賞団体がフラットに交流する場を持ちたいということで、「まちコン」受賞団体の同窓会である「住まいのまちなみネットワーク(通称:まちネット)」をつくり、毎年新規団体の「授賞式」に合わせて「総会」を開くということにしたのである。もちろん、総会のあとの「懇親会」の方が、重要な役割を持っている。

テキストづくり

　このように、「まちコン」から「まちネット」が生まれ、受賞団体同士の知恵の交換のきっかけができたのはよかったが、当初から気になっていたのが、こうした知恵がどうしたら、これからまちづくりに取り組もうとする居住者団体に届けられるのかということであった。

　受賞団体のその後の活動の様子を伺いに行くと、まさに目から鱗が落ちるようなアイデアや知恵がたくさん聞けるのだが、自分だけがそれを聞くのではもったいない。しかし、よく考えると、世の中には、ふとしたはずみで自分が町内会長や自治会長になったときに、あるいは住宅地の運営に携わる羽目に

なったときに、参考にすべき教科書はない。それなら一層のこと、まちコン受賞団体が経験されてきた数々の知恵をテキストのようなものにして、たとえ明日、町会長の順番が回って来ようと、この一冊を読めば大丈夫、というようなものがつくれないだろうか、ということに思い至り、改めて10年分の受賞団体50組織に、聴き取り調査をお願いしてできたのが、本書である。

このようにして、住まいとまちなみのマネジメントに関わる膨大な事象を、ある意味無理やり10章にまとめたのであるが、本書に記してある情報は、基本的には受賞団体に聴き取りを行った際に得られた情報に基づいている。したがって、その団体にとっては、現在ではすでに行っていないことや、その後組織の体制が変わったりして、現在まで継承されていないような事柄を記述している箇所があるかもしれない。しかし、ある団体が、ある時点で、ある課題に直面し、そこに居合わせた住民たちが知恵を出し合い、解決に至る、という貴重なプロセスに基づいて生まれた数々の課題解決の知恵は、その団体自身にとっては、ある時点にだけ必要な知恵であったかもしれないが、同様な課題に新たに直面している他の団体にとっては、参考となるに違いないと思っている。

したがって、本書に書いてある具体の知恵が、すでに当該団体にとっては過去のもとなっていることもあろうが、基本的には、あえてアップデートせずに、聴き取り段階の情報をもとに構成している。この点、読者諸兄にはご留意の上、読み進んでいただければと思っている。また、それぞれの知恵は、必ずしもそこで事例に挙げている団体のみが行っているわけではなく、たまたま聴き取りの際に、目についたものが収録されているのだと思って読んでいただければ幸いである。

本書の構成

本書の第1部 問題解決の知恵では、「住まいのまちなみコンクール」第1回〜第10回で受賞された50団体にヒアリング調査した成果をもとに抽出した281の〈知恵〉を収録している。

受賞団体の正式名称、所在地は、p6に掲載した「受賞50団体一覧」を参照されたい。また、本文中の右欄にインデックスとして参照している団体名は一覧中に示した略称による。

〈知恵〉末尾に緑字で示している項目は、関連する他項目を示している（項目一覧は、p8〜13）。

各団体の概要、写真、街区図については、第2部「住まいのまちなみコンクール」受賞団体の活動にその詳細を掲載している。

2018年5月　大月敏雄 東京大学大学院 教授

全体目次

はじめに　一般財団法人 住宅生産振興財団　1

住宅地のマネジメント　大月敏雄 東京大学教授　2

受賞50団体一覧　6

1　問題解決の知恵　7

1｜まちの構成と組織の運営

2｜他の組織・人材との連携

3｜情報共有

4｜人々を巻き込む

5｜活動の動機づけ

6｜合意形成

7｜安心安全

8｜まちを美しく

9｜公共私の境を超えた活動

10｜まちなみのルールと計画

2　「住まいのまちなみコンクール」受賞団体の活動　137

「住まいのまちなみコンクール」と「まちネット」　138

「まちネット」50団体の紹介　140

附・「住宅地のマネジメント」のために
知っておきたい用語　大月敏雄　241

受賞50団体一覧

番号	略称	正式名称	所在地	備考
01	スウェーデンヒルズ	スウェーデンヒルズ・ビレッジ地区建築協定運営委員会	北海道当別町	第2回住まいのまちなみ賞
02	新屋参画屋	特定非営利活動法人新屋参画屋	秋田県秋田市	第10回住まいのまちなみ賞
03	諏訪野	団地管理組合法人諏訪野会	福島県伊達市	第3回国土交通大臣賞
04	七日町通り	七日町通りまちなみ協議会	福島県会津若松市	第9回住まいのまちなみ賞
05	中央台鹿島三区	いわき市中央台鹿島三区自治会	福島県いわき市	第9回住まいのまちなみ賞
06	フィオーレ喜連川	フィオーレ喜連川管理組合	栃木県さくら市	第9回住まいのまちなみ賞
07	オーナーズコート守谷	オーナーズコート守谷・維持管理組合	茨城県守谷市	第2回住まいのまちなみ賞
08	光葉団地	光葉団地自治会	茨城県稲敷市	第6回住まいのまちなみ賞
09	真壁	茨城県建築士会桜川支部	茨城県桜川市	第3回住まいのまちなみ優秀賞
10	南平台	南平台環境ボランティア	茨城県阿見町	第8回住まいのまちなみ賞
11	旭ヶ丘	旭ヶ丘自治会	茨城県筑西市	第9回住まいのまちなみ賞
12	こしがや・四季の路	こしがや・四季の路管理組合	埼玉県越谷市	第5回国土交通大臣賞
13	佐倉染井野	佐倉染井野緑地協定運営委員会	千葉県佐倉市	第8回住まいのまちなみ賞
14	布佐平和台	布佐平和台自治会	千葉県我孫子市	第2回住まいのまちなみ賞
15	碧浜	碧浜自治会	千葉県浦安市	第4回住まいのまちなみ賞
16	たい歴	NPO法人たいとう歴史都市研究会	東京都台東区	第1回住まいのまちなみ賞
17	城南住宅	城南住宅組合	東京都練馬区	第7回国土交通大臣賞
18	境の丘	境の丘住宅団地管理組合法人	東京都町田市	第1回住まいのまちなみ賞
19	三輪緑山	三輪緑山管理組合	東京都町田市	第2回国土交通大臣賞
20	ガーデン54	高幡鹿島台ガーデン54管理組合	東京都日野市	第6回住まいのまちなみ賞
21	フォレステージ	フォレステージ高幡鹿島台管理組合	東京都日野市	第10回住まいのまちなみ優秀賞
22	青葉美しが丘	青葉美しが丘中部地区計画街づくりアセス委員会	神奈川県横浜市	第1回住まいのまちなみ賞
23	山手	山手まちづくり推進会議	神奈川県横浜市	第2回住まいのまちなみ優秀賞
24	ニコニコ自治会	ニコニコ自治会	神奈川県藤沢市	第5回住まいのまちなみ賞
25	みずき	みずき町会	石川県金沢市	第6回国土交通大臣賞
26	滝呂	多治見市38区タウン滝呂自治会	岐阜県多治見市	第8回住まいのまちなみ優秀賞
27	桂ケ丘	桂ケ丘自治会	岐阜県可児市	第7回住まいのまちなみ優秀賞
28	蒲原宿	蒲原宿まちなみの会	静岡県静岡市	第4回住まいのまちなみ賞
29	グリーンヒル青山	NPO法人青山まちづくりネットワーク	滋賀県大津市	第4回住まいのまちなみ賞
30	新海浜	新海浜自治会	滋賀県彦根市	第3回住まいのまちなみ賞
31	西竹の里	西竹の里タウンハウス管理組合	京都府京都市	第4回国土交通大臣賞
32	桂坂	桂坂景観まちづくり協議会	京都府京都市	第7回住まいのまちなみ賞
33	姉小路	姉小路界隈を考える会	京都府京都市	第10回国土交通大臣賞
34	新千里南町3丁目	新千里南町3丁目住宅自治会	大阪府豊中市	第3回住まいのまちなみ賞
35	コモンシティ星田	コモンシティ星田HUL-1地区建築協定運営委員会・同街並み保全委員会	大阪府交野市	第1回国土交通大臣賞
36	アルカディア21	アルカディア21管理組合	兵庫県三田市	第4回住まいのまちなみ優秀賞
37	ワシントン村	学園ワシントン村街区管理組合	兵庫県三田市	第5回住まいのまちなみ賞
38	尾崎	尾崎のまちを考える会	兵庫県赤穂市	第10回住まいのまちなみ賞
39	オナーズヒル奈良青山	オナーズヒル奈良青山団地管理組合法人	奈良県奈良市	第3回住まいのまちなみ賞
40	いんしゅう鹿野	NPO法人いんしゅう鹿野まちづくり協議会	鳥取県鳥取市	第7回住まいのまちなみ賞
41	木綿街道	木綿街道振興会	島根県出雲市	第9回国土交通大臣賞
42	矢掛宿	備中矢掛宿の街並みをよくする会	岡山県矢掛町	第8回国土交通大臣賞
43	グリーンヒルズ湯の山	グリーンヒルズ湯の山団地 まちなみ景観委員会	愛媛県松山市	第8回住まいのまちなみ賞
44	土居廓中	ふるさと土佐土居廓中保存会	高知県安芸市	第6回住まいのまちなみ優秀賞
45	青葉台ぼんえるふ	青葉台ぼんえるふ団地管理組合法人	福岡県北九州市	第1回住まいのまちなみ賞
46	コモンライフ新宮浜	コモンライフ新宮浜団地自治会	福岡県新宮町	第5回住まいのまちなみ賞
47	百道浜	百道浜4丁目戸建地区町内会	福岡県福岡市	第5回住まいのまちなみ賞
48	パークプレイス	パークプレイス大分公園通り団地管理組合法人	大分県大分市	第7回住まいのまちなみ賞
49	木花台	学園木花台グリーンガーデン土地所有者会	宮崎県宮崎市	第10回住まいのまちなみ賞
50	大城花咲爺会	大城花咲爺会	沖縄県北中城村	第6回住まいのまちなみ賞

1
問題解決の知恵

1｜まちの構成と組織の運営　14

1-1　まちの空間構成とわかりやすさ　16

30cmのグリーンベルト

「共有の」グリーンベルトを設定

コミュニケーションを増す
オープンなレイアウト

コモンがもたらす自然な近所付き合い

共有地を地域に開く

団地をオープンに改造して
得られる近隣交流

イベント名称が地区の名前に

地区名称をわかりやすく

1-2　居住者の構成とまちの人材　19

班の構成に便利な「両側町」

「町内会・区・班」の段階構成

時間差開発による多様な年齢構成

空きアパートを活用して多様性を増す

1-3　役員の確保　20

最初は入居順に役員を

班長は翌年委員に、区長は翌年委員長に

役員選考委員をローテーションで

役員の数と任期を減らす

外部委託で業務軽減

1-4　新旧役員の引き継ぎ　22

前役員が3カ月間アドバイザーとして残る

2年任期、半数交替

理事長を次年度監事に

次年度の役員も一緒に決めて

短期交替の自治会とは別の
常任メンバーがアドバイス

1-5　委員会と適材適所　24

専門技術を持っている住民の力を活かす

軌道に乗ったら委員選出を輪番制で

世代別の役割分担

広報担当と議事録担当を兼ねて情報共有

1-6　資金・資源の調達　25

集金はボーナスが出る頃に

活動資金を自前で稼ぐ

清掃ボランティアの対価で拠点を確保

ロウソクを売って活動費を捻出

電灯のランニングコストを計算

計算づくの長期修繕計画

修繕費と積立金

環境美化基金を設置

2｜他の組織・人材との連携　28

2-1　同じ住宅地内の組織連携　30

同じ団地の複数組織間の連絡会議

自治会と管理組合の長だけを分離

管理組合と自治会の事務局を統合

自治会と管理組合をつなぐ委員会

自治会と管理組合の一体運営

2-2　近隣組織との連携　31

隣接の町内会と自治会で協議会

隣接自治会と協力して街路樹を管理

近隣の居住者組織と共にまちなみを守る

複数のまちで交渉しコミュニティバス運行へ

広域協議会を通して経験を共有

同じ課題を持つ県内のネットワーク

2-3　ボランティア組織との連携　34

自治会を補完するボランティア組織

ボランティア活動がまちの財産保存

住民ボランティアの技

2-4 NPO法人との連携　35
会員に多様な人材を
NPOと任意団体の両看板
NPO法人設立が地元組織をつなぐ
NPO役員に居住者組織の役員や専門家を
各種団体のネットワーク化

2-5 行政との連携　37
国と市と住民間のコラボ
行政と居住者組織の役割分担
公園緑地里親制度の利用
景観協定の策定
「覚え書き」の活用
ワークショップで公共施設をデザイン提案

2-6 さまざまな専門家と相談する　39
カオの広さで地元専門家をつなぐ
"樹木医"の客観的診断が合意形成を促す
建築士の「たてもの相談会」

建築士による補助金を得る支援
弁護士を中心に近隣の開発に対応
管理会社とのつきあい方の進化
管理業務を分離発注

2-7 専門家としての開発事業者　42
開発に関わった専門家を顧問に
"生みの親"がグリーンキーパーとして活躍
開発事業者と設計者に協力を仰ぐ
開発事業者が長期的に居住者をサポート
開発事業者が震災被害者を支援

2-8 大学研究者との連携　44
大学生と一緒にワークショップ
正規授業として学生の力を借りる
まちの履歴を掘り起こしてもらう
地域が育てる地域の研究者
地元大学の専門研究者を巻き込む
地元大学と共に地域起こし

---

3 | 情報共有 　46

3-1 定期刊行物　48
戸数が多い班の回覧板は両方向から
自治会連絡網を利用した情報伝達
定期ニュースを集大成してガイドブックに

3-2 情報共有の手段　49
異なる組織の事務局が机を並べる
来客用ステッカーで違法駐車対策
手づくり「建築協定ガイドブック」
まちの魅力を瓦版にまとめる
ワークショップを通じた
「建築協定ガイド」
わかりやすい緑地協定ガイドライン
まちづくり協定の手引き
「知らなかっただけ」を克服するガイドライン

3-3 ITを駆使する　51
ルールや書類をすべてホームページに
インターネットを使った情報発信
イントラネットを使って情報を蓄積
ケーブルテレビ網の活用

3-4 気持ちを共有するための仕組み　52
まちなみ景観セミナー
勉強会を開いて居住者の理解を深める
定期総会資料の充実
関係書類を1冊に収めておく
まちづくりのアーカイブが財産

3-5 新規居住者への情報伝達　54
「ウェルカムパック」

管理会社から売買時にひとこと
空き家所有者へも協力を訴える
新規入居者への協定の説明

不動産仲介事業者への説明会
売却・購入の引継ぎの際に役員が参加

4 | 人々を巻き込む 56

4-1 多様な人を巻き込む 58
多様な活動が多様な人を惹きつける
みんなが参加できる活動が
組織の枠を超える
多様な同好会活動がきっかけをつくる
転居してきた若い世代向けに情報誌
父親たちが集まる会から
ゲストハウスとの共存

4-2 子どもを巻き込む 60
小学校の総合学習との連携
抽選券で祭りに誘う
子どもから親世代を巻き込む
子どもを巻き込んだ高齢者福祉
子どもが大人をたしなめる

4-3 ボランタリーな活動が まちなみ意識を高める 61
やりたい人から始める
花の苗を配る
都合が悪い場合は、自発的に前日に草刈り

4-4 まずは居場所づくりから 62
駅舎を住民の居場所に
外部サポーター「もめん小町」
若者や余所者を受け入れる

4-5 不加入者問題 64
自治会加入を契約書の特記事項に
セカンドハウス的利用者にも
清掃の案内を送る

5 | 活動の動機づけ 66

5-1 楽しいイベントとの抱き合わせ 68
タケノコ掘りと掃除のセット
イベントとセットの住民説明会
全体共同作業のあとの親睦
気軽な茶話会形式で出前講座

5-2 コンテストと顕彰 69
ガーデニングコンテスト
清掃活動を表彰
古い町家の継承者に表彰状

5-3 来街者のまなざしがモチベーション 70
来街者アンケートが掃除のモチベーション
クリスマスイルミネーションで機運を上げる

5-4 まちの課題をまちの魅力に変える 71
竹害防止で伐採した竹で灯籠イベント
電柱や門柱に季節の花を飾る
防犯マップづくりがまちの持続性に寄与
空き地を起爆剤としたまちづくり

5-5 まちの宝物探しと愛着づくり 72
まちの「いいところ」を探して共有
まち全体をゴルフ場に見立てるイベント
専門家を講師に見学会

5-6 まちの記憶と記録 73
まちの足跡を残して次世代に引き継ぐ
まちなみ資源台帳を作成する
樹種の名札を付けて興味を喚起

開発時の理念を再確認する

"生みの親"からまちの理念を聴く

昔あった店の模擬店でお店屋さんごっこ

5-7 新しい伝統をつくり出す　75

お祭りや神輿を自分たちでつくり出す

老若男女に交流の場を与える夏祭り

灯りを替えてまちの雰囲気を変える

建蔽率・容積率アップに反対する見識

5-8 蝶や蛍の飛び交うまちに　76

水路のビオトープ化

バタフライガーデン

ホタル再生計画

ホタルをよみがえらせる

6 | 合意形成　78

6-1 アンケートを活用　80

自治会アンケートでサークルを立ち上げる

アンケートで活動のテーマを決める

合意形成のためのアンケート

重要事項・方針決定にはアンケート

6-2 実測値を活用　81

風除けに有効な樹木高さの調査

身近な賛同を地図化していく

比較のデータを用意する

活動の自己評価を公表

6-3 情報共有と意見交換の場　82

まちの持つ歴史への誇りと愛着

「パトロール隊」から「交流会」へ

意見を言い合う場を設ける

みんなで決める自治会館利用法

阪神大震災を教訓に本気の防災

身近な公民館活動が合意を育む

お困りごとは"まちづくり役場"へ

6-4 少しずつ意見を挙げていく　85

小単位に分けて意見を反映

"コモン代表者会議"を定期的に開催

6-5 説得力のある説得術　86

まずは景観への意識向上から

別の観点から是正をお願いする

「割れ窓理論」の実践

ダメなものは詳細な説明をつけて全戸配布

7 | 安心安全　88

7-1 安心安全設計　90

ボンエルフ道路の安全性

安全な「みち広場」

安全で美しい道づくり

7-2 備えあれば憂いなし（防犯）　91

地域の見通しを良くする

案内板と常夜灯

施錠の抜き打ち検査

施設管理責任のリスクに備える

7-3 ついでに防犯　92

個人のちょっとした努力で防犯

ゴミ捨てのついでに防犯

散歩のついでに防犯

イルミネーションのついでに防犯

7-4 備えあれば憂いなし（防災）　93

自分たちで防災冊子をつくる

防災マップをつくる

震災に備えた無電柱化

役立った日頃の防災訓練

経験を踏まえて進化する自主防災組織

除染はみんなで

「困った時はお互いさま」の心遣い

7-5 ITを使った防災　95

SNSで防災対策

メールを活用して震災情報を共有

7-6 高齢者の安心　96

「共助」の意識を育む交流会

水遣り当番で安否確認

男子の井戸端会議

民生委員の協力で気配りカルテ

地域で認知症を支える「オレンジリング」

8 ｜ まちを美しく　98

8-1 清掃　100

一斉清掃日の呼びかけとゴミ回収

防犯パトロールの波及効果

共同作業でよそのコモンとの親密さが増す

多数の住民参加による環境・緑地維持活動

8-2 ゴミ集積所　101

ゴミ集積所の管理を登録制に

ゴミ当番は掃除用具を回す

ゴミ集積場も持ち回り

ゴミ集積所の再整備

8-3 植栽管理の共同性　102

「前刈り」に「声掛け」

近隣の人による樹木の水遣り

植栽剪定の事前共同チェック

薬剤散布は共同で

害虫発生に建築協定の変更で対応

8-4 植栽管理の持続性　104

シンボルツリーをまちの財産として登録

造園業者の見つけ方

年間工程表を作成してスムーズな引き継ぎ

樹木をデータベース化して管理

緑の長期管理計画の策定

8-5 修景　107

置くだけで修景

ランの古株を業者から貰って再生する

まちなみを柿渋で塗る

電源トランスに目隠し

居住者の自主的な改修により修景

20年かけて勝ち取った電線地中化

9 ｜ 公共私の境を超えた活動　110

9-1 近隣の緑地を活かす　112

斜面緑地をみんなで耕す

占有許可を受けた緑地帯で市民マーケット

緑地掃除と引き換えにタケノコ掘り

遊休地をドッグランとして活用

周辺国有地の白砂青松を守る

隣接する公用地の環境も守っていく

9-2 道路をつくり管理する　114

近所の自衛隊も一緒に通学路の草刈り

管理組合による公共道路の管理

行政が芝生の管理を組合に委託

一般道路を歩行者専用道路に指定替え

9-3 公園をつくり管理する　116

地域の公園の改修を提案

「公園里親制度」を活用して
積極的に環境美化

9-4 隣地の開発から守る　116

隣地の開発問題を契機に

隣地の建替えを契機に環境を再確認

近接した敷地の開発に対応

始まりはマンション反対運動

9-5 私有地の管理　118

私有地のブロック塀を修景する

私有地の空き地を1m除草して
住環境を保全

空き地の樹木の管理法

9-6 空き家という地域財産を活かす　120

大学生の飲み会に貸してきれいにする

空き部屋をギャラリーに

大型空き家の清掃と活用実験から

空き家をNPO法人が借りて活用

空き家を行政が借りて活用

空き家再生を多発させる

国の登録文化財100件を目標に

空き家紹介を超えたコミュニティビジネス

10｜まちなみのルールと計画　124

10-1 建築協定・緑地協定の運営を確実に　126

建築確認申請前に
協定運営委員会がチェック

工事着工前と完了後の現地チェック

増改築時の協定内容チェック体制の確立

着工前に「工事保証金」を提出してもらう

10-2 建築協定・緑地協定の
運営をやりやすく　127

建築協定チェックシート

時期がバラバラの建築協定を再編成

団地内で建築協定を一本化

10-3 建築協定・緑地協定の変更・更新　128

ソーラーパネルに対応

自動更新で協定期限切れに対応

建築協定を変更しながら時代に対応

建築協定・緑化協定を見直す

建築協定の限界を地区計画で解決

建築協定の内容を管理規約に

町式目から地区計画へのルールの成長

10-4 景観条例　130

景観条例に基づき市が自主協定を認定

事前協議の流れをルール化する

景観条例による住民協定の補完

10-5 独自のまちなみルール　131

あえてガイドラインを設けない

「建てたときの状況に戻す」という協定

重要事項説明にまちなみルール

地区計画を補足するガイドライン

まちなみ保全の客観的ルールをつくる

10-6 地域に即したルール　133

「アパート協定」を締結

生活問題を県の条例で解決

管理規約の細則で少ない駐車場を回す

「準専用地」による統一感あるまちなみ

10-7 基礎情報と将来計画　135

高木の巡回調査と将来植え替え計画

「終の棲家」としてのコンセプトを共有

GISでの住宅地管理の試み

地区計画で予防的なまちづくりを

まずは「高齢者のゴミ出し支援」から

まちの将来像を区民総会で決定

1 | まちの構成と組織の運営

住宅地の成り立ちを知る

　住宅地にはさまざまな種別が考えられる。基本的には新規開発住宅地や計画住宅地と呼ばれている、新たに土地を開発してつくる住宅地と、昔からある既成市街地である。新規開発住宅地をつくるための制度としては、ニュータウンをつくるための新住宅市街地開発法や、都市計画法に基づく開発許可制度、土地区画整理法などがあり、いくつかの制度を組み合わせてまちができていることも多い。また、どの時代の制度を適用してつくられたかによって、まちの設計の基準も異なることがあり、道路や公園のスペックなどは時代とともに変化し続けている。

　さらに、同じ制度によって生み出される住宅地でも、計画や設計の良し悪しによって、その後の環境が相当に左右されることも多い。ランドスケープにおいても、どのような街路樹がどのように配置されているのか、グリーンベルトやコモンと呼ばれる共用の空間がどのように配置されているのか、どんな名前がつけられているのか、などによって、その後のまちの使い勝手が大幅に変わってくることになる。

　こうしたことからも、自分たちの住むまちがどのように形成されてきたのか、どのような意図で設計されたのか、どのように変容して今日まで至っているのかを探ることが、まちなみづくりの第一歩だといえよう。

さまざまな居住者組織

　また、居住者が住み始めてから形成される居住者組織もさまざまにある。多くの行政が一般的に地域の最小社会単位として認識している町内会や自治会がその代表例であろう。こうした町内会や自治会をもさらに区分して、班や組といった10数軒からなる最小単位で回覧板を回したり、ゴミ集積所の掃除当番を回したり、自治会・町内会の役員を選出したりしている。中には、地縁法人などの法人格を取得し、共有財産の管理運営をしているところもある。

　一方で、こうした自治会・町内会を束ねた形の組織として、連合町内会や連合自治会、地域によっては行政区と呼ばれる組織を結成することもあるが、必ずしも全国的に呼称が統一されているわけではない。こうした広域レベルになると、地域の公立小学校や公立中学校の校区と重なる場合も多くなり、いわゆる学区と地域居住者組織の重ね合わせにも、多様な形態が存在する。

　さらに、戸建住宅地であっても、下水道施設や共同浄化槽設備、集会所などの共同地や共有物を有している場合がある。こうした共有地や共有物は、開発会社

と地元行政との折衝によって生じているケースが多い。この場合、これらの所有者で管理組合という組織を形成するのが一般的である。これは、区分所有法に基づく、主として分譲マンションのための組織なのだが、共有地や共有物を持つ戸建住宅地においても、同法を準用して管理組合が組織されているケースが多い。さらに、管理組合の中には区分所有法の規定に基づいて法人格を有しているところもある。

また、住環境のためのルールによって、組織が形成されることもある。建築協定を有するところでは、建築協定運営委員会が結成されているところが多い。また、緑地協定を有するところでは、緑地協定運営委員会が組織されていることが多い。ただ、こうした協定は、事業者側が分譲前に1人で締結して、まちが形成されることも多く、こうした協定の結び方を一人協定と呼ぶ。この場合は、入居してきた人々の間に、自分が協定を締結していることを必ずしも知らないケースもあり、場合によっては協定運営委員会が結成されないまま、協定の期限を迎え、なし崩し的にまちなみが壊れ始めるということも生じる可能性もある。

さらに、行政などからの要請によって生じる地域の居住者組織も存在する。行政が広域のまちづくりやテーマ別のまちづくりを、居住者の意見を取り入れながら行っていく場合、協議会と呼ばれる組織を結成することがある。地域の共通の関心事に対して、その関連の人々を呼び集め、それぞれの立場からの意見を出してもらい、総合的な行政計画の指針をつくる場合などに組織されることが多い。協議会も、条例や規則に則った形で運営される場合と、単に名称が協議会である場合と、これもいろいろな種別が存在するが、地域で活動するさまざまな主体（アクター）の意見を調整する組織として、広域のまちづくりの場面ではしばしば登場する。

さらに、地域のまちづくりに関わる法定の組織が登場することも増えてきた。非営利活動法人（NPO法人）がその典型例である。このほかに、一般（公益）社団法人や一般（公益）財団法人といった法人もまちづくりに関連することがある。

組織の柔軟な運営

このように、住宅地によってさまざまな出自があるので、まちなみづくりの主体となる居住者組織もさまざまであるが、組織の担い手（役員）不足、新旧の引継ぎの難しさ、地域にたくさんある組織とのうまい連携、資金の確保など、異なる組織であっても共通に頭を抱えている課題がある。

この章では、上述してきたような、さまざまな種類の住宅地においても、そして、さまざまな種類の居住者組織においても、共通して学べそうな組織運営上の知恵を並べてみることにした。

重要なのは、住宅地内外に存在する多様な「資源」を、なるべく無理せずに活かしていく方法をいかに構築できるか、ということである。

1-1　まちの空間構成とわかりやすさ

30cmのグリーンベルト

……………………11 旭ヶ丘

　旭ヶ丘を訪れると、家々の塀と道路脇の側溝の間に、たくさんの花が咲いている光景を見ることができる。通常、塀の外の道路部分は公共管理となるのだが、行政がこのようなきめの細かい管理を行っているようには見えない。しかも、花の種類は家によって異なったりしている。

　実は、この幅30cmの部分は個人所有なのだ。防災のために集団移転してできたこのまちにフラワーロードをつくるために、個人の敷地を30cmずつ後退して花を植えるための余地を捻出しようとした。集団移転事業の中で、移転住民や国土交通省(当時は建設省)、市と新しいまちづくりに向けて連携し、視察や会議などを重ねながら、まちづくりのひとつとして実現したのだ。ただし居住者いわく、「1年中きれいな花を咲かそうというのは大変なことですよ」とのこと。

「共有の」グリーンベルトを設定

……………………19 三輪緑山

　敷地内の植栽はまちの印象を決める顔である。しかし、長年住んでいると、植栽が大きくなって手入れが大変になったり、せっかく大きく育った植栽が取り払われて駐車場がつくられたり、地域の気候や土質を考えずに植栽したために枯れてしまったり、害虫・病気等の発生にうまく対処できなかったりして、長年にわたって植栽を管理し続けるのは苦労が伴う。

　三輪緑山では、こうした個別の植栽にのみに頼ったまちなみづくりではなく、統一感のあるまちなみを維持していくために、敷地の道路に面した部分に、総延長約20kmのグリーンベルト(植栽帯)を配置し、そこにサツキを植えている。グリーンベルトの土地自体は居住者個々の所有なのだが、サツキの木そのものを「共有物」として、管理組合を発足させている。日常的な草取りや水遣りは組合員に任せられているが、この管理組合が主体となってサツキの維持管理を一元的に行っているために、いつまでも統一したまちなみが保たれるのである。また、さらにこの管理組合はサツキの管理ばかりでなく、さまざまなまちづくり活動を行っていく母体にもなっている。→8-3 植栽管理の共同性

私有地と公有地の間に設定されたグリーンベルト

コミュニケーションを増すオープンなレイアウト

49 木花台

　欧米並みの別荘地をイメージして計画された木花台は、日本の団地にありがちな、住宅一戸一戸を取り囲む塀や柵を極力つくらないレイアウトとなっており、幅1mのフットパスが各住宅の玄関まで導いてくれる。やはり入居最初は、住戸まわりを通る人の目線が気になったそうだが、そのうち慣れてくるものらしい。まちなみがオープンになっているので、隣近所と顔を合わせることも多くなり、まちなみへの関心も自然と高くなるという。

　また、個々の住宅が建っている専用住宅部分以外の共有部分をブロック単位で管理しているが、専用宅地境界から2m以内の共用部分については所有者が管理を行うという規約がある。共用部の植栽管理は共同で外部に発注するわけだが、そうであっても自分の家に近い2m分は、さらに気をかけて手入れして下さいという、呼びかけの意味でもある。

コモンがもたらす自然な近所付き合い

39 オナーズヒル奈良青山

　居住者が自主的に植栽の清掃などを行うと、維持管理のレベルが高いまちなみづくりができる。奈良青山では、団地の空間構成上、近所付き合いは必然的にコモン単位となることが多く、各コモン内で車の出し入れや落ち葉の手入れなどの際、居住者同士の自然な関わりが生じやすく、清掃をみんなでまめにしなくては、という意識が生まれる。

　また、コモンの掃除に関しては、「隣がやっているので自分もやらなくては」という意識が生まれやすく、お花のお裾分けや植栽の伐採を一緒に行うこともある。また、1年に2回、春と秋に行われる一斉清掃の参加率は高く、皆で楽しく話しながら家の近くの共有地を清掃している。→8-4 植栽管理の持続性

共有地を地域に開く

36 アルカディア21

　アルカディア21住宅地区の団地の中央にある公園は、居住者の共有地であるにもかかわらず、居住者だけではなく周りの住民も自由に使うことができる。普段の利用頻度も外部者の方が高く、ピクニックしたりランチにお弁当を食べたりする人もいる。アルカディア21が入っている弥生が丘連合自治会が主催する夏祭りの際には、子どもたちが担ぐ御神輿の集合場所としても提供される。

　このように、私有地の一部を地域開放することにより、地域コミュニティとの自然な形での連携の素地が生まれるのである。→9-3 公園をつくり管理する

団地をオープンに改造して得られる近隣交流

………………49 木花台

　木花台の団地は2008年くらいまでは、ベニカナメという高木できれいに囲われており、周囲のまちなみとは一線を画していたのだが、2010年頃から病気で次々と高木が枯れてしまった。これらの樹木はもともと個人所有であり、共有地の駐車台数が足りないということも手伝って、それ以降は、各自の判断でベニカナメに代わる樹木を植えたり、外周から駐車できるようにつくり変えた結果、団地が少しずつ地域に対して開放的になっていった。

　高木がなくなり、エアコン室外機がむき出しになったりしたところもあるが、団地内を散歩する人が徐々に増えていき、近隣との交流も次第に増えていった。当初は犬のフンなどに困ってはいたが、団地をきれいにすればするほど、フンがなくなっていったということだ。これはまさに「破れ窓理論」の理屈通りの展開だ。→6-5 説得力のある説得術

イベント名称が地区の名前に

………………41 木綿街道

　現在「木綿街道」と呼んでいる道は、そもそも松江から出雲大社に向けての参詣道の一部だった。出雲は古くから「たたら」と呼ばれる砂鉄による製鉄が盛んな地域で、江戸時代に砂鉄を採ったあとの廃土が河口に堆積するのを浚渫して、宍道湖を埋め立てて新田開発を行った。宍道湖は汽水湖なのでいきなり水田にはならない。そこで塩に強い木綿の栽培が盛んになった。このため、雲州平田は木綿市が立つ市場町として発展し、地域の人が生活物資を求める在郷町としても発展するようになった。さらに、埋め立て時の航路として残した雲洲平田船川によって、帆掛け舟が行き来する港町ともなった。

　その繁栄の拠点が、平田本町という木綿街道に隣接するまちであり、「切妻妻入り塗家造り」の建物がずらりと並ぶまちなみであったが、昭和50年代に道路拡幅のため一新してしまった。この木綿街道は平田本町に隣接した町内で「古ぼけた家が建ち並ぶ町」という認識であったが、よく見ると伝統的な建物が残っているいいまちなみだということで、2001年に「おちらと木綿街道」というイベントを始めたところ、たくさんの人が訪れ、そこからここを、「木綿街道」と呼ぶようになったが、いつしか地元以外の人もここをそう呼ぶようになっている。

「木綿街道」の暖簾

地区名称をわかりやすく

　　　　　　　　32 桂坂

　たくさんの工区ごとに開発を行ってくると、地区計画と建築協定および自治会名との間に整合がとれなくなることがある。桂坂景観まちづくり協議会では、これらの名称を統一する作業を桂坂学区自治連合会、各自治会とともに行った。それまで、多くの地区では「桂坂第20地区」のように工期順の番号で呼ばれていたが、「桂坂ひいらぎ南地区」というように、自治会名に準じた名称への変更を京都市長に要望した。

　その結果、2009年に京都市都市計画審議会等の審議を経て、地区整備計画の変更、建築協定地区名の名称等の変更が認可された。長期にわたる開発では、日常生活に不都合な、さまざまな初期設定がなされることがあるが、協定名称や地区名称の一体化によって、まちの一体感はさらに醸成されるものである。

1-2　居住者の構成とまちの人材

班の構成に便利な「両側町」

　　　　　　　　34 新千里南町3丁目

　大規模な住宅地では、一つの自治会が複数の班や組に分かれていることが多い。この班は、より日常的な交流を行えることを前提としているのだが、開発当初の班分けは、道路で囲まれた街区を単位として構成されていたために、同じ班の住民同士が行き来しにくく不便であった。そこで、道を挟んだ住戸同士が同じ班になるように班分けを変更した。こうした道を挟んだコミュニティは歴史的に"両側町"と呼ばれ、京都の市街地がその有名な例である。新規開発の住宅地でも、時を経ると次第に両側町的になっていくようである。

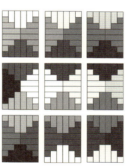

両側町のコミュニティ構成。街区の中ではなく、道を介したコミュニティ形成が支配的となる。同じ色となる住宅でコミュニティが形成されやすい

「町内会・区・班」の段階構成

　　　　　　　　01 スウェーデンヒルズ

　団地の規模が大きくなるほど、情報伝達がスムーズに行われにくくなっていく。スウェーデンヒルズでは、明確な組織構成によりこれを解決している。建築協定の範囲が4つの地区に分かれ、その地区内に町内会の役員を選出する範囲である「区」という組織があり、さらに区の中に「班」が組織される。区には区長がおり、その区の中にそれぞれ班長が2、3人ずついる。1班が10から20戸程度で構成され、だいたい班分けはクルドサックを取り巻く家々で、ひとまとまりとなっている。月に1回、町内会の全体会議の際に町内会長から区長に配布物がある場合は、区長か

ら班長に配られていくというシステムをとっている。

このように、町内会と班の構成戸数に隔たりがある場合、「区」のような中間的な組織をつくるのも有効な手である。→3-2情報共有の手段

時間差開発による多様な年齢構成

27 桂ケ丘・43 グリーンヒルズ湯の山

開発団地によくある課題の一つは、開発を契機に同一の年齢層の世帯が一斉に入居することが多いので、そのまま団地の高齢化が進行してしまう、という問題である。このような状態では高齢化に伴う問題が一気に噴出し、まちなみの維持管理も大変になってくる。大規模な開発地では、開発時期を複数回に分けることがあるが、開発時期が遅いほど、居住者は若くなるのが一般的だ。

桂ケ丘やグリーンヒルズ湯の山などでは、早く開発された工区の子どもたちが遅い工区に移り住んだりして「近居」を行ったり、早い工区から遅い工区に移り住む人が出てきたりと、まち全体の居住世帯の多様化が生じている。こうした、居住者の年齢構成の多様化がまちのサスティナビリティ（持続性）を高めるのだ。

空きアパートを活用して多様性を増す

………06 フィオーレ喜連川

フィオーレ喜連川では、戸建住宅地に隣接して、2棟60戸の旧雇用促進事業団の賃貸アパートが建っていた。事業団の精算に伴い、このアパートが売りに出された際に、フィオーレ喜連川の理事長の会社でこの物件を買い取ることとなった。

間取りは3DKで家賃は3〜4万円程度。「中学生以下の子ども一人につき5千円割引」「店舗は3カ月間賃料なし」「市外からの移住者は3カ月間賃料なし」「セルフリノベーションOK」という、地域ニーズをきめ細かく汲み取った経営戦略が功を奏し、当初は全60戸のうち14戸しか埋まっていなかったものが、今では40戸以上が埋まっている。さらに、集会所だったところにはデイサービスを誘致し、住戸には訪問介護ステーションも入っており、戸建住宅地の安心感に一役かっている。地域に欲しい人材を無理のない形で呼び寄せ、多様性のあるコミュニティづくりを指向している、未来型のまちづくりである。

1-3　役員の確保

最初は入居順に役員を

……45 青葉台ぼんえるふ

青葉台ぼんえるふの管理組合は、まだ全区画が入居者で埋まらない状態で出発したので、設立当初の管理組合では、入居者全員が何かしらの役割を持って、まちの運営に当たっていた。その後、徐々に住宅販売が進んでいき、後から入居し

た世帯には管理組合の役員が入居順に割り振られることになった。このため現在では、居住者の多くが何らかの形で管理組合の活動に関わった経験を持つようになっている。

それから20数年たった現在では、理事会役員は立候補制を原則としながら、正・副理事長は事業の継続性の観点から最低2年連続任期とし、次期の正・副理事長、会計、監事は、「役員決定履歴管理」を見ながら現任正・副理事長の協議での選任内定を行っている。

班長は翌年委員に、区長は翌年委員長に

………………25 みずき

みずき団地では、なるべく多くの居住者に町会活動に参加して欲しいという思いから、団地全体を7つの区に分け、それぞれの区が十数班によって構成される二段階の組織構成をとっている。そして、班長を経験した翌年には、町会のいずれかの委員会に属することとし、区長を経験した翌年には、いずれかの委員会長を担ってもらうというシステムがつくられている。

総勢80名程にのぼる全体の班長会も毎月開催され、そこでは区長が輪番制で議長を務め、班長からの意見・要望等が集約される。さらに、班長会終了後に各区毎のミーティングを開催し、事細かく連絡事項の確認を図っている。→2-1 同じ住宅地内の組織連携

役員選考委員をローテーションで

………05 中央台鹿島三区

中央台鹿島三区は5つの班に分かれていて、班の中にさらに組があり、それぞれ班長、組長がいて、組長はローテーションで回ることになっているが、まち全体の役員をどう選ぶかが、常に悩みのタネであった。

そこで、各班の中に、ローテーションで役員選考委員になってもらうという仕組みが編み出された。次年度に任期がくる役員が誰かということを、あらかじめ役員選考委員長に報告しておいて役員選考委員長からその役員に打診があり、継続していいということであればそのまま継続。やめるという場合には役員選考委員長が役員選考委員を集めて、町内を打診して回るという仕組みである。

どうしても役員を見つけることができなかった場合は、役員選考委員の中から役員をやってもらうこともある。しかしたいていの場合、この人と決めた人と、同じ班の人が必ず1人はいることになるので、玄関の前で役員と役員選考委員に並ばれてお願いされるとやはり断りきれなくなるようだ。

役員の数と任期を減らす

07 オーナーズコート守谷

オーナーズコート守谷の管理組合ではかつて、細やかな管理を実現するため、

結成時40戸を6班に分けていた。各班から順番に理事を選出し、計6人、任期2年の体制によって運営が行われていた。しかしながら、平均6〜7人の班で役員を担当する制度では、役員が回ってくる頻度が高く、また役員にとっても大きな負担となるという問題があった。

　このため、役員が一巡し、ほぼすべての組合員が役員を経験した頃、多くの住民が管理組合の活動に慣れてきたこともあり、40戸のグループ分けを6班から4班に変更し、役員の数を4人とした。併せて、任期も1年に設定し直した。このように、まちの運営に慣れてきたら、40戸というお互いの顔を容易に把握できる戸数では、少人数でも無理のない維持管理を行うことができるようだ。

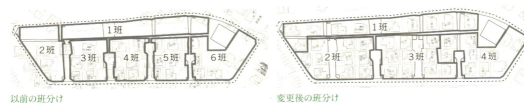

以前の班分け　　　　　　　　　変更後の班分け

外部委託で業務軽減

……… 37 ワシントン村

　居住者組織の業務において、法律関係や会計のように高度な専門性を要する部分を居住者が担当するには負担が大きい。ワシントン村の場合は当初、個人がボランティアで管理組合の業務を担当していたが、担当者によってやり方が異なるなど継続性に関する課題が指摘され、会計や総会の議事録などのマネジメント業務を外部の管理会社に委託するようになった。

　これを受け、以前は管理組合の役員が共有集会所であるビレッジセンターの予約と管理を担当し、業務負担が大きかったが、現在は業務委託された管理会社が行っている。その結果、役員の負担も減り、より簡単に予約ができるようになって、以前より集会場の利用頻度も高くなった。

1-4　新旧役員の引き継ぎ

前役員が3カ月間アドバイザーとして残る

……… 13 佐倉染井野

　役員は当初2年任期で活動をしていたが、負担の重さを考慮して任期を1年に変更した。この際に、前会長と副会長が3カ月間、次期役員のアドバイザーとして会議などに参加している。このことで前年度に起こった課題やその解決方法の知恵を、次の年度の役員に伝えることができる。この際にアドバイザーは投票権を持たないというルールを設けており、「院政」が敷かれない工夫もなされている。

2年任期、半数交替

……35 コモンシティ星田

　まちの運営を担う役員が、毎年全員交替をしていては、継続性のある運営がしにくく、新旧役員の引き継ぎもなかなか思うように進まないことが多い。このため、コモンシティ星田では、役員は2年任期半数交替の体制をとり、委員長を2年目の人から選任することで、運営の継続性を保ち、運営ノウハウの継承が行われている。

　選出は、住民の誰もが一度はまちの運営に携わってもらいたいとの考えから、自治会の班ごとに輪番制で行われる。また、団地の開発に携わり、委員会の立ち上げも経験した居住者が、顧問や専門委員として、決議権を持たない立場で参加していることも、上手く運営される要因の一つとなっている。

理事長を次年度監事に

……36 アルカディア21

　役員交替により新しい役員が選任される場合、それまでの事業や業務を短期間に理解して仕事を始めることは容易ではない。アルカディア21の場合、管理組合の役員構成は理事長、会計理事、監事の3人体制である。基本的には毎年役員が変わるが、事業の引き継ぎにおいて、新しく選任される役員をサポートするために、前年度の理事長が次年度の監事になる仕組みで運営している。

次年度の役員も一緒に決めて

……47 百道浜

　役員に積極的に立候補する居住者が多いわけではないし、短い役員任期ではそれまでに蓄えられたまちの運営のノウハウも引き継がれづらい。

　ある年度の役員を選出する際には、当該年度役員にならなかった委員の中から、次年度の役員も同時に選出しておく方法もある。現在は実施していないが、かつて百道浜では1年間いわば見習い修業を経た役員がまちを運営していくことにより、役員ノウハウが円滑に伝達される仕組みを採用していた。

　まちの運営の要でもある予算と事業計画の策定においては、当該年度の役員に加え、早めに選出された新役員とが合同で、次年度の予算と事業計画を作成して、総会に諮る。これにより、前年度の経験を踏まえた新しい事業提案ができ、次年度の役員は自らが提案した事業に責任と意欲を持つことができる訳である。

役員引き継ぎ

短期交替の自治会とは別の
常任メンバーがアドバイス

26 滝呂

　滝呂地区の自治会役員の任期は2年で交代となるが、中長期的な町の維持管理活動を継続的に考えていくためには、継続的にまちづくりに関わっていただく人々を常に確保しておくことが肝心である。滝呂地区では、公園愛護会、老人会である百寿(もず)の会、花遊ガーデン倶楽部、緑化委員会などの委員長に、自治会長を加えたメンバーでまちなみ美化委員会を組織することにより、自治会長に任期が来ても継続的にまちづくりに関わるメンバーが、中長期にわたる活動計画を練ることができるようになっている。

1-5　委員会と適材適所

専門技術を持っている住民の力を活かす

20 ガーデン54

ガーデン54の街灯

　ガーデン54には、住宅地内のフットパス、ポケットパークなどが共有地として設定されており、そこに設置されている街灯の劣化が課題となった時期があった。その時、電気関係の仕事をしている居住者を含む有志がボランティアで街灯のメンテナンスを始めたことをきっかけに、管理組合内に電気委員会が新たに組織され、共用部の電気設備に関するメンテナンスの課題を一手に引き受けることとなった。→4-1多様な人を巻き込む

軌道に乗ったら委員選出を輪番制で

35 コモンシティ星田

　コモンシティ星田の建築協定運営委員会は当初、弁護士や建築行政に携わってきた人などを中心とした、いわば専門家集団で運営してきたが、活動が軌道に乗ってきたことを受けて、各班から1人ずつ輪番で委員を出す仕組みに移行した。
　このことによって、より多くの居住者が委員会に参加する機会をつくっている。実際に委員を終えた居住者からは、「委員になるまでは関心がなかったが、活動してみて初めて大切なことであると感じたし、今後も協力したい」という声も聞かれるようになった。→2-6さまざまな専門家と相談する

世代別の役割分担

.............30 新海浜

新海浜地区の居住者は、分譲初期に移り住んだ人と、近年入居した人とに、大きく二つの世代に分けることができる。当然、分譲当初の人々は高齢化し、近年入居した人々は子育て世帯が中心である。そこで自治会では、古参のメンバーが人生経験を活かして交渉ごとを中心に担当し、若い世代がパソコン作業などを中心に担当するなど、新旧の世代間での役割分担により、円滑な組織運営がなされている。→5-7 新しい伝統をつくり出す

広報担当と議事録担当を兼ねて情報共有

.............13 佐倉染井野

緑地協定運営委員会の活動は、居住者には伝わりにくいものであり、その会議録もあまり人目につくようなものではない。佐倉染井野では、現在は、広報担当が広報紙およびホームページへのアップを行っているが、かつては運営委員会の広報担当を議事録担当と兼務とすることで、運営委員会で何が議論されているのかをタイムリーに居住者へ情報提供できるような体制をとっていた。→3-2 情報共有の手段

1-6　資金・資源の調達

集金はボーナスが出る頃に

43 グリーンヒルズ湯の山

植栽や共有施設などの高額な管理費は、居住者の不満が出やすいところでもある。管理費の回収時期を居住者の財布が緩みやすいボーナス時期に設定することで、居住者の生活の負担感を減らし、不満を軽くすることができる。

グリーンヒルズ湯の山では、管理費年6万円を年に2回のボーナス期に半分ずつ徴収することで居住者の負担感を軽くしている。

活動資金を自前で稼ぐ

.............09 真壁

真壁地区では現在、大小10ほどの居住者団体が地区内に存在するが、ある団体が始めた活動資金調達のノウハウが徐々に他の団体にも伝播し、次第に地域共通の知恵として根付いている。その結果、多くの団体が行政からの補助金に頼ることなく活動を進めているのも大きな特徴である。民間の助成金を自力で取り付け、活動資金に充てるというような、自活のためのノウハウが、団体同士で共有されているのだ。

活動内容は違えど、「まちをよりよくしたい」という意志のもと互いを刺激し合い、そのための方法を模索するという正のスパイラルを生み出している。

清掃ボランティアの対価で拠点を確保

……… 29 グリーンヒル青山

　さまざまなボランティア活動の展開を考える場合、活動拠点が自治会館に限られていると、時間的、空間的な制限によって自由に活動を行うことに限界がある。そこでNPO法人グリーンヒル青山まちづくりネットワークでは、販売センターの事務所だった建物に、拠点となる空間を提供してもらい、その後販売センターが撤退した際には、商業ゾーンの清掃をボランティアとして行う代わりに商業ゾーン内に拠点を確保している。

　このように、販売センターや商業ゾーンといった外部環境を生かしつつ、単に金銭だけではなく、自分たちにできることを対価として支払いながら、拠点が形成されている。このことは単なる拠点の確保に留まらず、NPO法人との遣り取りを介して、関わりを持った人たちがNPO法人の活動やまちなみ維持への興味や理解を深めるきっかけとしても機能している。→4-1 多様な人を巻き込む

ロウソクを売って活動費を捻出

…………………… 33 姉小路

　姉小路では毎年夏に1回、行灯にロウソクの火を点してまちなみをきれいに浮かび上がらせるイベントを行っている。その時「考える会」では大量のロウソクを販売する。ロウソク1本が200円。これを4,000本売るとざっと80万円になる。会の年会費が2,000円、会員が120人くらいで活動費は24万円ほどなので、ロウソクの販売には熱心になる。京都市のスタッフや学校や幼稚園の先生などにも買ってもらう。また、この販売のときのコミュニケーションも、会の活動を地域に知ってもらうための重要なきっかけとなっている。

イベントに使われる行灯

電灯のランニングコストを計算

43 グリーンヒルズ湯の山

グリーンヒルズ湯の山では従来の水銀灯からLED灯への交換を段階的に行っている。この際に従来の水銀灯とLED灯の電気料金、光源寿命、年間CO_2排出量、ランニングコスト等の分析を行った。具体的には、防犯灯100台当たり、初期交換費用約1,300万円を約21年で償却できるという計算に至った。

お金のからむ出来事は、少々面倒でもきっちりした計算に基づいたシミュレーションができれば、解決への道は近くなるのである。

計算づくの長期修繕計画

48 パークプレイス

パークプレイス大分公園通りは、セントラルパーク、ネックレスパークといった約5.6万㎡の共有の公園用地を管理組合法人で管理している。管理組合では発足後、世帯数の増加予測、組合による管理費徴収予測を立てた上で、公園の樹木だけでなく、工作物や照明器具、水循環のためのポンプなどの耐用年限と交換費用を見積もり、長期修繕計画を立て、将来にわたって安定的に共用空間の維持管理ができるようにしている。

修繕費と積立金

08 光葉団地

共有施設の修繕にあたっては、ある時期が来るとその施設の建替費用として急にまとまったお金が必要になることがある。光葉団地では、普段の活動に使う管理費用の会計とは別に修繕費用の会計を用意して積み立てている。このことで、あまり上下しない普段の管理費用の年度別比較も可能になり、運営費用の節約にも役立つようになった。

これは、一般の分譲マンションの管理における修繕積立金と同じである。このためには、いつ大規模な修繕が必要になるのかを事前に知っておくための長期修繕計画のようなものがあった方がよい。

環境美化基金を設置

15 碧浜

緑地協定を設定している碧浜では、シンボルツリーなどを共同剪定していることもあり、まだ新しい団地ではあるが、長期的な植栽管理を考え、高木の剪定や枯れ木の植替えなどにお金がかかる場合のことを想定している。そこで、将来の環境美化に関する活動に備えるため、碧浜では自治会に環境美化基金を設置し、将来の緑の維持保全の出費のための積立金を基金として確保している。

2 ｜ 他の組織・人材との連携

エリア内での連携

　まちなみづくりは必ずしも、その住宅地にある、一つの居住者組織のみが行う仕事ではない。自分たちがこの住宅地のまちなみ形成を担う組織だと思っていても、じつは同じ住宅地に異なる居住者組織があって、そこも同様のことを考えているかもしれない。

　よく見られる事例が、管理組合と町内会・自治会のケースである。同じ住宅地ではあっても、町内会・自治会は行政対応や地域の親睦を主眼とした組織である。一方で、下水道や共同浄化槽設備、CATV共視聴設備などの共有地や共有物が設定されている住宅地においては、これらの共有地や共有物の財産管理を目的とした管理組合がたいてい組織されている。この管理組合と町内会・自治会とはおのずと、その目的や性格づけが異なる組織である。ただ、まちの中の数少ない人材が、この二つの組織の運営に二分されてしまうと、なかなか風通しの良いまちの運営にはつながりにくい。二つの組織を一体化する必要はないが、いくつかの知恵で、よりスムーズなまちの運営が可能なはずである。

　このことは、必ずしも管理組合と町内会・自治会の間ばかりの話ではない。建築協定運営委員会と特別委員会、子供会と老人会といった、同じまちの中の他組織との連携がうまくいけば、まち全体がスムーズに運営されていくはずである。

近隣の居住者組織、ボランティアとの連携

　次に大事になってくるのは、近隣の地域との連携である。我がまちばかりが良くなっても、お隣のまちとの関係がうまくいかなかったり、お隣のまちと相当にかけ離れたまちなみを形成していたりすると、地域全体としてはいかがなものかということになろう。また、まちなみづくりの活動は、必ずしもその住宅地の境界線に限定されるべきものではない。まちの街路樹が外へ続く場合、なるべく外にもつながるような形で街路樹の足下の美化や清掃が行われた方がいい。一方で、まちの中に元気なリタイア層が増えてくると、まちの中での活動では飽き足らず、近隣の斜面緑地や公園、原野、川や湖にまで手を広げ、周辺環境の整備と美化に励んでいるところもよく見かける。

　こうした場合、住宅地レベルでの環境形成ではなく、地域レベルでの環境形成となり、付き合う範囲も広がり、行政などと遣り取りをしなければならない場面も出てきたりする。

場合によっては、必ずしも隣接する住宅地の居住者組織ばかりでなく、少し離れた、例えば同じ県内で似たようなお悩みごとに直面しているようなところの組織とも連携することだってあり得るだろう。近年では、各種のボランティア団体やNPO法人なども、積極的にまちなみづくりに参加している。

行政との連携

　だが、住宅地の運営に欠かせないのがやはり、行政との連携である。なぜなら、住宅地の運営でテーマになる事柄が、そのまま行政の仕事と直結する場合が多いからだ。ゴミ出しや、防犯、防火、子どもの育成や高齢者の見守り、街路樹の剪定、こうした地域密着型の活動は、行政上予算がついていたりすることも多いので、場合によっては居住者組織が行政からの資金的な援助を受けながら、協力関係を築きながら行われている場合も多くある。

　しかし、行政の抱える課題も千差万別であるし、地域居住者組織が抱える課題も千差万別なので、必然的に「縦割り」的状況に直面するケースも多くなる。この縦割りは、物事が比較的スムーズに進んでいるときは問題ないのだが、新たな課題が発生したりするときには、なかなか機敏に対応できなかったりする原因となることもある。また、縦割りは関連部署や関連組織同士の情報共有を阻害する側面も持っているので、普段から居住者組織内での情報共有手段を強化していることが、この課題の有効な対処法となる。

専門家との連携

　そして、居住者組織が課題によって連携しなければならない相手方として忘れてはならないのが、専門家である。専門家は実に多様であり、すべての専門家と付き合う必要はないが、世の中にどんな専門家がいて、どの程度付き合ってくれそうなのかについて、あらかじめ知っていることは、大変重要なことである。

　それでは、どうすれば然るべき専門家と知り合いになれるのだろうか。住民自身の中に専門家がいたり、専門家を知っている人がいたりすれば、これが一番手っ取り早い。それでも、必ずしも最初に出会った専門家に依頼する必要はない。専門家はその筋の専門家をよく知っているので、よりその課題にふさわしい専門家を、芋づる式に探し当てることも可能だ。

　住民の中にそうした専門家が見つからなければ、やはり行政に聞くのが早いだろう。あるいは近年だと、ネットで調べるという手もある。だが、結構忘れがちなのが、教育機関に勤める専門家たちである。大学ばかりでなく、工業専門高校（工専）や高校などの教員も、まちづくりに関心を持っていることが多い。教育機関の専門家は、教育や研究の一環として、まちづくりに携わったりできるので、長い付き合いを信頼してよい専門家だと言えよう。

2-1　同じ住宅地内の組織連携

同じ団地の複数組織間の連絡会議

43 グリーンヒルズ湯の山

　グリーンヒルズ湯の山には管理組合と自治会のほか、複数の居住者組織が存在するが、駐車場不足の課題や、防犯カメラ設置の課題などは、一つの組織の努力だけでは、なかなか解決が難しい。自治会では、こうした複雑な課題を議論するときのために、自治会規則において「連絡会議」の開催を定めている。これは、特定の課題を議論するために、自治会をはじめとして、管理組合、公民館、開発事業者、場合によっては行政などのステイクホルダーたちに参集してもらって、みんなで解決方法を探るための会議である。

　また、グリーンヒルズ湯の山では、斜行エレベーターという巨大な共有物の管理などのために、管理組合は比較的財源が豊かであったりする。自治会にとって必要なゴミ集積所の設置には多額の費用がかかるので、管理組合に資金を出してもらって運営するという手段が採られた。これは、両組織の構成員が同じであり、ともに、まちの運営上の重要な課題として認識されていたから可能となったのである。→3-2情報共有の手段

自治会と管理組合の長だけを分離

……… 48 パークプレイス

　パークプレイスでは、当初は、自治会長と管理組合の理事長は兼任して運営していたが、親睦を主とする自治会の活動と、共有地や共有物の維持管理を主とする管理組合の活動の線引きが難しくなってきた。そこで、自治会長と組合の理事長だけを別にしながらも、それぞれの組織の構成員を重複させることにした。

　このようにして、異なる組織としての責任の所在を明確にした上で、お互いの組織の情報共有を綿密に行う関係が構築された。→1-3役員の確保

管理組合と自治会の事務局を統合

……… 06 フィオーレ喜連川

　フィオーレ喜連川ではこれまで、住宅地の共有部分の管理を主とする管理組合と、居住者の親睦活動や公民館活動を主とする自治会がそれぞれ独自に活動していたが、メンバーもほとんど一緒なので、より連携を深め、固定費を節約し、運営を合理的に進めていくことを目的に、それぞれの事務局を統合することとした。

　経理的にも収入を一元化し、共有物の管理等のために徴収していた管理費のうちの一部を自治会費に充てることで、メンバーシップの離齬がなくなった。これにより、事務局員の適正配置、互いの組織の情報共有、資源の有効活用がスムーズ

になった。

　ちなみに、公民館はたくさんあるサークルでいつも混んでいるのだが、これまではサークルをやるときの鍵の受け渡しや予約は全部公民館長のお宅に行かなければならなかった。しかし、事務室に行けば事足りるようになったので、サークル活動がますます盛んになったという。

自治会と管理組合をつなぐ委員会

············· 37 ワシントン村

　ワシントン村でも管理組合と自治会の両方が活動しているが、かつては自治会が行政と折衝する際に管理組合の意見がなかなか反映されなかったという課題が生じていた。そこで両組織は、数回のワーキング・グループによる検討を経て、それぞれバラバラに存在した規約や協定や内規を見直し、両組織をつなぐ組織として「ワシントン村まちづくり委員会」を設立した。そしてこの委員会を中心に、まちなみや景観の維持管理を含む総合的なまちづくりの進め方や方針などを議論しながら、まちが抱える課題に一丸となって取り組むようになっている。→6-3情報共有と意見交換の場

自治会と管理組合の一体運営

······················ 03 諏訪野

　諏訪野団地ではかつて、団地管理組合法人である諏訪野会に、諏訪野町内会が部会組織として、自治町内会の諏訪野町内会が併存していた。しかし、市からは諏訪野会が町内会として認められていないため、自治体からの連絡や調整に不都合を生じることが多かった。団地入居者の増加に伴い、諏訪野町内会を1丁目、2丁目、3丁目各町内会に再編したのを機に、両組織の規約などを大幅に改正し、新たに団地を運営する組織として町内会機能を有する「諏訪野自治会」を発足させた。一方、団地管理組合法人は団地入居者の共有共用財産の管理に専念し、これらの役員を極力兼業とした。こうして、自治町内会機能と管理組合機能の役割分担を明確にした上で、役員の兼業を通して、互いの意思疎通を良好なものとしている。

2-2　近隣組織との連携

隣接の町内会と自治会で協議会

······················ 23 山手

　横浜のシンボルとも言える港の見える丘公園や外人墓地のある山手町の東部町内会と西部自治会が、地域のまちづくりで接点を持つようになったのは、横浜市が買い取った山手234番館という戦前の外国人向けアパートの活用を考えるワー

クショップが平成9年(1997)にあってからだった。

その後、学校跡地のマンション建設が問題となり、2002年にこの町内会自治会と学校法人、宗教法人などで山手まちづくり推進協議会を組織し、歩道整備や電線地中化などを検討、実施してきた。

その後諸般の都合で町内会と自治会は、まちづくり協定を基に個別に運用することになったが、協議会という場は、隣接地域同士の共通の利害を話し合える場として有効であった。なお、2019年度中には、山手地区等における景観計画が施行予定という。

隣接自治会と協力して街路樹を管理

……12 こしがや・四季の路

四季の路の周辺では、区画整理によって新設された道路の街路樹の管理のために、2012年、近隣自治会との協力のもとに、「大道・屋敷林の会」を設立した。

通常、街路樹は行政が植えて維持管理まで行うが、多くの場合、行政では予算が限られており、住民が望むようなきめ細やかな植栽管理がなされない。そこを補うこの会の活動は、居住者が自発的に植栽計画を作成し、植樹することで植栽やまちなみに愛着を持つようになり、良好な維持管理がなされるようになるという仕組みを実践しているという点で、大変画期的な試みと言える。→8-4 植栽管理の持続性

団地外の街路樹も地域連携で管理

近隣の居住者組織と共にまちなみを守る

……46 コモンライフ新宮浜

新宮浜では、団地に隣接した線路跡地に、新規の住宅地開発の計画が持ち上がり、自治会の下部組織であるまちなみ景観委員会が、近隣の2市の住民団体とともに開発者と地元自治体と県の開発担当者に対し、線路跡地の開発を既存の環境に近づけるよう計画の改善を訴えかけ続けていた。

これにより開発地の宅地数を抑えたことに加え、マツの植樹やフットパス、近隣グランドの臨時駐車場と公園の拡張整備というかたちで、ある程度の改善が達成された。

複数のまちで交渉しコミュニティバス運行へ

.... 25 みずき

みずき団地は金沢市の中心部から6.5kmとそう遠くない位置にあるが、近年、路線バスの度重なる減便や路線廃止で、買い物難民が近隣の他町会でも問題になり、小学校区全体でコミュニティバスの運行を検討することになった。

みずき町会独自でアンケート調査したところ、当町会だけでも128名の利用者があることが判明したが、資金や運賃授受方法などの難しい問題も山積しており、運行方法について市や関係機関と協議し慎重に取り組まなければならない課題であった。こうした検討の後、コミュニティバスは他町会との調整の上、新たに出発したのである。→6-1アンケートを活用

広域協議会を通して経験を共有

.... 32 桂坂

大規模団地の中に38地区もの建築協定地区がある場合、ある協定地区で起きた問題は他の地区でも起こる可能性が高いので、お互いの経験をシェアして先にいろいろな体験を積んだ地区の知恵を共有財産として、ことに当たるほうが賢い。

こうしたことから、2007年に桂坂地区全体として建築協定をはじめとするまちづくりを考えていくことを目的とし、17の建築協定運営委員会の集合体である「桂坂地区建築協定懇談会」(のちに「桂坂地区建築協定協議会」に改称)が発足した。

メンバーのほとんどが各地区の現・元自治会長等であることもあり、各地区の諸問題にも精通していることから、各運営委員会が出席する年6回の「全体会議」では、建築協定を中心とした地区の課題点、協定更新時の知恵などについて円滑な情報交換が行われている。→3-2情報共有の手段

同じ課題を持つ県内のネットワーク

.... 28 蒲原宿

全国の古き良き町並みを有する地区の保存を住民目線で協議する全国町並みゼミの大会に1997年に初めて出席した際、他の参加団体と比べて活動規模が小さく、国庫補助などを用いた大規模な事業経験もなく、全国レベルの話題には手を出せないと感じられた。

そこで、「よりゆるやかで小規模なつながり」を求めて、県内の十数団体を集め、「しずおか町並みゼミ」を開催するようになった。ゼミの開催地は持ち回りとし、抱えている課題とその解決方法の共有が図られた。講演会や開催地のまち歩きをしながら、各団体が抱える課題を題材にワークショップを行う。

こうした、いわば同窓会のようなゆるいつながりが、継続的な活動の秘訣である。このネットワークを用いて、町並ゼミ以外のときにでも、各種イベントの案内、視察の受け入れ、冊子の送付などが行われている。→5-5まちの宝物探しと愛着づくり

2-3　ボランティア組織との連携

自治会を補完するボランティア組織

······10 南平台

従来の自治会と行政による清掃活動だけでは、団地の環境保全が十分ではないと考える住民にとって、団地内緑地の管理の質の向上は重要な課題であった。

南平台では、900戸を超える団地住民の必ずしもすべてが、更なる緑の管理を切実に思っているわけではない。このた

環境ボランティアによって管理されている緑地

め、こうした活動の必要性を感じた住民の有志が、自治会からは組織的に独立した「環境ボランティア」を立ち上げ、自治会や行政と連携しながら地域の緑の管理活動を推進している。

ボランティア活動がまちの財産保存

······28 蒲原宿

蒲原宿には、長らく空き家状態が続き、その整備もままならぬ状況であった元歯医者さんだった擬洋風の建物（旧五十嵐邸）があった。そこで地元建築士会など有志による見学会が企画され、まちの居住者に向けて、その存在がアピールされた。また見学会にとどまらず、障子の張り替えや掃除、家の中に眠っていた貴重な資料を運び出し展覧する「お宝運び出しイベント」といった自主的なボランティア活動が多数行われた。

この結果、保存に向けた機運が高まり、2000年には国の登録有形文化財となることができた。

国の登録文化財となった旧五十嵐邸

住民ボランティアの技

……… 29 グリーンヒル青山

　グリーンヒル青山には、さまざまなボランティア活動が存在する。例えば、「こいもクラブ」は未就学児童の預かりサービスを行うボランティアだ。幼児保育中のお母さんたちの「気を抜ける時間」をつくってあげると同時に、子どもたちが自然豊かな環境に触れることができる機会をつくることを目的として設立された。このボランティア団体の構成員は、保育士の資格を持っていたり、幼稚園・小学校の先生や教員免許を持っている地域の母親たちであった。

　一方で、NPO法人の立ち上げには、役所関係の仕事をしている居住者が補助金の申請等の諸手続きで手腕を発揮してくれた。

　このように多様な居住者が持っているさまざまなポテンシャルが活かされていく場が、地域の課題を解決していくとともに、自分にも地域で何かできることがあるという一人ひとりの意識が、暮らしやすい生活環境をつくり上げていくのだろう。

2-4　NPO法人との連携

会員に多様な人材を

…………………… 16 たい歴

　地域のまちづくり活動に参加を希望していても、仕事や学業の都合、または遠くに住んでいるため定期的には参加できないなどの理由で、入会を簡単に決められない場合がある。谷中・上野桜木地区で活動しているNPO法人「たい歴」では、会員のこうしたさまざまな事情に応えて正会員、賛助会員、友の会の3種類のメンバーシップを設けている。

　「正会員」はNPO法人総会の議決権を持ち、活動の方向性などを決めるコアな会員で、「賛助会員」は会の活動には直接参加しないが、NPO法人の活動を応援したい個人や団体を対象にしている。「友の会会員」はときどき開催されるイベントに参加したい個人を対象にしている。

　このように、定期的な活動には参加はできなくても、さまざまな場面において参加できるような配慮がなされている法人の活動との関わり方の多様性が、メンバーシップの設定の中に仕組まれているのである。

NPOと任意団体の両看板

…………………… 33 姉小路

　任意団体である「姉小路界隈を考える会」は、その姉妹組織というべきNPO法人を設立している。2003年に設立した「都心界隈まちづくりネット」である。実際にやっている活動はほぼ一緒なのだが、契約行為が発生するような時や、法人格を持っていた方が対外的にやりやすい時などは、NPO法人の方を前面に立てるよ

うにしている。また、法人の理事長には地域にある老舗旅館の社長になってもらっているので、社会的信用も高い。

　ただ、NPO法人だと毎年きちんとした報告を要求されるので、事務作業はそれなりに大変になる。だから、チャレンジングなこと、実験的なことは考える会でやり、きちんとした手堅い活動はNPO法人でやるという両看板をうまく使い分けた運営をめざしている。またこの両輪は、将来万が一、考える会がだめになったときには、NPO法人が引き継ぐという保険的な意味も持っている。

NPO法人設立が地元組織をつなぐ

……… 29 グリーンヒル青山

　大規模な住宅地になるほど、その住宅地で活動する団体の連携がスムーズに行われることが望まれる。グリーンヒル青山では、「NPO法人青山まちづくりネットワーク」が存在し、地域のまちづくりの活動主体としての役割を担っている。自治会の枠組みを越えた地域全体として長期的視野で取り組む必要がある「自然保護」「次世代育成」「高齢者支援」「防犯／防災」といった諸課題を解決し、同様の趣旨を持つ自発的なボランティア団体などの活動を横断的に調整している。

　NPO法人メンバーは、各種ボランティア団体の中核メンバーをはじめ、自治会役員経験者、PTA役員経験者等、地域のまちづくりに積極的に関与する必要性を体感した人によって構成されている。また、このNPO法人のサポートによって、新しいボランティア組織が必要に応じて次々と生まれている。

NPO役員に居住者組織の役員や専門家を

………………………… 16 たい歴

　NPO法人は、必ずしも地域居住者だけで組織される団体ではない。むしろ、地域外の構成員から組織されることの方が多い。こうした団体が特定地域のまちづくり活動を継続する場合、自治体、町内会、地権者といった地域の人々と連携しないと、実行力を伴った活動にはなかなかつながりにくい。

　「NPO法人たい歴」では、行政対応やまちの運営に詳しい連合町会の会長と副会長らを、NPO法人の「地域顧問」として迎えている。このことにより、地域生活においてどんなことが課題となっているかをいち早く知ることができ、地域の文脈に即した課題への取り組みとその解決の方法を探ることができる。

　なお、他の顧問として、地域に詳しい専門家等も招いているので、専門的な課題への対処も安心である。

　一方で、一般の会員は、この地域に興味を持っていれば誰でも参加できる仕組みにしているので、このNPO組織を通じて、谷中エリアが大好きな人々の地域内外を超えた交流が促進されるという側面もある。→ 1-3役員の確保

各種団体のネットワーク化

　　　　　　　　　　　　　　　　　　　　　　　28 蒲原宿

　旧蒲原町時代から住民活動が盛んであり、町村では県内トップの地域活動団体数を誇り、住民全員が何かしらの組織に属していると言っても過言ではないほどであったという。2006年、静岡市と合併、それまでの活動団体をまとめる「蒲原地区まちづくり推進委員会」が組織された。合併に伴う行政職員の減少から、同委員会はスポーツ祭やビーチフェスタといったさまざまなイベントの企画運営を自ら行うようになった。

　ほかにも、「NPO活動を未来の子どもたちに受け継いでいきたい」との想いから、各団体の代表者らが協力し、26の団体の代表者が月に一度の会合を開き、活動の連携を図っている。

2-5　行政との連携

国と市と住民間のコラボ

　　　　　　　　　　　　　　　　　　　　　　　11 旭ヶ丘

法面の桜並木

　旭ヶ丘の住宅地の周りの農地は洪水の際には遊水地となる計画で設計されているので、住宅地の高台の法面は一種の防災施設という位置付けで国有地となっている。

　この法面の環境を良くしようということで、国が法面に穴を掘って市が桜の木を用意し、住民がそれを植えるという、国・市・住民の三者のコラボレーションとして、現在の桜並木が形成された。

　その後、地元自治会を中心に約30年間、施肥や手入れを実施してきたが、経費の負担増や桜の巨木化などにより、手入れが行き届かないようなところも出てきていた。そこで周辺の環境を良好に保つため、国や市と自治会とで話し合いがもたれ、それぞれの役割について管理協定を結び、自治会においては補助金等を受けながら活動を継続している。

行政と居住者組織の役割分担

　　　　　　　　　　　　　　　　　　　　　　　40 いんしゅう鹿野

　いんしゅう鹿野における景観整備においては、道路や水路、石灯籠など公共空間の環境整備は主としてまちが担当し、各住宅の窓格子や腰板張り、漆喰の外壁な

どの整備は、町内ごとのまちづくり協定をベースにしながら個人単位で行っている。

　まちなみに関する意識を行政と住民が共有し、なおかつそれぞれの領分を発揮しながら、両者が足並みを揃えることで、統一感あるまちなみが実現されている。

公園緑地里親制度の利用

………………………10 南平台

　団地の顔となる中心部の緑地エリアを対象に、阿見町との間で公園緑地里親制度が締結された。このエリアは低木中心の植栽が施され、その手入れのしやすいという理由から、また過去にボランティアが桜を植樹した場所でもあるという理由で、対象地区として選ばれたのである。

　具体的には、団地内の高木剪定や除草作業などを行政が担当する一方で、里親制度対象地区では行政の補助を受けたボランティアが主体的に管理を行っている。また、里親制度に登録することで、ボランティア活動時の事故等には阿見町による保険を適用することができるようになり、課題のひとつが解決された。→8-3 植栽管理の共同性

景観協定の策定

………34 新千里南町3丁目

　新千里南町3丁目住宅地内では、住宅の建替えが起きたり、所有者の代替わり、所有者自体が代わったりする時期にさしかかり、住宅地内に新たに11台の駐車場がつくられ、景観阻害の課題が持ち上がった。

　しかし、自治会が定めていた自主的な環境保全協定では強制力がなく、効果的な改善は望めなかった。そこで、新たに景観協定を策定し直し、市の景観条例による認可を受けて以降、市の建築審査部署がその協定の運営に関わってくれることとなり、行政の関与によって景観阻害の課題を有効に解決する道筋ができるようになった。

「覚え書き」の活用

………………………11 旭ヶ丘

　いろいろな組織が連携しながら行う継続的なまちづくりの泣き所の一つは、「担当者が代わる」ことである。行政と居住者組織が共同で何かをやっているときに、各々の担当者が代わるたびに、一から事の経緯を説明しなければならないし、そもそも引き継ぎは網羅的にできるものではない。

　このため、まちづくりのいろいろな側面で、「そんな約束はしてない」とか「この予算はうちから出す筋合いのものではない」「証拠がない」などという水掛け論が起こりがちなものである。

　そんなときに威力を発揮するのが「覚え書き」の類だ。協定というのも、同じような効力を発揮するが、首長や会長を連れてきて調印させたりと、少し肩の荷が重い感じがする。覚え書きなら、単なる確認書のようなものなので、お互いの担当者

38

レベルが確認し合うための道具とできるのである。

　旭ヶ丘では2014年に、上記のような理由から母子島遊水地に関わる維持管理の覚え書きや協定書が、市、自治会、河川事務所、土地改良区、ロータリークラブなどの間で取り交わされた。これがあれば、水掛け論に無駄な時間を割くことを避けることができるだろう。

ワークショップで公共施設をデザイン提案
28 蒲原宿

　蒲原宿では、旧蒲原町時代の公共施設の整備を行う際に、居住者や専門家を交えてワークショップを開催し、デザイン案を作成し、提案した。登録文化財である元の歯科医院の改修工事においては、外壁塗色の調査をもとに住民投票によって選ばれた色が、子どものペンキ塗り大会などを通して再現されている。この場合に重視されたのは、投票結果はあくまで参考意見とし、最終的な決定権は行政に委ねるという点であった。

　公共施設のみならず、宿場内の新建築物の意匠や形態にも提案が行われ、路灯や沢の手すりについては提案が実際に受け入れられている。

住民の提案が活かされた沢沿いの手摺

2-6　さまざまな専門家と相談する

カオの広さで地元専門家をつなぐ
09 真壁

　まちなみづくりのためには、行政との連携は不可欠である。重要伝統的建造物群保存地区（重伝建地区）である真壁地区では、その必要性はことさら大きい。真壁地区の建築士会桜川支部の会員たちは、建築士であるばかりではなく、地域において建築士以外のたくさんのカオを持っている。

具体的には、市の教育委員会関係、商工会議所関係、重伝建地区関係、景観条例関係、都市計画審議会関係など、実に多岐にわたって行政に関わる委員をこなしている。都会よりもむしろ地方の方が、一人何役をもこなす専門家がたくさんいるようだ。このように、多様なカオを持った専門家としてのネットワークを駆使することにより、単なる建築士の集まり以上の仕事をこなすことができ、行政その他の関連組織との情報交換や連携もスムーズに行うことが可能となっている。

"樹木医"の客観的診断が合意形成を促す
18 埴の丘

埴の丘では、住民が一致して緑豊かな住環境を実現してきた一方で、年月が経つとともに育ち過ぎた木々による生活へのさまざまな不便が生じ、樹木の剪定や伐採を行う必要が出てきた。しかし、景観を優先したいとする意見との折り合いが難しいケースも発生した。

この場合、居住者同士だけの話し合いでは、意見集約が難しい。こうした状況に対応するために、樹木医による勉強会を開催し、専門家による客観的な診断を提示してもらうことにより、居住者の意見統一が図られた。

建築士の「たてもの相談会」
28 蒲原宿

1999年の登録文化財改修工事にあたっては、地元有志を中心に、建築士、大学関係者、行政など多くの人々が一丸となって取り組んだ。工事は地元の職人さんたちによって行われた。当初は関心の薄かった地元の大工さんや左官屋さんも次第に興味を持ち始め、建物の保存に対する意識が職種を問わず広まった。

この工事に携わった建築士にアドバイザーとなってもらい、「たてもの相談会」を実施している。町家の修繕の相談をはじめ、多くの居住者は高齢化に伴う身体的障害を理由に、古くなった住まいを残すかどうかの判断に悩んでいる。こうした相談者に対し、大がかりな建替え工事ではなく、小さな改修工事によって現在の住まいを継承するための工夫なども助言してもらっている。

建築士による補助金を得る支援
09 真壁

東日本大震災により真壁地区では多くの建物が被害を受けた。これらの修理にあたり、伝建地区内に住む居住者は2種類の補助金を使い、修理の自己負担額を大きく減らしている。まず費用の80〜90％は伝建地区に係る補助金が桜川市から支給され、残る負担額の75％に対し更に「文化財等災害復旧補助金」が茨城県から支給されるため、最終的な居住者の負担は相当減額される。

これらは文部科学省からの補助金だが、保存地区外の居住者は国土交通省から出る「歴史まちづくり法」の補助金を用いて建物の改修を行っている。いずれの

場も、これらの補助金を運用する行政、実際に修理を担当する建築士会、そして当事者である居住者らの間の信頼関係のもとに成立しており、とりわけ建築士会が、行政と居住者の間を取り持つ上で力を発揮したと言える。

弁護士を中心に近隣の開発に対応

········· 47 百道浜

　団地近隣に高速道路の延伸計画があることを聞きつけた住民のうち、団地内住民の弁護士を中心に交渉団体を設立したことで、行政が交渉のテーブルに着いてくれるようになった。交渉の末、高速ランプ予定地を公園にすることができた。また、団地近隣に高層の集合住宅団地が計画されていた際も、弁護士を中心とした交渉を経て、まちなみを優先させた戸建住宅団地への計画変更を達成することができた。

管理会社とのつきあい方の進化

········· 21 フォレステージ

　発足したての管理組合は、管理会社に全ての面倒を見てもらわざるを得ない。しかし、共有地や共有物の管理に慣れてくるにしたがって、管理会社の持つノウハウや技術力を賢く利用させてもらいながら、まちの運営に取り組むことができるようになる。

　フォレステージでも、当初はあらゆる業務を大手の管理会社に委託していたが、次第にコスト構造がわかってくるようになった。特に、事業の発注などでは、大手の管理会社にしっかりした見積書を出してもらい、その事業の標準的な工法やコストなどを理解した上で、管理組合自らが別業者に相見積を取ったりすることも可能になる。その結果、植栽管理については自分たちで業者を選定して直接業務発注をするようになった。ちょっと割高でも、信頼できる管理会社に依頼することで、組合側も成長できる可能性があるのだ。

管理業務を分離発注

········· 06 フィオーレ喜連川

　通常、管理組合などの業務委託は一括して管理会社に委託する場合が多い。全てお任せになるので発注した側は確かに楽にはなるが、全ての業務が一社丸抱えになり、管理運営のノウハウがその管理会社にしか蓄積されなくなる。適正価格も維持しづらく、緊張感のある業務委託関係を築くことが難しくなり、あげくには他の管理会社に委託先を替えることができなくなるケースもしばしばある。

　この難点を避けるために、異なる委託先に管理業務を分離発注している。管理組合の管理業務、すなわち、資料作成・総会の補助・理事会の議事録作成などは、ある会社に委託し、窓口業務・金銭出納業務・自治会の事務委託は別の会社にというように分離発注することにより、常に適正価格で緊張感のある管理業務の質を担保しているのである。

2-7　専門家としての開発事業者

開発に関わった専門家を顧問に
……………13 佐倉染井野

　美しく計画されたまちなみがその後10年20年と計画意図どおりの姿を保ち続ける居住者の管理だけでは難しい部分がある。佐倉染井野では開発に携わっていた専門家が、現在は住民組織側の顧問として、建築協定、緑地協定のチェックや協定更新の際の技術的なサポートを担ってくれている。生みの親ならではの知識が、育ての親のマネジメントに寄与している例である。

"生みの親"がグリーンキーパーとして活躍
…………48 パークプレイス

　パークプレイスの管理組合が、共有地の緑地管理を契約しているグリーンキーパーは、かつて団地の生みの親である会社の社員であった方が、団地の完成とともに管理組合専属のグリーンキーパーとなった。

　生みの親の計画意図を理解しつつ、まちなみの変化に応じて、まちの植栽管理を行うことで、より良い環境づくりが継続されている。また、グリーンキーパーは自治会や管理組合の会合にも出席し、専門的見地から意見を述べることで、まちなみの運営にも寄与している。→8-4植栽管理の持続性

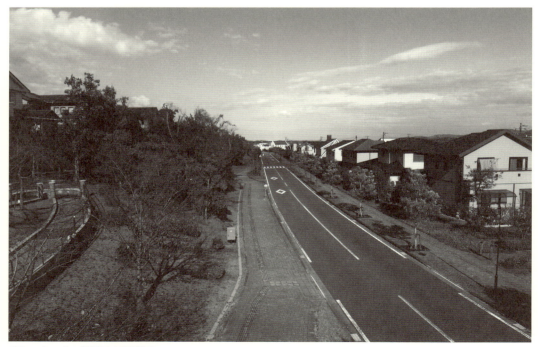

グリーンキーパーが管理する共用緑地

開発事業者と設計者に協力を仰ぐ

……45 青葉台ぼんえるふ

　開発当初は、団地全体設計の宮脇檀建築研究室が個々の住宅設計の調整を主導していたが、その後、販売担当者の入れ替わりや販売促進のため、建築協定抵触が見受けられるようになった。このため、管理組合法人では居住者に建築協定の遵守の申入れと、建築図面の提出を義務づけるようになった。この建築図面は宮脇研究室解散後、元所員の事務所で保管され、その後も、新築や増築に際して建築協定に関わる助言をもらっている。

　そして、開発から22年目の平成27年、106世帯目に当たる最後の区画に住宅が新築された。生みの親の宮脇研究室や元所員と育ての親の管理組合法人の緊密な連携活動により当団地のまちなみの質が維持できている例である。

開発事業者が長期的に居住者をサポート

……01 スウェーデンヒルズ

　スウェーデンヒルズ管理センターは、開発事業者の会社の一部門として開発時に設立され、町内会と行政から団地の維持管理業務の委託を受けている。管理対象は、町内会所有物（防犯灯、ゴミ置場、案内サイン板など）と、当別町の公共施設（道路、公園、街路樹であり、これらの清掃、除草、除雪）を行っている。管理センターには、開発事業者の社員が常駐しており、住民対応を毎日行うことが可能だ。

　日常的な主な業務は、「清掃などの環境管理業務」、「地区内の巡回パトロール」、「まちに移管されているテニスコートの管理運営業」、「冬期の除雪業務」などである。このように、開発事業者が団地周辺の施設の運営とともに、引き続き仕事として、まちの運営を細かくサポートしているのである。

スウェーデンヒルズ管理センター

開発事業者が震災被害者を支援

……15 碧浜

　碧浜では2011年の東日本大震災の際、開発事業者との連携によって復興がスムーズに進んだ。発災直後は自治会からの要請により、仮設トイレや給水車が開発事業者から提供された。さらに、液状化により傾いた家が複数軒あり、自治会役員経験者である建築関係の居住者により、すぐに自治会の下部組織として復興委員会が立ち上がった。

　委員会には開発事業者である住宅メーカー2社も参加し、震災対応について議

論が重ねられた。毎週日曜日、住宅メーカーや工事業者が集まり、家の傾斜の修正等に対し具体的な処置についてアドバイスを受ける相談会が2年間開かれた。

2-8　大学研究者との連携

大学生と一緒にワークショップ
45 青葉台ぼんえるふ ・ 46 コモンライフ新宮浜 ・ 47 百道浜

　福岡・北九州エリアには、建築家・宮脇檀氏設計による住宅地が集まっている。その中でも、新宮浜、百道浜、青葉台ぼんえるふは、それぞれ個性的で研究者にとっても魅力的な住宅地だ。これらの団地では、柴田建さん（九州大学）などの、外部の専門家に建築協定に関わる事項の調査などを依頼したのをきっかけに、お付き合いが深まっていった。その後、勉強会の講師や住民向けリーフレットの監修、さらにガイドラインづくりなどを、学生と一緒のワークショップなどを通して、専門家のノウハウを吸収している。

正規授業として学生の力を借りる
……29 グリーンヒル青山

　グリーンヒル青山は、里山を挟んで立命館大学と隣接している。大学は教育プログラムの一環として地域奉仕活動を学生に課題として与えており、単位認定される正規授業として「地域ボランティア講座」が開講されており、その一つの講座の講師役を住民のNPOスタッフが務めている。

　2009年に行われた、竹害防止のために伐採された竹を使っての「竹灯籠ライトアップイベント」には、大学のボランティアセンターとの協働により学生が十数名参加した。また、10名程度の学生を受け入れ、団地に隣接する牟礼山の里山保全活動の支援、ツリーハウス建設作業、牟礼山界隈の散策路の整備なども行っている。

まちの履歴を掘り起こしてもらう
……34 新千里南町3丁目

　新千里南町3丁目では、1970年の入居開始から段階を経て、まちづくり、自治会運営のルールを定めて環境を守ってきたが、いくつかの懸案事項も発生していた。そのような問題をまちネットでのインタビューを受けた際に相談したところ、千里ニュータウンの研究をされていた鈴木毅さん（近畿大学）が紹介された。鈴木さんからは、さまざまなコミュニティ形成の実験がなされてきた地域の歴史を記録していくことが、まちを成熟させる仕掛けとして必要ではないかと教えられ、学生の協力も得て、自治会の地域冊子を制作して役立てている。

地域が育てる地域の研究者

　自治会内で住環境に関わる問題提起があったとき、ある住民から、住環境マネジメントを専攻する若手研究者、髙橋武俊さん（慶應義塾大学）が紹介された。アンケートの設計やその分析の仕方など、納得感を高める手順で地域の課題を浮き彫りにし、解決に導くという実践的なマネジメント手法が専門家と住民のコラボレーションによって実現している。こうしたコラボは、住民には説得力のある推進ができる価値があり、研究者にとっては活きた実践論を追求する貴重な機会としての価値がある。「地域で必要な研究者は地域で育てる時代」の試みとも言える。

………… 24 ニコニコ自治会

地元大学の専門研究者を巻き込む

　桂坂は、京都大学の桂キャンパスが隣接しているので、必然的に都市計画の専門家である神吉紀世子さん（京都大学）とのお付き合いができている。研究者にとって、こうした実践的なお付き合いは、貴重な研究対象でもあり、その専門性の地域還元でもある。景観まちづくり協議会の発足にあたっても多くのアドバイスを受けた。地域と学校のコラボ、民官学の連携のモデルとして、他大学の調査や研究についてもオープンに対応して、まちづくりに活かそうとしている。

………… 32 桂坂

地元大学と共に地域起こし

　新屋の地域と秋田公立美術大学の関係は深い。1952年に秋田市立工芸学校が設立され、95年には秋田公立美術工芸短期大学となり、東北地方で唯一の公立の美大が誕生した。それに合わせ、隣接して建てられていた1934年建設の旧国立農業倉庫が秋田市により買収され、短大の実習棟などに使用されるようになり、2000年には国の登録有形文化財に登録され、今でも美大の象徴となっている。ただ、短大ができる前は一時、倉庫を取り壊して公務員社宅として開発するという計画があったのだが、せっかく地元が誘致してつくった立派な倉庫を壊すとは何事だということで、市によって保存され、隣の美術短大によって活用されるという仕組みができ上がったのである。

………… 02 新屋参画屋

　新屋参画屋の活動はこうした「地元の美大」の卒業生などが、まちの空き家を借りてワークショップを行っていたのを、地元の商店主や町内会の人たちが協力していって広がったものだ。2013年に短大は四年制大学に生まれ変わっているが、美大とまちとの長年の関係が、地域起こしに役立ちつつある。→4-1 多様な人を巻き込む

プロジェクトの説明をする秋田公立美術大生

3 ｜ 情 報 共 有

住 宅 地 の 運 営 に 必 要 な 情 報 と は

　住宅地をうまく運営するためには、そこに住む居住者の、地域に関する知識、認識、理解度が一定程度揃っている必要がある。ここで対象となりうる知識にはさまざまなものが考えられるが、その地域の成り立ち、範囲、どんな人々がどんな気持ちで住んでいるのか、近隣とどういう関係を保ちながら成り立っているのか、住宅地全体の課題としてどんなものがあるのか、住宅地全体のルールにはどんなものがあるのか、どんな組織がこの住宅地をベースに活動しているのか、といったことが基本的なところだろう。こうした情報をどう共有するかも課題となる。

回 覧 板 と「 班 」や「 組 」の 構 成

　日本ではすでにお馴染みの回覧板。インターネットがこれほど普及した現在においても、多くの住宅地では、いまだに重要な地域の情報共有手段となっている。回覧板は、戦時中に生まれ、その後全国に普及した、地域生活に必要な各種情報の伝達方法であった。戦後の民主化の中でも、地域生活に欠かせない情報源として、国民的に定着した。

　多くの自治体では、月に2回程度こうした情報が地域居住者組織等に配布されることが多いので、14日の周期で回覧板を回さなければならない。1日に1軒ずつ回覧板が回っていくものとして、それを回すための戸数が、14軒を超えると困ることになる。14軒を超えるようになると、回覧板を二方向から回すことも検討しなければならなくなるかもしれない。一方で、「班」や「組」と呼ばれることの多いこの単位は、ゴミ集積所の管理の単位となることも多い。そこでは逆に、「班」や「組」の構成軒数が少ないと、すぐにゴミ当番が回ってくることになる。同様に、持ち回りでやってくることの多い「班長さん」や「組長さん」といった役も、軒数が少ないとすぐに回ってきてしまう。このような、要求がバランスする軒数として、14±3軒程度で「班」や「組」が構成されるところを多く見かける。

定 期 刊 行 物

　このように、回覧板を回すという行為は、地域生活にとって重要な情報を定期的に各家庭にもたらしてくれるという重要な役割を果たすと同時に、回覧板が巡るルートが地域コミュニティの最小単位の形成にも関わってくる。さらに、回覧板を回す行為は自ずと、お隣さんやお向かいさんと面と向かって挨拶したり、お話したり

する機会を増やすため、いわゆるコミュニティ形成の促進にとっても、重要な役割を果たすこともある。

また、回覧板のような、地域における情報伝達ルートが確立していれば、それを自治会・町内会等で実施するアンケートの実施などにも利用できるようになるだろう。また、行政的な情報ばかりでなく、自治会町内会からの情報も「ニュースレター」のような定期刊行物として発行できる。

多様な情報共有手段

もちろん、回覧板ばかりが地域生活にとって重要な情報の共有手段ではない。わかりづらい協定やルールなどを、初めて見る人にもわかりやすく解説するガイドブックを全戸配布することも効果的な手段である。また近年では、インターネットを用いた双方向の遣り取りや、文字情報だけではなく画像、音声、動画を駆使した情報共有が可能となりつつある。さらに、ITを駆使することによって、より簡単に意思の交換も可能となる。ただ、すべての住民が、こうした最先端技術の操作に長けているわけではないことが、町内会・自治会の常なる課題である。

こうしたハイテクばかりでなく、地域の中の複数の居住者組織がオフィス空間を一緒に使うことによって自然な情報共有を図ったり、来客用のステッカーをつくることによって、居住者とお客さんとまちの役員さんが阿吽の呼吸で連携して違法駐車を減らしたりという、ちょっとした工夫や知恵が、情報共有を簡単に行えるような手法は、他にもいろいろとあるだろう。

これから住む人との情報共有

住宅地でいつも課題となるのは、新たな来住者に対して、このまちがこれまでまちなみづくりにいかに努力してきたか、そのためにどんな決まりごとがあるのかなどについて、実感を持って伝えることができるかということである。

来住者に対して、いかにウェルカムであることを伝えるか。来住者からソバやタオルをいただくのを待っている前に、「ようこそ！」といち早く伝え、このまちのこれまでの事情を、実感を持って理解していただくというのが、実は一番手っ取り早く、確実な方法である。「鉄は熱いうちに打て」。ルールを守らないといって青筋を立てて怒鳴り込んで来る初めて見る役員さんと、引っ越して間もない心細い来住者に対していろいろ親身に教えてあげるついでにまちのルールもそれとなく教えてくれる役員さんと、どっちがいいかは考えなくてもわかるだろう。

そして引っ越しが行われる前にも重要なことがある。住宅の売買に関わる不動産事業者や、建築の確認を下ろす役場にも、まちなみづくりの仲間になってもらうよう、普段から働きかけるこことだ。「あそこの団地には、へたなお客は紹介しづらいな」とか「あの住宅地に協定があることを建築主に知らせておかないと、こっちが大変になる」と思ってもらったりするための努力に成功している住宅地が、きっと持続力の高い住宅地になるのだろう。

3-1　定期刊行物

戸数が多い班の回覧板は両方向から
………………………25 みずき

　大規模な団地開発の場合、開発時期が異なると、班を構成する十戸の戸数が異なって設定されることがある。みずきでは、1班が8戸で構成されるのが基本であったが、中には19戸で構成される班も出てきた。こうすると、班の中で回覧板を回すスピードが全く違うのが課題となる。そこで、19戸の班に関しては、班長が2つの回覧板を反対向きのルートで同時に流し、半分の時間で班長に戻る仕組みをとっている。

自治会連絡網を利用した情報伝達
………………………10 南平台

　「南平台環境ボランティア」は自治会から独立した組織ではあるが、情報共有の手段として自治会の掲示板や回覧板を利用している。ボランティアには各丁目幹事という役があり、自治会の環境部会長と連絡を取ることによって、このような自治会との連携が実現されている。

定期ニュースを集大成してガイドブックに
………35 コモンシティ星田

　コモンシティ星田では、建築協定や建築協定運営委員会の活動にもっと興味を持ってもらうために広報活動に力を入れている。地区の建築協定ニュースである「住みよいまちづくりニュース」では、一度に出す情報量を抑え、定期的に発行することで無理なく読めるように工夫している。

　そして2007年には、その集大成として「建築協定等ガイドブック」を作成し、各戸に配布した。地区計画、建築協定、まちなみ協定について、その内容や役割・必要性を住民に理解してもらうことを目的とし、イラストを多く用いてQ&A方式で詳細に解説している。また、「建築協定区域」を示す看板を設置するなど、建築協定の存在やその意義を訴え続けている。→3-5 新規居住者への情報伝達

建築協定看板

3-2　情報共有の手段

異なる組織の事務局が机を並べる

43 グリーンヒルズ湯の山

　地区内に、自治会や管理組合やその他いくつもの組織が存在し、それぞれに活動を行っている場合、組織が固有に有する情報を効率よく共有することにより、各種課題の未然防止や課題の早期解決や、共同行事の円滑な運営をうまく行うことができる。

　グリーンヒルズ湯の山では地域の中央に位置する公民館の事務室に、自治会や管理組合や公民館などの各種組織の事務局の机が置かれ、電話・ファックス・コピー機を共同使用している。このためそこで交わされる情報は自然な形で他の組織に共有され、まち全体の円滑な運営を可能にしている。

公民館事務室に並べられた複数の組織の机

来客用ステッカーで違法駐車対策

47 百道浜

　団地外からの来客が乗ってきた車によって団地内の交通が妨げられていた。このため、組合や警察への連絡がままあったが、即時対応するのは難しかった。そこで、どこの家の来客かがわかるように連絡先が記載できるステッカーを作成し、各戸に配布した。これによって、何かあった場合でも、車の移動などの対応がその場で当事者同士で行われるようになった。

　これも一種の課題解決のための情報共有手段である。ただ、これには個人の連絡先を記載しなければならないという課題も残るため、導入には注意が必要である。

手づくり「建築協定ガイドブック」

01 スウェーデンヒルズ

　せっかく良いまちなみが開発されても、居住者が無関心で建築協定を守らなければ、まちなみを維持管理していくことは難しい。スウェーデンヒルズでは、建築協定更新の時期に合わせて、新しい建築協定と建築協定運営委員会規則の周知・啓発のために「建築協定ガイドブック」を作成し、2008年から配布している。このガイドブックは建築協定運営委員会のみで作成され、イラストは居住者の協力により完成された。

まちの魅力を瓦版にまとめる

……………………28 蒲原宿

　蒲原宿では改築や空き家化によってまちなみを特徴づけている町家の消失が続いた。そこで、まちなみの個性や魅力を「瓦版」にまとめ、地区内すべての住戸に配布した。また、古い町家に住む居住者に向け、その良さをアピールしている。また、イベント時に配布される「まちなみマップ」は古い家屋とは直接的にはゆかりのない居住者にとっても楽しめる内容となっている。

　「まちなみ」は単なる建物の形態や意匠ではなく、居住者の住まい方の表出だと捉えている。メンバー自身が古い町家の居住者であり、建物の問題点や魅力を知りつくしていたことで、こうした考え方が培われた。

ワークショップを通じた「建築協定ガイド」

……45 青葉台ぼんえるふ

　当初のまちづくりの主旨や環境を守るための建築協定の重要性の認識は、時の経過と共に薄れていく傾向がある。青葉台ぼんえるふでも建築協定に抵触するケースが若干見られるようになった。このような状況の中で、初心に帰った「まちづくりの考え方の再認識と理解」が最も必要と考えられた。

　そこで、2002年には管理組合の臨時総会が開かれ、北九州市からの活動助成金を活用し、大学研究者や住宅地設計事務所の元所員の指導のワークショップにより、建築協定の理解を助ける啓発冊子「建築協定ガイド」が作成された。

→2-6さまざまな専門家と相談する

わかりやすい緑地協定ガイドライン

………………13 佐倉染井野

　居住者は植栽の名前を聞いてすぐに思い浮かぶわけではないので、緑地協定の文言をそのまま読んだだけでは植栽のイメージがつきにくい。そこで、樹種とその特徴、生育不良の原因、病虫害、剪定、植え替え時期、参考価格などをまとめた植栽のガイドラインを居住者向けに作成することで、居住者の緑に関する理解を深めていった。

緑地協定ガイドラインと役員さんたち

まちづくり協定の手引き

…………40 いんしゅう鹿野

　町内ごとにまちづくり協定が策定されていると、その内容は文章のみで構成されており、建築に馴染みのない居住者にとっては理解しづらく、また具体的なイメー

ジに欠くケースがある。そこで鹿野では、修景に関する先行事例を豊富に盛り込んだ協定理解のための手引きを「鹿野まち普請の作法」として発刊。作成には行政、大学、建物のつくり手が関わった。これにより景観形成についてのコモンセンスが育まれ、修景整備の精度向上につながった。→2-8大学研究者との連携

「知らなかっただけ」を克服するガイドライン

.... 21 フォレステージ

　販売当初、開発事業者から居住者へのお願いとして「デザインガイドライン」が配布されていたが、時間が経つにつれ、住環境を個々に改修していく際に、ガイドラインで大まかにしか表現・規定されていない部分については、自分流に解釈して色や素材が選択されることが生じてきた。例えば、門扉や門柱は全戸共通の仕様でつくられいるのだが、リフォームの際に適当に塗られたりする。また、表札も同じ仕様、同じ字体で統一されていたが、後から入ってきた人は適当につけてしまうこともある。

　こうしたことは、悪意あって違うものをつくっているわけではなく、ただ単にやり方がわからなかったり、誰に頼んだらいいかわからないだけのことだったりするので、開発事業者の当時の担当者に聴き取りなどをして、「つくった人はこういうつもりでした」という意図を明確に整理し、「これを見たらわかりますよ」というような、既存のデザインガイドラインをバージョンアップしたものを検討している。

3-3　ITを駆使する

ルールや書類をすべてホームページに

.... 13 佐倉染井野

　新規入居者に、これまでの自治会や協定の運営に関わることを短時間で理解してもらうために、佐倉市の条例や地区計画、そして協定や運営委員会規則を含めてわかりやすくまとめた「住まいの手引書」を作成した。佐倉染井野では、それらの情報をホームページ上で公開し、関連する書類もわかりやすいところにひとまとめにしており、誰しもが容易に必要な書類をダウンロードできるようにしている。こうすることによって、新規入居者のみならず、すでに住んでいる人や工事業者でも容易にまちのルールや経緯を知ることができ、必要書類を入手することができる。
→10-2建築協定・緑地協定の運営をやりやすく

インターネットを使った情報発信

.... 27 桂ケ丘

　今では相当に普及してきた、自治町内会や管理組合のホームページであるが、桂ケ丘自治会では初期の段階からこれを充実させてきた。自治会メンバーのなか

で、その筋に詳しい方々にお願いして、ホームページ委員会を立ち上げ、毎月1回の自治会定例会において、中身の改訂を行っている。自治会のイベントはもちろんのこと、これまでの自治会の活動やまちの歴史、ご近所の便利マップも載っていて便利である。

さらに、フェイスブックといったSNSも活用され、日々の重要な活動の情報交換も行われており、最近引越してきた人にとっても、町全体の様子が手に取るようにわかるようになっている。

イントラネットを使って情報を蓄積

..........48 パークプレイス

パークプレイスでは、団地全体に普及しているケーブルテレビ網を用いて、イントラネットを構築し、情報の共有やお互いへのメッセージ連絡、自治会のお知らせや、各サークルの掲示板、メールの遣り取りなどを行っている。

また、膨大な量になりがちな総会資料や議事録、紙ベースではなかなか回覧できないものや、行事の当日の中止連絡など即時性のあるものは、このイントラネットを利用して連絡している。ただ、高齢世帯などではなかなか利用されないなど、閲覧率は一定の水準に留まってしまっており、重要な連絡は回覧でも行っている。

ケーブルテレビ網の活用

........06 フィオーレ喜連川

フィオーレ喜連川では、CATV網の空きチャンネル（Channel-9）を利用した自主番組放送を10年以上続けていて、住宅地管理やイベント等に関するお知らせを随時放送している。放送法に基づいたCATV放送局として正式認可を受け、独自のスタジオも持っており、当初から専任者を持つことなく運用を行ってきている。コンテンツも充実しており、下水処理施設がまちの課題となった時には、市の下水道担当者を呼んできて議論をした様子も放映した。

一方で、ここに住んでいる文化人の方に出ていただいたり、地元の文星芸術大学の学生の作品を取り上げたり、バレーボール、卓球、テニスなどのサークル活動や試合の様子も放映している。やはり、自分が写っていたり、身近な課題であったりすると視聴率が上がっていく。ちなみに、最寄りの駅の公衆モニターにもChannel-9が流されているそうである。

3-4　気持ちを共有するための仕組み

まちなみ景観セミナー

........35 コモンシティ星田

まちなみの維持には、居住者のまちなみに対する意識を高めることが不可欠で

ある。コモンシティ星田では2006年、「美しいまちなみ」をテーマに、地区内の集会所にてまちなみ景観セミナーが実施された。専門家を招いて、古くからのまちなみや新しい住宅地、世界各地のまちなみを紹介してもらい、後世へのまちなみの継承、擁壁の工夫、住まいのまちなみコンクール受賞資金の有効利用案、案内パンフレット作成など活発な意見交流を行った。→5-2コンテストと顕彰

勉強会を開いて居住者の理解を深める

························· 42 矢掛宿

　矢掛宿が目指している伝建地区の目的や制度、その選定基準などについて、「備中矢掛宿の街並みをよくする会」の主催で勉強会が行われた。地元議員、商工会、観光協会、文化財保護委員、ボランティア団体の代表など、会員のみに留まらず広く参加者を募ることで、居住者に対し意識づけがなされている。また矢掛のアイデンティティを再認識すべく、国土交通省の協力を得て大学の教員を招き、居住者を交えてまちなみを活かしたまちづくりについても議論を行っている。→2-5行政との連携

定期総会資料の充実

········· 45 青葉台ぼんえるふ

　青葉台ぼんえるふでは、当初まちなみの形成をめざして、定期総会後に「まちづくりに関する学習会資料」を作成した学習会や専門家を講師に招いての学習会を実施してきた。そして、平成26年度からは、「安全・安心・明るい団地づくり」をめざし、LED防犯灯設置、団地内市道・下水道保全、団地内交通安全確保などに関する、マニュアル機能や学習機能を備えた、豊富なカラー写真を盛り込んだ定期総会資料の充実に取り組んでいる。→5-5まちの宝物探しと愛着づくり

関係書類を1冊に収めておく

········· 45 青葉台ぼんえるふ

　青葉台ぼんえるふでは、専門家の協力を得て、以下のような内容を1冊に収めた『まちづくりガイドブック』を配付することによって、住宅を改修したりするときに必要な情報の共有を図っている。

①管理組合規約
②建築協定書・建築協定運営委員会規則
③建築協定ガイド
④失敗しないための外壁色塗り替えの手引き
⑤高齢化に向けたアプローチのバリアーフリー化の手引き
⑥増改築・建物の外壁塗装・屋根の塗装・下屋（テラス）の設置・物置の設置工事着工届出について

まちづくりのアーカイブが財産

.... 33 姉小路

　姉小路の世話役宅には、分厚いファイルが保管されている。ここ23年間まちづくりをやってきた中で、主としてマスコミに取り上げられた記事が全てファイルされている。これまで、420回取り上げられた中で、京都新聞が161回、朝日・読売・京都民報・毎日・産経・日経が249回、NHKが10回であった。中には軽いタッチのものもあり、中には係争に関わる重たいネタもある。こうしたアーカイブがまちの次なる文化の糧になっていくのだろう。

3-5　新規居住者への情報伝達

「ウェルカムパック」

........34 新千里南町3丁目

　アメリカの住宅地では、新たにまちに引越して来た人に対して、そのまちの歴史や生活地図、まちのルールなどをわかりやすく解説した資料をパッケージにしてお渡しすることによって、新規居住者がまちにいち早く馴染めるような「ウェルカムパック」と呼ばれるものを配っているところがある。これがあると、地域の組織への参加の勧誘などもついでにできる。

　千里ニュータウンのある豊中市では、生活情報・歴史を知ってもらうために、地図や商店、公共施設、地域活動のパンフレットをパッケージにしたものを、鈴木毅さん（近畿大学）を中心につくっていた。新千里南町3丁目住宅自治会でも、鈴木先生の助言の下、新入居者への自治会加入と住民がまちの歴史やシステムの情報を共有することを目的として、「みなみまち3丁目住宅のしおり」を作製した。こうした取り組みが、地域ごと、団地ごとに行われることによって、新旧住民間の垣根が低くなっていくことにつながるだろう。→2-8大学研究者との連携

管理会社から売買時にひとこと

.... 21 フォレステージ

　まちなみづくりを丁寧に仕込んだ団地では、初期に入居した人々は、まちづくりのコンセプトやルールを納得して入居する人がほとんどだが、時が経つにつれ、代替わりが進んでいき、最初の様子を理解している人が減ってくるのは仕方のないことである。特にデザインガイドラインなどの紳士協定に近いルールの場合、不動産業者は新しい居住者にまちなみづくりのコンセプトやルールをきちんと伝えないで売るケースが増えてくる。

　フォレステージでは、退去者が出ると、管理費の毎月の自動引き落としを解除するために、必ず管理会社に連絡しなければならないが、このタイミングを活かして

管理会社から「どこの業者さんに売るんですか」ということを確認したうえで、管理会社の方から、その業者に必ず一言クギを刺してもらうようにしている。住民同士ではなかなか難しい情報の遣り取りでも、しかるべき機会に第三者的にまちなみの情報をインプットしてくれる仕組みが整っているのである。

空き家所有者へも協力を訴える

……… 35 コモンシティ星田

　コモンシティ星田では、空き家所有者にもまちなみ保全や建築協定への協力を訴えている。年会費は空き家所有者からも徴収しているが、滞納者はいない。

　また、年1回、除草・剪定のお願いを文書で送っている。さらに建築協定への関心を喚起するため、広報誌である「住みよいまちづくりニュース」は、空き家所有者にも送付している。→9-6 空き家という地域財産を活かす

新規入居者への協定の説明

……… 35 コモンシティ星田

　コモンシティ星田では、新規入居者には建築協定書・運営委員会規則に加え、「建築協定等ガイドブック」をファイルに綴じて必ず手渡すようにしている。

　また、後日のトラブル防止のために、住宅の所有権が移る場合も、譲渡先を運営委員会に伝えるようにお願いするなど、所有権等の移転状況の把握にも努めている。

『建築協定等ガイドブック』表紙

不動産仲介事業者への説明会

……… 35 コモンシティ星田

　入居開始から数年経つと、建築協定等を理解していない人が中古住宅を仲介して入居に至ってしまい、トラブルとなることがある。コモンシティ星田では、地区内で年間3～4軒程度の中古住宅の仲介事例が出てきていることを受け、中古住宅仲介事業者を対象に、協定の内容や手続きに関する説明会を行っている。1997年には6社からの参加があり、トラブルの未然防止が図られた。そしてこの説明会以降、仲介事業者から建築協定運営委員会に事前相談が寄せられるようになった。

売却・購入の引継ぎの際に役員が参加

……………… 08 光葉団地

　光葉団地では、販売委託を受けた事業者と、購入委託を受けた事業者の物件引き継ぎの際に、自治会役員などの居住者代表が参加することで、まち全体の立場から重要な事柄を新規居住者に漏れなく伝えられるようにしている。

4 ｜ 人々を巻き込む

さまざまな人々の参加を得る

　まちなみづくりにおいてひときわ重要なのは、関連するあらゆる活動に、より多くの人に参加してもらうことだろう。住んでいる人々になるべく多く参加してもらうことは当然として、もし、不在地主さんなどもいたら、そうした人々にも参加して欲しい。まちなみづくりは、不動産所有者の合意なしではなかなか進まないからだ。

　そして、近隣の住民にも、なるべく一緒に参加してもらって、まちの境界線の中と外が連続的につながっていくような景観形成を図りたい。さらに、多くの活動は、地元行政の仕事とも密接に絡むことが多いので、補助金のお話のときだけでなく、この地域がどんなことに関心を持って、どんな活動を行っているのかについても、普段から行政職員などの参加を通して知ってもらうことも、何かあったときのためにも重要である。また、一見その地域とは縁もゆかりもないような人々であっても、縁あってそのまちに関心を持ってくれたり、場合によってはファンになってくれるような方々には、是非とも積極的にまちなみづくりに関わって欲しいものである。

　共有物の管理のために組織される管理組合は、法律上、自然に成立するものと考えられているが、自治会・町内会の加入自体は任意である。このため、引っ越しの際に初めから当たり前のように自治会・町内会に入ってもらうようにしていれば、もめることは少ないだろう。その代わり、その会費が会員のために有効に使われていることを納得してもらわなくてはならない。一方で、引っ越してしばらくたってから入会を頼んだのでは遅い。何事も、引っ越し前の前提条件として、こうした地域組織への加入を認識してもらうのが賢いようだ。

先ず隗より始めよ

　大きな計画や事業であっても、まずは手近なところから始めましょう、という故事である。まちを美しくしたいなら、清掃をしっかりし、花や木をきれいに植えることから始まるのが一般的だろう。ただ、これは地味であり、継続性を強いられるので、なかなかすべての住民がこれを全うするというわけにはいかない。そこで、掃除やお花が好きな人、みんなと共同で何かやったあとの懇親会の一杯が楽しみな人、少しばかり自分のビジネスにプラスになるような人、こうした人々が複数人いれば、地道な仕事であっても、結構長続きするものである。「楽しみ」がないといけない。それほどたいそうな楽しみではなくとも、ささやかな楽しみが、活動の持続性を担保しているようである。

まちづくりは子どもの参加から

　一番手近な方法はやはり、子どもに参加してもらうことだろう。複雑なバックグラウンドを持つ大人たちより、子どもたちは押し並べて、似たようなものに興味を示してくれる。しかも、子どもが参加するような活動は、たいてい兄弟姉妹はもとより、同じ小学校などに通う隣のまちのお友達も巻き込める。さらに、低学年であれば、お母さんやお父さん、場合によってはおじいちゃん、おばあちゃんも付いてきてくれることもある。

　地域の行事や活動に、子どもに参加してもらう理由は、思い出をつくってもらいたいからでもある。たとえ、大人になってそのまちを離れても、自分の故郷でのいい思い出を時折思い出してもらうことも、まちづくりの大きな目標であろう。さらに、その記憶を手掛かりにいつかは故郷であるまちにUターンしてくれるかもしれない。一方で子どもとはいえ、例えば8歳ともなれば、あと10年したら選挙権を持つ市民となるのである。彼らに、地域のことについて関心を持ってもらい、立派な選挙民としての眼識を養ってもらうことは、周りの大人の責務でもあろう。その第一歩は、地域から始まる。もちろん、小中学校の総合的教育の中の地域学習に、地域の人々が協力するのも重要な仕事だと言えよう。

若者・馬鹿者・余所者の居場所

　近年、地域のまちづくりにとっては「若者・馬鹿者・余所者」が大事だということが言われることが多くなった。従来の地域活動は、どちらかといえばずっと地元に住んでいる比較的年齢の高い男性陣が主体となって行われることが、伝統的には多かった。複雑な歴史的事情や、いわゆる大人の事情を呑み込みながらやっていかねばならないこともあり、事情のよくわかった人々で地域の経営を行っていくことは、重要であったろう。しかし、まちの運営の条件がさまざまに変わりつつある現在、伝統的因習的なやり方のみでは、太刀打ちできない課題も少しずつ増えてきている。

　こうした時に、若い人の意見や、コンピュータとかSNSとかの若い人ならではの技術を軽く導入できればやりやすくなるに違いない。また、古くから住んでいる人よりも新しく移り住んできた人の方が、新鮮なアイデアをもたらしてくれるかもしれない。さらに、普通だったらリスクが大きくて誰も手を出そうとしないやり方で、課題解決の糸口を見せてくれるような「馬鹿者」がいたら、それは地域で、温かく支援すべきであろう。こうした、若者・馬鹿者・余所者が重要だという話なのだが、大事なのは、そうした人々が地域の中で「居場所」を見つけられることである。

　こうした多様な人々が、主体的にそのまちに関わってくれるためには、空き地や空き家などを使って、彼らが居ついてくれるような場所を用意できるかどうかが、カギのようである。

4-1　多様な人を巻き込む

多様な活動が多様な人を惹きつける

…… 12 こしがや・四季の路

　近年「高齢化を控えた団地の今後の緑の管理活動について」というテーマが管理組合での課題となっている。現在、緑の管理活動に参加しているのは中高年の男性が多い。その理由として、管理活動の内容が高木の剪定などの力仕事が中心であり、女性が作業するには難しいということが挙げられる。

　これを踏まえ、これからは草花を育てるワークショップなど、女性も参加しやすい活動も取り入れるべきであるという議論がなされた。現在では、管理組合が主催するワークショップには学生や若い女性も参加しており、幅広い年齢層の居住者がまちへの関心を持つようになっている。活動を多様化することによって、参加する人々の多様性を確保した例である。

みんなが参加できる活動が組織の枠を超える

…… 09 真壁

電柱に結びつけられた竹の花瓶

　真壁地区を散策すると、地区内の至る所が花で彩られている様子が見られる。まちなみを花で飾る活動は、当初商工会の女性部の活動の一環として始められた。しかし、商工会女性部以外の「花好き」の居住者も次第に活動に参加するようになり、やがてはその枠組みが取り払われ、「花蔵部（はなくらぶ）」という組織が結成された。みんなが参加できそうな活動を、組織の枠を飛び越えて行うことも有効である。

多様な同好会活動がきっかけをつくる

…… 10 南平台

　南平台には30近くの同好会がある。同好会には団地外や町外からの参加者もあり、参加者の年齢もさまざまで、交流は縦横に広がっている。ゴルフや釣り、音楽など共通の趣味を持つ集まりが定期的にイベントを催し、居住者の余暇を充実させている。同好会は団地内のふれあいセンターを有償で利用することができ、なかでもまちの教育委員会に定められた社会教育認定団体は、利用料の割引を受けることもできる。

転居してきた若い世代向けに情報誌

……… 29 グリーンヒル青山

グリーンヒル青山では、毎日の生活に役立つ地域施設の情報を集約したタウンガイド「ともいく」を発行し、学区内全3,000世帯に配布している。この情報誌は、NPO法人の女性メンバーによって編集されたものであり、1冊目は青山学区に転居してきた若い子育て世代に役立つ主婦の目線で収集した、生活情報を重点的に特集した。2冊目は医療・福祉系の施設を掲載した。とかく、ちょっとしたまちの情報を知らないがために、不便をかこちがちな転居間もない世帯にとっての需要なまちの情報源となっている。→3-5新規居住者への情報伝達

父親たちが集まる会から

……………… 47 百道浜

百道浜では、当初から小学校区の父母の会として、父親たちが集まる会を設立している。お揃いのユニフォームで地域のイベントの手伝いをするかたわら、飲み会や合唱、野球のような趣味の領域でも集まりの幅を広げるようになった。また、小学校区全体の集まりであることから、団地だけの活動にとどまらず、地域全体のまちの運営の様子もわかるようになり、ひいては団地の運営にも役立っている。

花壇づくり

ゲストハウスとの共存

……………… 33 姉小路

2003年に京都北区で京都初の町家改装ゲストハウスを開設したオーナーが、姉小路にもゲストハウスをつくろうとした際、考える会の方では「何かちょっと変なこと始めた人がいるな」という認識だったが、直接会ったら結構ウマが合って、まちなみづくりとゲストハウス運営の共存が始まった。

ゲストハウスには世界中からお客さんがやって来るので、彼らにまちのいろいろなことを多言語に訳してもらう。そしてこの界隈で撮った写真をSNSにアップして

もらってまちの宣伝をすると、会の方からバスの1日乗車券などが貰えるといった試みをしてきた。この地域の成り立ちや活動を理解してくれれば、ちょっと迷惑なこともやりがちな観光客も、少しは振る舞いを変えてくれるかもしれないし、住民もウェルカムムードになるだろう。

4-2　子どもを巻き込む

小学校の総合学習との連携

.... 42 矢掛宿

「備中矢掛宿の街並みをよくする会」では小中学生といった若年層の育成に力を注いでいる。前会長が小学校の教員をしていたつながりから、教育委員会より「総合学習の一環として、地域の歴史文化を扱った勉強会をして欲しい」との依頼があった。

以来、年に1回教室での講演とともにまち歩きを実施し、子どもたちに思い思いのまちなみを描いてもらう写生大会が開催されている。描かれた絵は「矢掛の宿場祭り・大名行列」の際に展示を行い、来訪者にもこれらの取り組みが紹介されている。また、まちを知り、それを他者に伝えることでまちなみへの愛着が育まれるのでは、とのアイディアから、2012年には児童による観光ボランティアも実施された。今後地域を担っていくであろう若年層の、まちなみへの愛着心の向上が期待される。

抽選券で祭りに誘う

43 グリーンヒルズ湯の山

地域のお祭りへの参加数が少ないと、運営する側の士気も下がり、継続性がなくなってしまう。お祭りの主役は子どもたちなので、子どもたちが喜ぶような企画を考えることが重要である。

グリーンヒルズ湯の山では全戸に抽選券を配布し、お祭りの最後に抽選会を行うことで、多くの子どもの参加者を確保することに成功している。

子どもから親世代を巻き込む

.... 42 矢掛宿

今や矢掛を代表するイベントにまで成長した「宿場町やかげの流しびな」を運営する「流しびなの会」も、会員の高齢化に悩まされていた。そこで、学校に委託し小・中・高校生に祭りに参加してもらったところ、その親世代も祭りに参加するようになった。

子どもを介した間接的な参加ではあるが、イベントを肌で感じてもらう機会を与えることに成功している。また、親世代に向けては、年配者の会員が声掛けをするのではなく、同世代の会員から声掛けを行うことで、新規入会者の獲得にもつながった。

子どもを巻き込んだ高齢者福祉

26 滝呂

　滝呂地区では、自治会の中で敬老会などを担当する福祉委員が選ばれる。福祉委員と聞くと、行う行事は高齢者だけを対象にしていそうだが、ここでは地域の幼稚園に依頼してお遊戯会を行ったり、百寿の会という老人会に依頼して桃太郎のような昔話をお願いしたりしている。このように、単に高齢者ばかりでなく、子どもが関われるような行事を心掛けている。さらに行事も、平日ではなく土曜に行うことによって、子どもの親も参加するようにすることで、多世代交流をめざしている。

子どもが大人をたしなめる

15 碧浜

　一人協定の建築協定や緑地協定では、協定の内容は入居時にはすでに決まっている。開発時の良いまちなみを維持していくためには、居住者自らの協定への理解が必要である。

　碧浜では、協定を詳しく解説した「お願い」と称するチラシを作成した。その際に分かりやすくするため協定委員会では、子どもたちにもわかりやすい絵をふんだんに用いた。子ども目線から、親世代の協定違反を解説すれば効果的だろうという作戦である。→3-5新規居住者への情報伝達

4-3　ボランタリーな活動がまちなみ意識を高める

やりたい人から始める

50 大城花咲爺会

　大城地区では、地域美化活動を行う花咲爺会のメンバーが中心となり、まちなかの路地に面した石垣などにランの植え付けを行ったりしているが、月に2回の美化活動を行う以外にも、自主的にゴミ拾いや樹木の水遣り、草取りを行っている人が数名いる。このような自主的な活動に触発されて、自分の家の前だけでなく、隣の家まで掃除する人が増えてくるなど、明らかにまち全体に効果が広がっている。

町中の塀をかざる蘭の花

花の苗を配る

42 矢掛宿

　「花のあるまち・ゴミのないまち」という合言葉のもと、20年間にわたり「花いっぱい運動」を行っている。花の苗を会費で購入し、一軒一軒を訪ねて配布して回り、

花を道路の前に飾ってもらうとともに、側溝上に物を置かないことを併せてお願いした。すると、居住者のあいだで景観向上に対する意識が次第に根づき始め、やがて道路上にゴミ一つ落ちていない整然としたまちなみを得るに至った。

「花を無料でもらった」という、ほんのささいなきっかけではあるが、それが「自分の手入れしている花がまちなみを飾っている」という誇りを生んだのである。

都合が悪い場合は、自発的に前日に草刈り

43 グリーンヒルズ湯の山

植栽剪定をする日をせっかく定めたけれど、結局みんなの予定が合わずに、広大な範囲を掃除することができないケースがある。グリーンヒルズ湯の山では、個々人が自家所有の草刈り機を持って参加する人も多いので、「集まれないから前日にやっておいた」というようなことが自然に起きている。

また、広い敷地の清掃を可能とするために、多種の清掃用具を載せたボックスカーや軽トラックを個人的に所有する居住者も存在する。全ての団地でこのような個人が自発的に発生することを期待することは難しいが、半ば生き甲斐や趣味の一環としてまちの維持管理活動に携わっている、こうした人々がのびのびと活動できる雰囲気づくりが大事らしい。→ 8-1 清掃

4-4　まずは居場所づくりから

駅舎を住民の居場所に

04 七日町通り

JR 七日町駅は、かつては地元の高校生しか使わないような無人駅で、駅前の広場には大量の自転車が放置され、高校生の溜まり場のようなところだった。七日町

七日町駅前の循環バスロータリー

通りまちなみ協議会ではここをなんとかしようと、県からは補助事業、JRからは駅改修、市からはトイレ改修の補助を取り付け、駅舎の中に「駅カフェ」という、喫茶店兼特産品ショップ兼観光インフォメーションという観光拠点をつくった。経営は喫茶店オーナーの協議会メンバーに委託している。ここに至るまでは、協議会と県担当者、JR支社長などとの膝詰め談判が何度も行われた。こうして、恐らく全国で初めて、JR駅舎を任意団体である協議会が借用して、まちづくりの拠点にすることができたのである。

　駅カフェは評判も得て、近所の友達連や、よそからお客さんを連れてくるという連鎖効果があった。こうして売り上げも右肩上がりで伸びている。さらに、放置自転車山積み状態であった駅前広場を周遊バス「ハイカラさん」のロータリーにして、会津若松観光の一つの拠点が形成された。これも、協議会役員が、周遊バス検討の委員長であったから可能になった。「また出てきたな」と言われるぐらいいろいろなところに顔を出して行動して来たことが功を奏しているという。ただ、柄の悪い高校生の居場所がどこに移ったのかが多少気掛かりではある。→2-5 行政との連携

外部サポーター「もめん小町」

……………………41 木綿街道

　木綿街道では、「もめん小町」という、木綿街道女子部ともいうべき女性たちが20人ほど活躍している。彼女たちの多くは本会員ではないが、木綿街道が好きで、いろいろな活動をここでやってみたいという人たちで構成されている。歳の頃は30代から40代。子供がいる人が多く、若手のお母さんという感じの方々。松江や出雲から車で来る人も多い。いわば、外部サポーターである。

　活動としては、振興会のイベントのお手伝いだけでなく、独自にワークショップをしたり、木綿街道を題材とした「ワタ君とコトちゃんの大冒険」という創作紙芝居を学校などで披露したり。自分の能力や特技を活かして、できる範囲で何かしたいという人の集まりで、ここに来て知り合いができたり、自分なりの居場所できたりしている。

　小町は、口コミやSNSで広まっていて、体験入部もある。部室はまちのあちこちにある空き家などを活用したさまざまなスペース。中には、自分の特技を活かして空き家を使って店開きをしたいという人もいて、振興会ではその支援も行っている。
→5-3 来街者のまなざしがモチベーション

若者や余所者を受け入れる

…………40 いんしゅう鹿野

　廃校となった小学校と幼稚園を劇場として改修し活動している劇団があった。まちづくり協議会では、いわば「余所者」である彼らを暖かく迎え入れ、劇団が主催するイベントに積極的に参加し、コラボレーションを図っている。例えば演劇祭では、地区外からの観客動員を見込んで、空き家を利用した仮設店舗を出店して

いる。また団員は「若者」でもあり、これによって地区内における若年層の人口が増加していることも見逃せないポイントである。加えて、改修した空き家の運営を若者に委託し、飲食店や地元の食材にこだわった食事処など、コミュニティビジネスとしての成功を期待している。

また、まちづくり協議会のメンバーにも「身元不明」の若者を雇い入れたことがある（この経緯は「働きたくない2人」というテレビ番組にもとり上げられた）。

NPO法人に限らず、組織の人材は時間の経過とともに移り変らざるを得ない。その変化を楽しめるか否かが、組織の持続性を左右しているとも言えよう。「若者」「馬鹿者」「余所者」と四つに組み、まちの未来を共に考えるという取り組みが端的に表れたエピソードである。→9-6空き家という地域財産を活かす

4-5　不加入者問題

自治会加入を契約書の特記事項に
························08 光葉団地

まちなみを維持するために自治会の活動が活発な団地の場合、自治会への加入率がまちなみの維持と直結してくる。そこで、光葉団地では、自治会への加入を契約書の特記事項に記載することで、土地だけの所有者・セカンドハウス利用者も自治会員になり、団地への帰属意識がまちなみの維持活動に発展している。

セカンドハウス的利用者にも清掃の案内を送る
·············08 光葉団地

団地内の統一した環境維持には普段団地内に居住していない土地建物所持者の協力も必要となってくる。一斉清掃を行う時期についての案内をセカンドハウス利用者にも送付することで、まちなみ維持に関する啓発ができ、自ら清掃に訪れるケースや剪定業者を利用した自発的な植栽管理が見られるようになる。→3-4気持を共有するための仕組み

4

人々を巻き込む

4-4
4-5

5 ｜ 活動の動機づけ

参加へのきっかけづくり

多様な人々に参加してもらうためには、参加してもらうための動機（モチベーション）を仕込んでおく必要がある。動機としてありがちなのが、年に数度の町内一斉清掃のあとの、懇親会での一杯などであろう。子どもたちにとっては、おいしいごちそうやお菓子。ちょっとした「プラスアルファ」の楽しみが付いているだけで、魅力ある行事に思えてくる。それは、お店で買い物をするときのスタンプカードのようなモチベーションに近いのかもしれない。

それでは、住宅地ならではのモチベーションには、どのようなものが考えられるのか。例えば普段は厄介ものと考えられがちな竹林に生えるタケノコ。時期を外さずに採って食べればご馳走である。タケノコを掘るのにも技術がいる。その技術をみんなの前で披露するときの近所のおじさんたちは誇らしげになる。子どもたちはタケノコ掘りに挑戦して喜び、奥さんたちは採れたての旬の味に舌鼓を打つ。そして、そうした楽しみの結果、竹藪が少しきれいになる。例えばこのような、その土地ならではの楽しみを、みんなの楽しみに変換できるかどうかが重要である。

動機は自然の恵みばかりでなくともよい。同じ時期に一斉に入居したような団地であれば、たいてい一斉に各家庭の電気設備やガス設備、給排水設備などが痛んでくることが多い。こうした時に、まちぐるみで専門業者を呼んでの説明会を施すと、みんなの関心が高い。そんなイベントを、まちの組織の総会や行事の時に合わせて開催すると、普段よりは参加者が増すかもしれない。

あるいはもっと簡単に、まちなみを飾るための、鉢植えの花や球根をお土産に配るというのもありだろう。

シビックプライド

より多くの人に参加してもらうことも大事だが、本質的に大事なのは、そこに住んでいる人が、心からまちをよくしたいと思うようになることだろう。そのためには、住民がまちに「誇り」を持つようになることが重要だろう。これを「シビックプライド」という。

愛着と誇りは、そこに住んでいれば、そのうちに自然と生じるというわけではない。そのまちの価値が自分で納得できていることが重要である。ここで手っ取り早くまちの価値を納得する方法の一つに、「よその人からほめてもらう」というのがある。

住み慣れ親しんだ環境の良さを理解するには、きっかけが必要だ。例えば、住

まいのまちなみコンクールで賞をもらったということになれば、「わがまちもまんざらではないな」という誇りにつながっていくかもしれない。あるいは、その家で生まれ育ち、その家のことを好きだけど、特にいい家だとかダメな家だとかは思うことなく、普通に暮らしている人も多いことだろう。こんな家の人に、「あなたの家が建っているおかげで、このまちのまちなみが大変良くなっているのです。大事に住んでくれてありがとう」などと言われたら、うれしいに違いないし、家を今まで以上に大事にしてみようと思う人が多いだろう。

人もまちも「ほめて育てる」のが大事なのかもしれない。こうした、外部者の目線や評価を、活動のモチベーションに効果的につないでいくことも重要だ。まちに来る人にアンケートをとってみて「いつもきれいに掃除されていて素敵！」などという回答が寄せられているのを知れば、箒を持つ手にも、自然と力が入ろうというものだ。

プライドをつくるまちの魅力づくり

ほめてもらうべきものが、いまだに見つからない場合は、発見し直すか、新たにつくるかすればよい。

まちの魅力発見については、まちの内外のいろいろな人が参加して行う「宝物さがし」のようなイベントが効果的だろう。複数の目線からまちを見直していけば、いろいろな観点からの再評価も可能になろう。こうして得られた宝物のリストを、広報誌などで周知することによって、まち全体のプライドが少しずつ増していくに違いない。

また、多くの新興住宅地で行われている、夏祭りや冬のイルミネーションや、秋のハロウィンイベントなどは、新しくつくられた行事ではあるが、それはすでにまちの魅力なのだ。その行事を通して育った子どもたちにとっては、かけがえのない思い出である。なにも、無形文化財的な行事のみが大事なわけではない。毎年決まった時期に催される行事が続いていけば、それは、あたかも「まちの記憶装置」のような役割をも果たすだろう。成人してまちを出ていった若者が、育ったまちの夏祭りに久々に帰ってきて、旧友と出会ったり、かつてお世話になったおじさんやおばさんたちと出会ったりする、そんなことも重要なシビックプライドの醸成につながるだろう。

行事ばかりではない。新興住宅地でよく見かけるのが「ホタルの復活」を夢見て活動する人々である。かつては乱舞していたはずのホタルが、自分が住む住宅地の開発で姿を消したことを知り、それを復活させようとする動きは全国に見られる。ところが、なかなかこれが技術的に難しい。だからこそ、いい大人たちが、何年もかけて、試行錯誤しながら取り組む価値があるのだろう。こうした活動を通じて、友人ができ、地域全体の自然の状態を知り、地域に住まう人間活動の様子を知るようになり、次第に地域に詳しくなることも、シビックプライドを醸成する方法であるようだ。

5-1　楽しいイベントとの抱き合わせ

タケノコ掘りと掃除のセット

………34 新千里南町3丁目

　新千里南町3丁目住宅自治会では、必要最低限しか管理されていなかった公有緑地（竹林）の掃除を、住民で行うことと引き換えに、竹林の中の里道の利用を行政に容認してもらった。しかし、ボランティアで掃除を行う住民が、そうそう集まることもないので、竹林でのタケノコ掘りという楽しいイベントとセットで竹林の掃除を行うこととした。

　なお、竹林の中の里道の利用と同様に、タケノコ掘りを行うこともまた、掃除を行うことと引き換えに、行政に容認されている。→9-1近隣の緑地を活かす

竹林の掃除とタケノコ掘りをセットで

イベントとセットの住民説明会

………35 コモンシティ星田

　コモンシティ星田で毎年1回春に開催される住民説明会は、委員会の活動や協定の意義を理解してもらう啓発の場として大切な機会である。この説明会に1人でも多くの参加者を増やすため、住民説明会の後に、開発事業者などの協力を得て、ニーズの高いと思われる問題を取り上げたイベントを実施している。

　例えば、更新時期が近づいた電気温水器・電磁調理器・浴室などの設備機器の取り替えについて説明した年もある。また、出席した住民には鉢花や花の球根を進呈という「おまけ」をつけることで参加意欲を高めている。

全体共同作業のあとの親睦

……45 青葉台ぽんえるふ

青葉台ぽんえるふの管理組合法人では、年4回の「低木剪定・除草・清掃の全体共同作業」を継続的に実施しており、作業機械・ごみ袋・燃料ばかりでなく、作業後の親睦のために酒類・清涼飲料・菓子が提供されている。そのうち、春秋の2回は自治会からサンドイッチやおむすびも支給される、合同親睦会となる。

ただ、親睦の仕方が少しずつ変化してきた。かつては、小・中・高校生の世帯が多かったためバーベキューなどが催されていたが、近年では、高齢化に伴って男性主体の酒類での親睦兼情報交換の場へと変化してきている。一層の高齢化時代における親睦のあり方が、今後の課題となっている。

気軽な茶話会形式で出前講座

……34 新千里南町3丁目

景観協定は、より多くの居住者に理解され、共有されてこそ効果がある。そこで、市役所の都市景観、建築指導室より2名の講師による出前講座を企画し、これを茶話会形式の気軽な会合として行った。これにより、普段はあまり自治会活動に参加しない世帯の参加も増え、住民同士のコミュニケーションが深まった。→2-5行政との連携

5-2　コンテストと顕彰

ガーデニングコンテスト

……………………15 碧浜

緑豊かな環境を維持・向上して行くためには、居住者の緑の維持に関する基礎的知識の習得や動機付けが重要である。講師は碧浜自治会の超高木一斉剪定の請負業者である専門家(樹木医)を招き、集会所での講義および住宅地区においての現場講習が実施された。

また、四季の草花を楽しむガーデニングコンテストを開催し、グリーンアドバイザーに総評および成績優秀者を表彰してもらい、優秀者には賞品を贈呈するとともに庭を公開してもらった。→2-6さまざまな専門家と相談する

清掃活動を表彰

……35 コモンシティ星田

一斉清掃だけでは、継続的に手入れする必要のある花壇などを含む緑地をきれいに保つことは難しい。コモンシティ星田では、日常的にまちの公園、緑道、花壇等の水遣りや除草、剪定を行い、緑の維持管理に多大な貢献をしている居住者を表彰することで、この地区には欠かせない日常的な美化活動の必要性を訴え、居住者全体に動機づけをしている。

居住者からの推薦により選出し、運営委員会が年に1回開催する住民説明会の際に8名程度を表彰している。

古い町家の継承者に表彰状

.... 28 蒲原宿

地域固有のまちなみの要素として、「懸魚」や「蔵」などに着目し、まちの中のこうした要素の存在をマップ化し、データベース化を進めてきた。この一環として、伝統的な町家のデータベースも作成しており、伝統家屋を大事に使い続けている居住者に感謝状を贈り、これまでの維持管理に対する謝意と今後の継承をお願いする気持ちを伝えた。

この感謝状がきっかけとなり、金属製の建具を木製の格子戸に取り替えるといった居住者の自主的な修景活動につながっている。また「自分の家の改修案をみんなで考えて欲しい」という申し出がなされ、会員によるワークショップによるデザインで建替えが実現したケースもある。近年では、建物の改築にあたり、敷地内の湧き水を公道側に移設し、それを地区内の居住者に開放するという動きも見られた。

5-3　来街者のまなざしがモチベーション

来街者アンケートが掃除のモチベーション

.... 09 真壁

かつては自宅の前のみで行われていた清掃が、まちへの来訪者が多くなるにつれ「お客さんを気持ちよくもてなそう」との心意気に変わり、掃除の範囲が道路や公共施設まで広がっていった。一方行政では、地区内の休憩所に来街者向けアンケート用紙を設置し、まちがきれいであるという回答が増えていることを確認し、その結果を居住者に公表した。

これが、掃除を行っている居住者にとっての励みにもなり、自主的な掃除の輪が広がっている。→6-2実測値を活用

クリスマスイルミネーションで機運を上げる

.... 29 グリーンヒル青山

かつてグリーンヒル青山では「青山ルミナリエ」と称されるほど、クリスマスの住宅イルミネーションが盛んで、多くの観客が訪れた。この時期になると居住者が積極的に、自宅のみならず、通りや家なみの美化に心掛けるようになっていた。

初めは自分の楽しみのため、そして今度は近隣の人々の楽しみのため、ついには見ず知らずの人が大勢まちを訪れて喜んでくれるのが、まちの美化に励みとなっていた。ただ、多くの来街者による交通渋滞や事故への対策が課題となってきたことに加え、東日本大震災もあり、以降は下火となっている。

5-4 まちの課題をまちの魅力に変える

竹害防止で伐採した竹で灯籠イベント

……29 グリーンヒル青山

　NPO法人立ち上げのきっかけとなった「青山夏祭り」は毎年1万人以上が訪れ、自治会主催としては滋賀県下最大規模のイベントとなった。さらに2007年の祭りからは、「竹灯篭ライトアップイベント」を実施するようになった。

　このイベントは団地に隣接する牟礼山の竹害を防止するために伐採した竹を使って、3,000個程の竹灯籠を作成し、自然保護活動の重要性を地域住民にアピールすると共に、まちなみづくりの活動の周知を目的としたものである。まちの「負の遺産」を利用したまちづくりの例である。→9-1近隣の緑地を活かす

電柱や門柱に季節の花を飾る

……09 真壁

　毎年決まった時期に、付近の林から竹を切り出し、誰もが自由に使えるように、集会所に置いていく人物がいた。やがてある居住者がこの竹に目を付け、竹を花瓶のように加工し自宅周辺の電柱に結びつけ、そこに季節の花を飾り始める。この活動が地区内の多くの居住者の共感を呼び、いまでは至る所で竹の花瓶を見るようになった。

　電柱が歴史的な景観を阻害する要因となっているのは間違いないが、この活動によって、道路の両側は季節の花であふれるようになった。なかなか進まない電柱の地中化を逆手に取って、まちなみの景観向上に寄与した例と言える。

防犯マップづくりがまちの持続性に寄与

……15 碧浜

　防犯マップをつくらなければならない状況自体はまちの課題ではあるものの、それを活かして次世代のまちの担い手の形成に寄与することも可能である。まちの維持管理は長期的なものであるがゆえに、子どもたちが普段から、景観の維持の重要性、まちの安全性を、自然と認識できるような環境づくりの工夫が大切である。

　碧浜では「お父さんの会」を中心に、親子で参加して防犯マップを作成することを通して、まちの中の危険箇所を把握すると同時に、それを子どもにも共有することを重視している。→7-4備えあれば憂いなし（防災）

空き地を起爆剤としたまちづくり

……02 新屋参画屋

　2012年、新屋表町通りの中心に建っていた新政酒造の跡地約6,600㎡の土地

醸造所あとの空き地

が売却されるという話が持ち上がった。この場所に大型店舗や新屋の歴史とは無関係な施設が建設されることは絶対に避けなければという強い思いから、新屋参画屋を含む地元5団体が、市に対して、土地を買い取り、秋田公立美術大学と一体となったまちづくりの核として有効活用するよう、要望書とまちづくりの提言書を提出した。

市は、これを受けて2013年度に「新屋まちづくり基本構想」を策定し、美大の活動と連携した形で、工房・アトリエ・カフェなどが集積するまちの拠点を計画中である。→2-5行政との連携

5-5　まちの宝物探しと愛着づくり

まちの「いいところ」を探して共有
................09 真壁

建築士会の主導により、「発見まかべ探検隊」と称するまちづくりワークショップが開催された。まずは、まち歩きをしながら「いいところ」を探していき、地区内に隠された宝物がまだまだたくさんあることを共有する。その上で、地区が抱える課題を洗い出し、「わるいところ」も忘れずに探す。さらに「わるいところ」の改善案を意見として出し合い、地区内のメインストリートの改修計画案をグループごとにまとめる。

中には突拍子もないアイデアもあったが、このワークショップで出た案が下敷きとなって実際の修景プロジェクトが実現している。

まち全体をゴルフ場に見立てるイベント
................26 滝呂

美しいまちなみ維持には居住者の一人ひとりがまちなみに関心を持つことが重要である。そこでまち全体を利用したイベントを企画してみてはどうだろうか。滝呂地区では、ブロックごとにある9つのポケットパークを9つのホールに見立てたパターゴルフ大会を企画した。自分たちの住むまちの、普段は気にしていなかったいいところが見えてくるかもしれない。

専門家を講師に見学会

……… 16 たい歴

　谷中・上野桜木地区は歴史的なまちなみが観光スポットとしても着目されているが、一方で、住んでいる人にとっては当たり前の環境となっており、本来の文化の深さや豊かさは以外と知られていないこともある。

　そこで、専門家の講師とともに現地を廻ってその歴史文化に触れる「見学会・勉強会」をシリーズで実施している。NPO法人、会員、地域の人々、一般市民を対象に参加者を広く募り、歴史、美術、職人文化、茶道、近代建築など、さまざまな角度から上野のお山の文化を再発見する活動を行っている。→2-4 NPO法人との連携

5-6　まちの記憶と記録

まちの足跡を残して次世代に引き継ぐ

……… 16 たい歴

　近年、各所で地域の歴史を学ぶ勉強会やまちを活かすさまざまな活動が行われているが、これは裏を返せば、まちの生活文化を次世代に引き継ぐのが難しいということの現れでもある。谷中・上野桜木地区の場合、「谷中いいとこ探し」というプログラムを企画して、谷中のまちに身近にある家や、店、寺院、植木、近所付き合いや表現活動など暮らしの文化を再発見、古い建物やまちをより自然に受け止められる心を育てることを目的とした講座をこれまで実施してきた。

　この成果を報告書やマップ、写真集にまとめ、プロジェクトに参加した人や、NPOの会員、地域の人と、「谷中のいいところ」を共有し、次世代に生活文化を引き継ぐための基礎資料として活用していくことをめざしている。

まちなみ資源台帳を作成する

……… 28 蒲原宿

　まちなみを形成するさまざまな要素を「資源」として捉え、写真撮影と聞き取り調査によって台帳を作成している。まずこれらの要素のデータベース化のため、2007年に地域の居住者とまち歩きを実施し、22点の写真を「大切にしたい風景」として記録した。

民家に展示されたまちなみ資源の資料

　この記録をもとに、続く2008年には居住者190名を対象に回覧板を用いたアンケートを実施し、「蒲原に残したい風景ベスト10」が選ばれている。「大切にしたい風景」のほか、現在までに「懸魚」シリーズ、「蔵」シリーズが作成されており、いずれも丁寧な聞き取りと丁寧なマッピングによって高い資料的価値が得られた。→6-3 情報共有と意見交換の場

樹種の名札を付けて興味を喚起

39 オナーズヒル奈良青山

　緑豊かな環境が整っていても、居住者自身が環境に興味がないと、自主的な維持管理活動にはつながりにくい。

　奈良青山では、コモン緑道の樹木に、居住者たちが自主的に樹種名を記した名札を付けている。そのため、樹木の名前を自然と覚えることができ、子どもたちも緑の環境に興味を持つようになった。→8-4 植栽管理の持続性

開発時の理念を再確認する

32 桂坂

　年月を経るに伴い、開発時の理念やまちづくりの目標は薄れてしまうものである。桂坂地区内のほとんどの地区で、住宅地開発事業者が分譲前にあらかじめ締結した一人協定をスタートさせたが、そもそもどのようなビジョンにより開発されたのか、どのような位置づけで建築協定がつくられたのかが忘れ去られてしまう可能性がでてきた。

　そこで、開発のマスタープラン策定の中心メンバーとして、桂坂のまちづくりの根幹に深くかかわった専門家を講師に、2010年から2年連続で、景観まちづくりに関する講演会を開催し、開発の原点を再確認した。→2-7 専門家としての開発事業者

"生みの親"からまちの理念を聴く

20 ガーデン54

　鹿島台ガーデン54と隣接するフォレステージ高幡鹿島台は、ともに宮脇檀建築研究室によって団地の設計がなされた。多くの居住者はデザインされたまちなみを気に入ってここに住み始めたが、時間が経つにつれて、まちなみを重視した設計意図への理解が薄れていくことが予見された。

　そこで、ガーデン54では人々が住み始め管理組合が結成された後、「生みの親」とも言える建築家の宮脇檀氏から設計コンセプトやまちなみへの想いを居住者が聞く機会を設け、居住者に住環境維持の大切さを知ってもらい、自分の住むまちに愛着を持ってもらう機会をつくった。団地計画当時の話を伺い、当初のデザインコンセプトが何であったのかを再確認し、今後のデザインガイドラインの運用に利用しようとしたものである。→10-7 基礎情報と将来計画

昔あった店の模擬店でお店屋さんごっこ

38 尾崎

　尾崎で防災のための道の拡幅のメドが立ち、少しずつまちの様子が変わり始めていた頃、まちの中央にかつてあった尾崎銀座商店街の賑わいを一度再現してみたいという話が持ち上がり、「尾崎のまちを考える会」がPTAや学校の先生や老人会と共催で、尾崎銀座ウォークラリーを実施した。

高齢者を中心に100人ほどにお願いし、昔の商店街だったところに、かつてあった魚屋さん、八百屋さん、うどん屋さん、酒屋さんなどの模擬店を出してもらい、当時の様子を小学生に伝える。そこへ、全ての小学生が10人ぐらいのグループで、次々と店を回って当時の値段の教材用の硬貨で買い物に来るという、いわば「まちを挙げてのお店屋さんごっこ」である。子どもだけでも600人、総勢7〜800人のイベントでは、高齢者が大変喜んだという。→4-2子どもを巻き込む

5-7　新しい伝統をつくり出す

お祭りや神輿を自分たちでつくり出す

43 グリーンヒルズ湯の山

新しいお祭りの舞台ともなる開発前からある祠

　お祭りは非日常な空間として、祭りの最中だけでなくその前後においても共同意識を芽生えさせてくれる。山を切り開いてつくられたニュータウンであるグリーンヒルズ湯の山では、入居したばかりの居住者たちが公園で花火を上げ始めたことをきっかけに、お祭りが始まっている。また、子ども用のお神輿も居住者たちが2年かけてつくりあげた。このような新しい行事を自分たちでつくり上げることによって、団地への愛着も自然と生じ、ひいてはこれらがまちの伝統となるかもしれない。

老若男女に交流の場を与える夏祭り

10 南平台

　南平台では毎夏、団地居住者のみならず周辺民が自由に参加できる「夏祭り」を開催している。いわゆるニュータウンではあるが、自治会が子どもたちのために用意した手製の「御神輿」が団地内を巡行し、広場には露店が並ぶ。居住者のみならず、周辺居住者も集うコミュニケーションの場を創出している。

灯りを替えてまちの雰囲気を変える

33 姉小路

　日本ではなぜか、夜の照明に蛍光灯や蛍光色のものが多く使われ、無表情で温かみの少ない夜のまちなみになっていることが多い。こうした反省から、2012年に姉小路では、まち中のお店の灯り、看板の灯り、駐車場の灯り、電信柱の街灯などの電球を、電球色のものに付け替え、地域全体をほんのり温かい雰囲気にしてい

こうということに取り組んでいる。

ただし勝手に電球を替えると危険なので、京都市からの補助金を得て、京都市職員立ち会いのもと、電気工事有資格者にやってもらっている。こうすることによって、市役所もまちの灯りづくりに関与していくという実績を、少しずつ積んでいるのである。→2-5 行政との連携

建蔽率・容積率アップに反対する見識

.... 21 フォレステージ

都市計画で指定されている建蔽率や容積率は、数値が高いほど面積の広い建物を建てることができるので、都市計画変更の議論の際には、たいてい数値を増やす方向に賛同する人が多い。ところがフォレステージでは、市から建蔽率・容積率アップの案が出された時に、9割以上の居住者がこれに反対した。中には、「将来増築したい」「地価が上がるからいいのではないか」という意見もあったが、「せっかくこの広々とした空間が良くて住んでるのに、わざわざ狭くすることない」という意見の方が多かった。

そこで、反対の方だけで有志の会を結成し、署名を集めて市の説明会へ乗り込んでいった結果、建蔽率・容積率はそのままとなった。当時の担当部長には「珍しいことです。こんなの初めてです」と言われたそうである。建蔽率・容積率を絞り込んで外部空間を豊かにするという当初のコンセプトが、住み手に受け継がれていることの証左であろう。→10-6 地域に則したルール

5-8　蝶や蛍の飛び交うまちに

水路のビオトープ化

..... 12 こしがや・四季の路

団地中央の公園の泉から始まる全長約100mにわたる水路が、街路に沿って団地内を巡っている。この水は循環して公園に戻り、濾過槽にて浄化された後、再び泉から流れ出る。そこで、濾過槽の活性炭管理や発生した藻等の除去のため、年2回、手作業による水路の清掃を行っているが藻の発生が早く管理に困っていた。

このため、水路をビオトープによる自然浄化型に改修するための作業部会がつくられ、最終的にはホタルが飛び交う環境づくりという高い目標を掲げた。計画段階から細かく手順やプランを立て、作業を行った結果、本来の目的である水路の水質浄化に効果を上げるだけでなく、住民の住環境に関する意識を高め、ビオトープを囲む交流活動を促進させることができた。

ビオトープ化された四季の路の水路

バタフライガーデン

...... 11 旭ヶ丘

　旭ヶ丘では、各戸の庭には多様な樹種が植栽され、多くの花々が植えられているため、団地内には吸蜜や産卵のためチョウがたくさん見られる。幼虫の間はとかく害虫扱いされがちなチョウとうまく共存し、より豊かな住環境の形成を模索するための調査を、バタフライウォッチング協会に依頼した。調査では、団地内の道路を歩きながら、確認できたチョウを記録したり、チョウが多く見られた庭の持ち主の了解を得て、庭で確認できたチョウの記録も行った。

　この結果、団地の道路境界の花壇や各戸の庭にチョウのための蜜源植物や食草の導入を図ることで、チョウを身近に呼び寄せ、自然豊かな生活を楽しむとともに、全国的に減少の一途をたどる野生の生き物の保護も支援することができるバタフライガーデンとしてのまちづくりの提案を受け、緑化事業などを実施している。

→2-6 さまざまな専門家と相談する

ホタル再生計画

...... 10 南平台

　かつて、南平台では夏になると、近隣の島津地区の森に多くのホタルが見られたそうだが、近年見られなくなった。その原因として、水辺が清潔すぎるためにホタルの餌であるカワニナが育ちにくいことが考えられた。そこで、環境ボランティアでは、水辺環境を見直し、ホタルの飛び交う夏を復活させようと計画している。

　蛍の再生には微妙な環境条件が揃わないといけないので実現のハードルは高いが、高いハードルを設定することで活動意欲が持続している面もある。

ホタルをよみがえらせる

...... 34 新千里南町3丁目

　新千里南町3丁目住宅の脇を流れる一級河川天竺川には、千里ニュータウン開発以前は、たくさんのホタルが飛んでいたそうである。ニュータウン開発によって見かけなくなったホタルを復活させようと、大阪府アドプト(里親)・リバー・プログラムに基づいて活動している「天竺川にホタルを飛ばそう会(天竺川ホタルの会)」は、3丁目で活動する各種の住民組織とも連携しながら、天竺川ばかりでなく、市有地である竹林の清掃や美化活動にも取り組んでいる。

　全国の団地では、このようにホタルの復活をめざした住民活動が盛んであるが、こうした活動は川の清掃、ひいては地域の清掃とも結びつくことが多く、まちなみづくりの重要な動機の一つとなっている。→2-6 さまざま専門家と相談する

6 ｜ 合 意 形 成

みんなの意見を測る

　建築協定の更新や、地区計画の決定などといった、個々の所有者や居住者の財産の使用制限を伴う決断を、地域全体の総意として迫られることがある。建築協定の場合には、基本的に地区内の全員合意が必要だが、地区計画については行政の担当者の判断によって、全員合意と言われることも、8割程度でいいと言われることもあり、めざすべき賛同率が定まっているわけではない。それでも、みんなの意見が全体としてどのようになっているのかを気にしながら、地域の運営を進めなければならないことは多い。

　こうした時に役に立つのがアンケートである。常時回覧板を回しているようなところであれば、回覧板のルートに乗せてアンケートを実施することは比較的容易であろう。ただ、Yes、Noを鋭く問う、住民投票のようなアンケートをいきなりやると、かえって意見の対立を助長する結果になってしまうこともあるので要注意である。こんな場合には、何度も繰り返しアンケートを実施し、その意見がどういう背景から出ているのか、対立する意見でも共通した認識はないのか、などを幅広く探るためのアンケートを実施すべきだろう。さまざまにあり得る意見を、まずは自由記入的に出してもらい、それらをニュートラルに並べることによって、多様な意見の存在を認識してもらうことから始め、自分と反対の意見が出てくる理由や背景を感じてもらうという、相互理解的プロセスの舞台を用意することも、アンケートのやり方次第で可能となるのである。

　ただ、やりようによっては誘導的に行うことも可能なので、誘導的だと言われないためにも、アンケート実施のたびに、結果を細かく開陳し、それに対するリアクションを注意深く観察したうえで、次のアンケートを実施するといった、段階的、戦略的なアンケート実施が重要である。

　こうして綿密に行われたアンケートは、その途中の記録とともに、行政などへの説得材料にも使えることもあるので、アンケートのプロセスとその結果の表現方法も気にしながら実施すれば、有効な民主主義的手続きのエビデンス（証拠）ともなりうるのである。

実測値の持つ説得力

　アンケートに期待されることの一つは、数値的な結果が出ることである。ただ、数字だけが独り歩きすることも、ままあるので、ここはいつも要注意である。

アンケートでなくても、まちの中のある現象が話題になったとき、誰がやっても同じ結果に辿り着くような一定の方法で、その現象を測れば、それは客観的エビデンスとして説得力を持つデータとなるのである。まちの防風林の高さはどれくらいなのか、まちを通過する車の速さはどれくらいなのか、集会所が一番利用されている時間帯はいつか、交通事故はどこで起きているのか、などなど、必要に応じて実測値を示していくことが、感情論や原則論で対立しがちな課題について、効率的で冷静な議論を行うための基礎となる。

さらに、実測値の表現方法も重要である。うまい表現方法の一つに「比較」という技がある。ある工夫をまちに導入したら、以前と比べてどう変わったのか。このまちの数値は隣のまちと比べて高いか低いか。こうした比較が、実測値の説得力を増していくのである。

また、実測値を表現するプレゼン方法も重要である。例えば、地図にデータを落として空間的な表現にすると、ただの数値の羅列である表よりも、がぜん人々の関心を惹きつけ、課題を認識しやすくなる。ただ、住宅地図にいろいろな実測値が表現されると、自分の家と周囲の家の差が一目瞭然となり、ある意味で無言のプレッシャーとなったりもするし、プライバシーの問題も出てくるかも知れないので、そこには細心の注意が必要だろう。

スムーズな合意形成のために

合意形成には、普段から、誰がどのような意見をお持ちなのかを大筋把握しておくことが必要になってくる。歴史や開発時のコンセプトやルールの運用の経緯を、みんなが同様に知っていれば、ゼロベースからの合意形成はしなくともよい。このために、ルールブックやこれまでの経緯を示す書類を、ネット上に蓄えておくことも有効である。あるいは、周年行事とともに、まちの記録をわかりやすい形で記録にとどめておくことも、いざ合意形成が必要なときには、大変有効である。

また、日常的な情報交換の場があれば、そこで意見の振れ幅が確認できるだろう。ただ、情報交換そのものを目的とすると逆に、なかなか情報は集まらないので、町内パトロールの時のちょっとした会話、役員会の後のお茶飲み話など、近所の話題などが自然と出てくる「さりげない場の設定」が重要である。

それでも、意見が対立したまま平行線を辿ることもあろう。アメリカの分譲住宅地ではたいていHOA（Home Owners Association 住宅所有者組合）があって、組合員が守らねばならない規約がある。この規約違反が疑われると、裁判に訴えられえることがままある。逆に日本では、穏便にことを済ませる文化なので、いきなり対立姿勢で臨むのではなく、説得し、納得してもらいながら解決を図る方法が好まれる。多少の行き違いがあっても、責められる側に刀を振り上げさせないこと、そして振り上げた刀を、その人の体面を傷つけないような形で自然と鞘に収めさせること、こうした文化的な技が、住宅地のマネジメントにも必要なようである。

6-1　アンケートを活用

自治会アンケートでサークルを立ち上げる

············13 佐倉染井野

　居住者が趣味の活動をする際に、「場所がない、仲間がいない」というのはよくある話である。そこで自治会が主体となって、サークル活動に関するアンケート調査を行い、サークルを立ち上げている。自治会が、サークル活動のきっかけをつくっているのだ。このことは団地内でのコミュニティ形成に役立っている。→3-4気持ちを共有するための仕組み

アンケートで活動のテーマを決める

··········24 ニコニコ自治会

　ニコニコ自治会では、地域内の開発問題やそれに伴う松の高木の伐採といった問題をきっかけに、まず「生活と景観」に関する居住者意識調査を行った（回収率68.2%）。その結果、「まちへの景観の不安」「地域としての防犯対策」などの問題がまとめられ、これらが活動のテーマとして位置づけられた。

　住民の問題に基づくテーマをまちづくりの入口として取り組みを徐々に進めていき、行政と住民の意見交換などの機会を重ねる中で、まちづくりのテーマがより具体化されていった。また、住民にまちづくりの正しい知識を知ってもらうための勉強会や活動を行う幅広い世代の有志との連携もこのテーマを柱に展開し、議論や活動のレベルを高めていった。→4-1多様な人を巻き込む

合意形成のためのアンケート

·······35 コモンシティ星田

　コモンシティ星田では、建築協定更新の合意形成を得るためにアンケートを行った。第1回アンケートでは、「現状の住環境の評価」「建築協定内容の認識度と評価」「建築協定期限切れ日の認識と評価」が問われた。これを布石として、2カ月後の第2回アンケートでは、「建築協定の効果の有無」「建築協定更新の是非と変更の程度」について行い、これらのデータをもとに、協定更新に至ることができた。

　準備委員会の段階から継続して各種アンケート調査を行っているため、居住者から「アンケート好きの運営委員会」と呼ばれるほどである。

重要事項・方針決定にはアンケート

············22 青葉美しが丘

　青葉美しが丘自治会では居住者の意向を把握するため、重要な案を決定する時にはいつもアンケート調査を行い、直接声を聞くように努めてきた。建築協定か

ら地区計画への移行の際、居住者を対象したアンケート調査を5回行い、居住者の意見を細かく確認してきた。

　また、ワーキンググループの活動方針を決める時にも、アンケートで居住者の意向を確認しながら方針を決定してきた。2007年には、問題意識の共有をするために、自由意見のアンケートも実施し、その結果を自由に閲覧できるように資料を公開した。

6-2　実測値を活用

風除けに有効な樹木高さの調査

.... 11 旭ヶ丘

　旭ヶ丘では、「集団移転地環境協定」の中で、「風除け樹木について、樹木の高さは樹類にかかわらず3.5mを限度とする」と規定していた。しかし、住まいのまちなみコンクールの現地審査の際に審査員から「3.5m以上の樹木も見受けられるので、協定の見直しを検討しては」との指摘を受け、専門家を招いて住宅地内の樹木種・樹木高の調査を行った。

　結果、概ね高くても4.7m程度、平均樹木高は3.6m程度であった。専門家からは「電線のある場所の樹木の高さは、電線との競合が発生しない電線の高さまでと考えたらいいのではないか」とのアドバイスもあり、「電線に影響のない高さ及び4.5m程度」と改訂した。→2-6さまざまな専門家と相談する

樹木高さの調査の様子

身近な賛同を地図化していく

.... 26 滝呂

　滝呂では、集会所周辺で夏祭りを行うにあたり、集会所周辺の居住者の同意書をもらおうということになった。まず、顔見知りである自分に近い居住者のところから許可を貰っていき、地図に印をつけて、なかなか顔を合わせないその周りの人たちに、徐々に賛意を求めることにした。

　この際、すでに賛意を得た人を地図にプロットし、賛同が多いことをデータとして示しながら、だんだんまわりの居住者へと回っていくことにより、賛意が得やすくなった。

比較のデータを用意する

43 グリーンヒルズ湯の山

　汚水処理場の管理費用や団地内電灯のLED化について、費用が高いなどの苦情が出たことがあった。その時に前もって、市営の浄化処理の場合の料金との比較や、旧式の水銀灯とのランニングコスト・償却期間等の比較を行い、その数値をビジュアル化した資料を用いて論理的に説明を行うことで、居住者の納得を得られ、その後の苦情も少なくなった。

活動の自己評価を公表

……………… 11 旭ヶ丘

　旭ヶ丘では、居住者向けに配布される活動報告書に、各活動項目に対する総合評価として、SA・S・Aといった記号が並んでいる。これらの評価は、いわゆる「自己評価」であり、役員さんたちが自らの活動を独自に評価して、批判をいただくのを覚悟で、公表しているものだ。

　これにはきちんと、評価基準が設定されており、活動期間が長期・中期・短期なのか、事業規模が大・中・小なのか、事業内容が改革すべきものかどうか、を判断基準として、SAは10点、Sは7点、Aは5点という評点を総合したものとして表されている。

　こうした自己評価の試みは、事業の評価を単に点数化することばかりが目的ではなく、評価基準を示し、その結果を公表することによって、まちなみづくりの活動に関する議論を、より精緻化するための重要な手段として評価できよう。

6-3　情報共有と意見交換の場

まちの持つ歴史への誇りと愛着

……………… 17 城南住宅

　大正時代から続く住宅地である城南住宅は、「理想的田園生活を営もう」という理念をもった44世帯の有志により結成された借地組合によるもので、開発時からの自主的な住環境ルールに基づいた居住者主体の住宅地運営が90年近くも続いている。このため城南住宅では、数度にわたって周年記念行事が催され、記念誌も発刊されている。

　この「理想的田園生活」の精神が現在の城南住宅の自主的環境形成の支える大きな柱となっており、こうしたまちの持つ歴史への誇りと愛着の形成が自主的なまちづくりの合意形成の基盤となるのである。→5-6 まちの記憶と記録

城南住宅80年記念誌『心やすらぐ緑の城南』のトビラ

「パトロール隊」から「交流会」へ

………………14 布佐平和台

布佐平和台では一時、団地内で空き巣被害があったことから、丁目ごとに防犯パトロール隊を結成し、パトロールが始まった。その後、この集まりの場をパトロールに留まらず、団地の居住者同士の情報交換と交流の場にしようということで、「パトロール隊」から「交流会」と名前を変え、花見や芋煮会などの親睦活動も行うような集まりになっている。

また、丁目ごとにある交流会の、布佐平和台全体での意見交換の場として、合同交流会を2カ月に1回行っている。現在では、個々の居住者からのさまざまな意見がこの交流会から発信され、自治会運営において合意形成するための、重要な基礎情報源となっている。→7-2 備えあれば憂いなし（防犯）

意見を言い合う場を設ける

…………48 パークプレイス

団地内の公園などにペットのフンが放置されていることが問題となったことがある。そのため自治会では、ペット問題に関する資料を配布した上で公聴会を開催した。もともと、犬を飼っている居住者たちの親睦の会として立ち上げたドッグサークルのメンバーや、犬のフンに迷惑していた居住者が、公聴会へ参加し、お互いの意見を開陳し合った。

その結果、共通の課題として、ペットのフンを始末しない人だけが、皆に迷惑をかけていたことが互いに理解でき、ただ単にペットが悪いということではないということも理解されるようになった。

みんなで決める自治会館利用法

……………………08 光葉団地

自治会館の利用のルールの細かい点については、自治会役員だけではわからないことが多い。自治会館は、自治会館役員だけが利用するわけでなく、たくさんの組織が利用するからだ。このため、自治会館の利用者全員で、自治会館利用法の検討が、各組織の新旧の引継ぎや顔合わせの意味を込めて、年に一回、年度始めに開催される。全ての利用者間で決めたルールやスケジュールには不満も出にくいのである。→2-1 同じ住宅地内の組織連携

阪神大震災を教訓に本気の防災

………………………38 尾崎

塩田での製塩産業を担う高密住宅地として形成されてきた尾崎地区にとって、阪神大震災は他人事ではなかった。「一旦火がついたらあんな感じになるんだ」という危険感が一挙に共有された。国の方でも、直下型地震の際の危険区域調査に基づいて、尾崎地区を防災再開発促進地区に指定する動きがあった。事業推進自

体は行政の役割であるが、土地の買収などが絡むこうした事業は、地元の合意形成がスムーズに進まなければなかなか進展しない。そこで地元の意見の調整組織として出発したのが「尾崎のまちを考える会」であった。

　事業の要は、火災の延焼防止や消火活動の円滑化のための道路拡幅と、防火水槽を設置した公園整備であるが、当然土地買収や立ち退きが最大の課題となる。どこに道路を通すのかについては、尾崎の中の8自治会で何度も調整が行われていた。計画では、大通りの幅を10mとしていたが、余りにも広過ぎるということで、議論の末9mに落ち着いた。こうした努力の結果、約40軒の家屋が買収や転出などに応じ、まちの防災性が高められるようになった。

身近な公民館活動が合意を育む

43 グリーンヒルズ湯の山

　グリーンヒルズ湯の山では地域公民館の管理が団地居住者に委託されている。このため、公民館がさまざまな地域の活動の中心地として機能している。この公民館では、放送マイク等を使って、災害対策に関わる情報提供や、まちで行われる各種のクラブ活動などの情報提供、ひいては迷子の犬の連絡まで行っており、団地にとって身近な存在となっている。

　このためか、公民館の活動費用の補助として、管理組合からの補填のほか、居住者が利用するテニスコートの使用料金が宛てられており、団地全体から支援されるユニークな運営が行われている。身近な活動が、団地全体の合意のハードルを下げているのであろう。→4-1多様な人を巻き込む

お困りごとは"まちづくり役場"へ

……29 グリーンヒル青山

　グリーンヒル青山の敷地中央付近に位置する「青山まちづくり役場」は、NPO法人のメンバーが当番制で月曜から金曜日まで常駐しており、作業や打ち合わせ

グリーンヒル青山のまちづくり役場

をしている地域ボランティアの拠点である。かつては本当に行政機関の一部の役割を果たしていたこともあり、大型ゴミ回収チケットの販売も行っている。

居住者は、お困りごとがあると、このまちづくり役場に行くことが多い。ペット探しに始まり、自転車のパンクを直したりなど、経験豊かなメンバーが、役所でも自治会でも対応できない日々のお困りごとに対応している。こうした近身な活動が団地全体の情報交流を支えている。→2-4 NPO法人との連携

6-4　少しずつ意見を挙げていく

小単位に分けて意見を反映

·····················18 埴の丘

団地の規模が大きくなるにつれて、個々人の意見を調整することが難しくなる。埴の丘は39戸の比較的小規模な団地であり、開発手法がコーポラティブ・ハウジングであったため、居住者の住環境に対する関心は高い。

そこで、団地を4つのブロックに分け、それぞれからブロック委員を一人ずつ選出して、全体を統括する理事会と連携を取ることで、居住者の意見を反映しやすくしている。委員は植栽・自治担当の理事の仕事を補佐し、住民の要望を集約したり、住環境の点検を行うなど、生活の実態に沿った管理体制を実践している。段階的に意見を集約する知恵である。→1-2居住者の構成とまちの人材

"コモン代表者会議"を定期的に開催

·········21 フォレステージ

フォレステージは7つのコモンで成り立っており、組合の理事は4人で構成されている。そうすると、たまたま自分のコモンから理事が選出されていないときに、小さな意見を理事会に伝えたい場合、顔のよくわからない理事会メンバーに話をするのは、心理的にすごく遠い、ということが起きてしまう。

そこで、コモンごとに代表者を1人ずつ選出し、そのうちの4人を理事、残りの3人をコモン代表とし、理事とコモン代表者の合計7名が参加するコモン代表者会議を定期的に開催することで、コモンの声が理事なり代表者なりを通して理事会に届くという仕組みを考案している。このことは組合の管理規約にも明記されており、コモン代表者会議は原則として2回程度行われ、理事になるコモンとコモン代表となるコモンはローテーションで回ることになっている。

6-5　説得力のある説得術

まずは景観への意識向上から
……………… 15 碧浜

　碧浜では、建築協定や緑地協定によるまちなみづくりの達成度を確認するために、2010年に「住まいのまちなみ調査」を実施した。この中で、協定上問題がある箇所が見つかったが、単に協定違反であることを指摘するだけでは、協定に対する反感を増すだけではないかと懸念された。

　このため、この調査を踏まえて、協定によって景観が維持されていることや、今後もこのような取り組みを維持する必要があることなどを、『碧浜・住まいのまちなみ、家なみさがし』という小冊子にまとめ、全戸に配布した。違反を指摘する前に、まずは景観の意識向上から取り組もうという例である。→3-2情報共有の手段

別の観点から是正をお願いする
……………… 25 みずき

　みずき団地では、協定違反に関してのお願いをする場合、「協定に違反しているから直して下さい」と言うのではなく、例えば「生垣は〇〇m以下でないと、泥棒が隠れやすくなってしまうので手入れをして下さい」といったように防犯対策としてお願いをしたり、広報誌に一般論として掲載したりしている。

　このように、「違反」であることを強調するのではなく、それがなぜ必要かを理解してもらい、場合によっては別の観点からの是正をお願いすることが、相手の心情に訴えやすい。→3-4気持ちを共有するための仕組み

「割れ窓理論」の実践
……… 35 コモンシティ星田

　コモンシティ星田では、隣接する自治会との境界にある市有地である遊歩道に植えられた生垣が枯れて、正式な出入口以外からも地区へ入れるようになってしまった。その結果、ペットのフンの始末がなされなかったり、花壇が踏み荒らされるといった問題が発生した。

　市の管理下ではあったが、早急な解決を図るために、協定運営委員会の費用で生垣の剪定、竹垣の設置を実施するとともに、自治会にも働きか

壊れてもすぐに修繕されきれいになる生垣

け立て看板を設置し、広報誌に注意事項も掲載した。ちょっとしたまちなみのほころびを放っておくと連鎖的に広がっていくので、なるべく早いうちにほころびを直しておく方がいいという割れ窓理論の実践例でもある。→2-1同じ住宅地内の組織連携

ダメなものは詳細な説明をつけて全戸配布

39 オナーズヒル奈良青山

　建築協定に抵触するけれど、高齢化への対応による段差の解消のためのスロープを付けたいという要望は、生活上の切実なリクエストでもあるので、奈良青山では理事会の全員の合意のもと認められた。

　また、屋根の上にのせるソーラーパネルについてリクエストを受けた際は、理事会で議論し、建築協定上問題ないということで認めた。その際、建築協定上問題がない理由を書いて全戸配布した。

　一方で、カーポート屋根設置の是非を居住者間で議論を重ねた際には、美しい景観を維持することを優先したため、建築協定を遵守し、設置しないことに決定した。このように、状況の変化に応じたルールの柔軟な運用の際には、議論に出てきた詳細な理由を全員に知らせておくことが、大事である。→10-1建築協定・緑地協定の運営を確実に

7 ｜ 安心安全

やはり安心安全

　安心安全というフレーズは、日本のまちづくりにおける最もよく使われるコンセプトの一つであり続けている。ひっきりなしに起きる多種多様の自然災害と、それを引き金に生じる人的災害は、日本に住んでいるかぎり、どうしても一人ひとりが向き合わなければならない課題だ。

　また、2000年前後から日本全体を深刻な不況が襲い、多数のリストラと派遣切り、雇用の不安定と社会不安が広がった。これを背景に、住宅地における空き巣被害の犯罪件数が増えていき、住宅地における防犯も、それまでになく大きくクローズアップされた。

　そして、じわじわと高くなる高齢者の人口比。高齢者の長い余生をどのように全国民で支えていけるのかという議論の末、2000年に介護保険制度がスタートしたものの、ほぼ毎年、その運用を巡って改訂が加えられつつある。同時に、年金制度、医療制度もたびたび見直されているが、一貫して縮小社会対応の方向性での改訂だ。

　今の日本では、こうした不安全、不安心の課題に対して、住宅地レベルでどう取り組んでいくのかということも、地域のまちづくりの大事な要素となっている。

交通安全

　かつて、住宅地において安心安全といえば、それはたいてい交通安全のことを意味していた。そもそも、20世紀に入って始まった近代的な住宅地計画において、交通安全対策は常に、その基本的要素であった。自動車交通の課題に真正面から取り組んだのが1920年代のアメリカ、ニューヨーク郊外に建設された「ラドバーン」という住宅地であった。住宅地の外周道路には車を走らせるが、住宅地の中にはクルドサックと呼ばれる行き止まり道路でしか車をアクセスさせない。このようにして、住宅地の中は車とは出会わない安全な環境となる。家と歩道と公園や小学校、集会所、商業施設が地続きになり、車と出会うことなく相互に行き来できるような仕組みである。これをラドバーン方式という。歩車分離型の住宅地計画の代名詞だ。

　それから半世紀、1970年代にオランダで「ボンエルフ」という新しい住宅地デザインの概念が登場した。ボンエルフとはオランダ語で「生活の庭」の意。歩車共存型のデザインともいわれる。基本的に、車が住宅地内に侵入することを前提とする

が、通過交通の排除や、各種のスピード抑制策を駆使して、車と人が共存する道路空間をつくっていこうとする動きである。

この考えが日本に入ってきた1980年代に、ボンエルフ型の住宅地設計事例が各地にできるようになってはきたが、単に交通問題の対策として採用されるだけではなく、コモンやクルドサックを活用しながら、自然な形でのコミュニティ形成が図れ、美しいまちなみを歩く楽しみを享受できるようなコンセプトでのまちづくりがめざされるようになって、現在に至っているのである。しかしまだ、ゾーン30運動（生活道路30km規制）などに見るように、住宅地内での交通事故撲滅も、いまだ重要な課題として残っている。

防犯から防災、高齢化対策へ

住宅地における防犯デザインに関する研究や実践は、アメリカでいち早く取り組まれており、こうした環境デザインによる防犯は、CEPTED（Crime Prevention Through Environmental Design セプテッド）と呼ばれる。日本でも、ピッキングなどの住宅地における犯罪が増加した頃、ひとしきり話題になった。当然、犯罪者がひそんだり隠れたりするような「まちの死角」をなくすために、見通しの良い環境をつくることや、常夜灯の設置なども重要だが、それぞれの家にある門灯をある時間まで近隣のみんなで遅くまで点けておいたり、ゴミ捨てや新聞取りや植木の水遣りといった、外に出る時間を近隣のみんなで調整し、小学生の登下校の時間に合わせるというような、「ついでに防犯」が行われると、さらに効果的である。

日本の夏場は、住宅地の斜面緑地や公園などの手入れが行き届かないと、すぐにジャングル状態となってしまうのだが、これは犯罪者にとっては仕事のしやすいまちであるサインに映る。こうしたみんなの緑地の清掃は、物理的に見通しの良いまちをつくるばかりでなく、顔見知り関係の形成を通じた、ソフトな防犯対策も期待できよう。その延長上に、町内会等による施錠の抜き打ち検査といった、より高度な防犯対策などが実施可能となる。

このように防犯には、近隣における日頃のコミュニケーションが大事であるが、それは防災にも、高齢化対策にも、自然とつながってくることでもある。ただ、町内会自治会の名簿すらもつくることがはばかられる個人情報保護法の壁をどう乗り越えるかが、やる気のある居住者組織の難題として残っている。

加害者となる心配も

以上のように安心安全というと、自分たちが被害者になる場合の想定が主であるが、自分たちが加害者となることも考えられる。住宅地で起こりうるのは、例えば、共有地や共有施設で起きるケガや事故である。場合によっては、民法上の施設管理責任を問われ、損害賠償請求をされることもある。それに備え、施設管理者賠償責任保険というような保険があることも、想定に入れておいた方が安心かもしれない。

7-1　安心安全設計

ボンエルフ道路の安全性

...................19 三輪緑山

　カーブのある道路とまっすぐな道路はどちらがより安全かということについては、一義的に決められるものではないが、住宅地における道路線形についても、いろいろな議論がこれまでにあった。

　三輪緑山地区の道路は大半が直線形道路になっているので、運転者が自分の速度を感じにくく、危険性を過小評価する傾向があるため、歩行者の安全を確保するためにフォルト（植樹枡）やハンプを設置し、車の速度制限をするという、ボンエルフ道路が設計された。フォルトの管轄は町田市となっており、植栽をして並木やグリーンベルトと統一感のあるデザイン的な配慮もしている。

安全な「みち広場」

...................15 碧浜

　碧浜には、さまざまな年代の子どもが集う、時に「キッズストリート」と呼ばれる「みち広場」がある。ここでは地区内の道路網の設計の具合により、通過交通が少なくなるように設定されており、みち広場と一体化した駐車スペースは、車が停まっていない時は子どもの遊び場に提供されている。また、各宅地には塀がないため、子どもたちは道路と庭先と駐車スペースの間を自由に行き来できるようにもなっている。

　このように、住宅近傍の屋外空間で子どもを比較的自由に遊ばせることのできる空間の確保が、子育て世帯にとって安心なまちの要件となる。

安全で美しい道づくり

...................33 姉小路

　かつて、姉小路の地区内を貫く道路の、路側帯の内側の車道幅員は3.8mであった。時速120kmを許容する新東名や名神の高速道路ですら、車道幅員が3.75mであることを考えると、住居が建ち並ぶ姉小路にとっては広すぎる幅員設定ではないかという議論になった。実際に大学の研究室で計測したところ、多数の速度違反車が確認された。

　そこで、1年かけて町内会や市とのワークショップを重ね、道の左右の路側帯をそれぞれ0.4mずつ拡幅して、車道幅員を3.0mに縮小した。加えて、3.0mの道路幅員の内側に、左右それぞれ

姉小路特製速度制限看板

0.75mずつの自転車レーンを表示し、自転車の左側通行を誘導している。これが市内初のモデルとなり、現在市内の他地域にも普及している。

さらに、警察と協議のうえ、著名デザイナーによる制限速度20km/hを示すオリジナル標識を多数町内の民地に設置している。このように、姉小路では人が主役の、歩き、挨拶し、憩い、楽しめる空間としての安全で美しいバリアフリーな道づくりに取り組んでいる。→6-2実測値を活用

7-2　備えあれば憂いなし（防犯）

地域の見通しを良くする

……………14 布佐平和台

空き巣や車上荒らしなどの犯罪の原因の一つに「密な緑化」が外部からの視覚を遮断し、犯罪につながることがわかってきた。そこで「安心安全のまちづくり」をめざして、「地域の見通しを良くするまちづくり」のために、「防犯のための活動」「密な生垣から疎の生垣への運動」「公園・道路・緑地の清掃」等の活動を行った。結果、犯罪件数が少なくなり、市内でも犯罪の少ない地域となっている。

案内板と常夜灯

……………18 埴の丘

開発住宅地では同じようなデザインの住宅が多くなり、迷いやすい。一方で、わかりやすい案内板を設置すると個人情報の流出や空き巣などの被害を助長する恐れもある。

加えて、埴の丘は緑豊かであるため、散歩などでの通行者も多く、また密な植栽による暗所や死角も存在する。町田市の犯罪率の増加も居住者の不安要素である。

以上を解決すべく、団地の各入口に簡易な案内板と常夜灯が設置された。

施錠の抜き打ち検査

……………25 みずき

2012年、隣町で車上荒らしが発生したことを受け、みずき団地では、無作為に83軒を抽出し、施錠実施の抜き打ち検査を実施したところ、4軒の無施錠が確認された。また、当地区の生垣は防犯と景観上、高さ1.8m以内に剪定すると定められているが、実際は3m以上の家もあった。

このように、地域の防犯は多方面からのアプローチが重要なので、地域の防犯に当たっては、防犯委員会、みどりのまちづくり委員会、広報委員会が連携して取り組んでいる。→2-1同じ住宅地内の組織連携

施設管理責任のリスクに備える

………36 アルカディア21

　アルカディア21の場合、団地中央の共有の公園は、私有ではあるものの、居住者や団地外の人にもよく使われており、管理組合が代表となって施設の管理責任を負うことになっている。ここでもしもの事故が発生した場合、管理組合が施設管理責任を問われ、損害賠償責任を負う可能性も考えられる。そこで、居住者と外部の利用者にも適応できる施設管理者賠償責任保険に加入して、いつ起こるか分からない事故に備えている。

7-3　ついでに防犯

個人のちょっとした努力で防犯

………15 碧浜

　碧浜では防犯や災害に備えて、警察署や消防署の協力による交通安全教室や防災訓練が行われている。それに加え、普段からできることとして、ガーデンライト点灯時間の延長と窓のシャッターをなるべく開けておくことで夜間も明るさを確保するようにしている。

　個々の家庭のちょっとした努力が、総和としてのまち全体の安全性を高めている。

ゴミ捨てのついでに防犯

………25 みずき

　2001年に大阪府池田市で発生した小学校無差別殺傷事件をきっかけとして、隣町の木越団地において、「キッズレスキュー隊」という名前で保育園児登校時の見守りが始まった。その後、小学生登校時の見守りに拡大し、スクールサポート隊が発足し、現在では、小学校区下で73名、みずき団地の中で13名が通学路に立ち、小学校の門に全員入っていくまで見守っている。時間は午前8時から11時までで、みずき団地の担当は6時30分～7時30分である。みずき団地では13名のうち12名が70歳以上で、毎日のゴミ捨てのついでに活動を行っている場合も多い。

散歩のついでに防犯

19 三輪緑山・34 新千里南町3丁目

　ペットの飼育は、他の居住者との不和や対立の原因になることが、ままある。また、飼い主の不注意で、まちの快適な環境に悪影響を与えることもある。そこで、三輪緑山地では人と犬が一緒に楽しく暮らせるまちづくりをめざし、犬を飼っていない住戸とも上手く付き合う

犬の飼い主に配られる防犯ワッペン

ために、犬の飼い主の任意団体である「ペロの会」を運営している。ちなみにペロとは、スペイン語で犬のことだそうだ。

　主な活動としては道路や公園を中心に清掃を行い、ペットのフンだけでなく空き缶やゴミなどもついでに掃除している。パトロールの際、腕章を着用して犬の散歩をすることで、地域の安全にも貢献している。同様の取り組みは、新千里南町3丁目住宅自治会でも行われている。

イルミネーションのついでに防犯

………29 グリーンヒル青山

　街区の中心に位置する中央幹線「かがやき通り」には、大きな緑地帯も併設されていて、特に夜間の防犯が課題となっていた。そこで、2008年、緑地帯付近の街路樹をLEDイルミネーションで装飾した。結果、多くの来街者に綺麗な夜景を演出しながら、地域防犯活動にも役立つという一石二鳥的効果があった。
追記：現在は諸般の事情により中止している。

7-4　備えあれば憂いなし（防災）

自分たちで防災冊子をつくる

………08 光葉団地

　地域の防災意識を高めていく際には、自分たちの土地ではどのような災害が起き得るのか、どう対応していけばいいのかを自分たちで調べることで行政に任せっきりにしない防災意識が芽生えていき、適切な防災訓練が可能になる。光葉団地では、この際に防災冊子などを作成すると同時に、毎年消防署にお願いし防災訓練を実施することで、住民の防災意識を高めている。

防災マップをつくる

………28 蒲原宿

　東日本大震災以降、居住者のあいだで防災に対する意識が高まりを見せている。そこで歴史ある宿場のまちなみや町家の中にある防災資源を探して防災マップをつくろうと、地域の居住者との防災ワークショップを開催した。かまどや井戸、あるいは避難経路となる通り土間をアンケートを通して把握し、地図にプロットする作業が行われた。

　実際のワークショップでは地図を元に地区内を散策し、アンケートでは把握しきれない隠された防災資源を探索した。消防署や自治会長の協力も得られており、一般的な防災訓練とは異なったアプローチが多くの参加者を集めた。→6-2 実測値を活用

震災に備えた無電柱化

　　　　　　　　　　　　　　　　　　　　　　　　　　　　42 矢掛宿

　750mにわたる矢掛宿のまちなみには、現在50本以上の電柱が建ち、電線が空を覆うように張り巡っている。この状況は景観の阻害のみならず、災害時には柱上トランスが落下して人命を脅かしたり、断線によって火災を引き起こす可能性をはらんでいる。

　この課題解決のためNPO法人「電線のない街づくり支援ネットワーク」のメンバーを招いた勉強会を行い、居住者の意識醸成に努めている。また行政や電力会社に対し独自に掛け合うなど、会では無電柱化に向け積極的な取り組みがなされている。

無電柱化をめざす矢掛宿のまちなみ

役立った日頃の防災訓練

　　　　　　　　　　　　　　　　　　　　　　　　　　　　15 碧浜

　普段から防災訓練を行っていても、いざという時に役に立たなければ意味がない。碧浜では、震災以前は自治会が防災組織を兼ねており、東日本大震災の際も、日頃の防災訓練により消防用のホースをつなぐことに慣れていた居住者が防火水槽から子ども用プールに水を出し、震災発生後トイレが使えるようになるなど、半日間水を使うことができた。

　しかし、形式上は存在していた計画が活かされなかったことも多々あったことを踏まえて、次の震災に対応すべく、復興委員会で行われた1年間の防災のワークショップを経て、2013年に防災委員会が新たに設置された。

　実際に災害が起きた場合のイメージの共有からスタートする方針であり、今後、火元や負傷者等を具体的に想定した浦安市消防署との合同訓練等を通じて、実際に対応できるような体制づくりをめざしている。

経験を踏まえて進化する自主防災組織

………… 05 中央台鹿島三区

　震災の前から自主防災組織が組織されていて、地震が起きたら公園を連絡場所にして情報拠点にしようと計画していたが、いざ本当に地震が起きてみると、そうした計画があることすら忘れてしまった、というのが現実であった。

　この時の反省をもとに、計画の存在と内容を忘れないように、自主防災組織の計画を「自主防災マニュアル」として、毎年改訂することとして、全戸配布をするようにしている。

除染はみんなで

………… 03 諏訪野

　福島第一原発事故により、諏訪野でも除染が問題となった。初め各敷地内の除染は各戸に任せ、通学路に使われるような団地内幹線道路、歩行者優先道路、コモン街路はボランティアによる除染でやろうとしたが、ボランティアの負担が大きかったために頓挫した。しかし、市の助成金を取り付けることで高圧洗浄機等の除染器具を購入し、自治町内会の安全防災部会が主体となって除染を住民全体で行う仕組みをつくり上げた。→1-6 資金・資源の調達

「困った時はお互いさま」の心遣い

………… 05 中央台鹿島三区

　いわきニュータウンでは、福島原発事故によって多数の方が小学校などに非難してきた。中央台鹿島三区でも、自宅の水や電気が止まったままではあったが、まちの役員が中心となって、着の身着のまま非難された方の支援に当たっていた。

　そうした中、ニュータウンに住んでいる人の方が、水で困っているという話がたまたま出たときに、楢葉町のタンク車を利用して2、3週間ほど、給水をしてもらったそうである。まさに、困った時はお互いさまである。

7-5　ITを使った防災

SNSで防災対策

………… 27 桂ケ丘

　桂ケ丘では以前、ある災害で交通が分断され、職場などから自宅に帰れない居住者が生じたことがあった。これを契機に、団地居住者の一部でSNSを活用しながら緊急時の情報発信をできるようにした。

　このSNSを活用して、タイムリーに情報発信している。→3-3 ITを駆使する

メールを活用して震災情報を共有

......................15 碧浜

　碧浜では、東日本大震災時の液状化現象による多大な被害が発生し、自治会と居住者一体で復旧に取り組んだ。震災直後、自治会の活動で一番重きを置いたのが情報伝達であった。自治会長や有志の主婦が先頭となり、給水や銭湯の情報、上水道がいつ復旧するのか等の情報をメールで交換した。

　また、メールを受け取った自治会役員が有効な情報を印刷し、自分の班に配って回った。その後災害に関する情報を、自治会の役員から、各戸に一括してメールを送る体制が整えられた。さらにこの時には、地区内居住者である医師や建築関係者等の積極的な協力申し出があり、まちの人的資源が浮き彫りになった。→2-6 さまざまな専門家と相談する

7-6　高齢者の安心

「共助」の意識を育む交流会

......................18 埴の丘

　埴の丘でも開発から40年近く経過し、居住者の高齢化が大きな課題となっている。高齢となった居住者が身の回りのことを自分でできなくなった時にどうするか、敷地が斜面で階段も多いため高齢者の歩行対策をどうするか、といった諸課題の検討がなされた結果、「居住者同士が日ごろからコミュニケーションを深めていくことが大切」という認識を持った。

　そこで、定期的に集会所に集まって皆で昼食をいただいたり、文化講座を開いたりと、居住者交流を目的とした会が開催されている。将来への不安を共有しつつ、緊急時にはお互いに支え合える「共助」を意識した取り組みである。

水遣り当番で安否確認

......................47 百道浜

　共有管理の植栽への水遣りは、班ごとの担当であるが、その担当を持ち回り制にすることで高齢者が定期的に外に出なければなくなり、一種の安否確認のシステムともなっている。

男子の井戸端会議

......................28 蒲原宿

　蒲原宿の宿場内には腰掛けるのにちょうど良い高さの家の前の段差が多数あり、時折おじさんたちがそこに坐ってたむろしている。会では彼らを周辺の地名にちなみ「柵ボーイズ」と呼んでおり、見かけるたびに声掛けを行っている。すると次第に良好な関係が築かれ始め、「どこいくだい（どこに行くの）～」「ちょっとそこまで～」と

いうような掛け合いも生まれ始めた。

　女性の井戸端会議ではなく男性の井戸端会議は珍しい。中には友人を求めて地区外からバイクに乗って来訪するケースもあるという。

　柵ボーイズたちは時に、会の活動にも参加してくれる。また、雨の日になると国の登録文化財となっている五十嵐邸の外看板を建物の中にしまってくれたり、力仕事を手伝ってくれているという。とかく高齢男性の孤立が話題になる中、まちの中のみんなの目に触れるところに、高齢男性の居場所があることは極めて重要なことである。

柵ボーイズ

民生委員の協力で気配りカルテ

……………08 光葉団地

　防災や普段の見守りなど、高齢化対策の一環として、地域に住む高齢者の状態を把握することが重要である。こうしたことを目的に、年に一度、民生委員と各班の班長との話し合いを持ち、光葉団地では「気配りカルテ」を作成している。

　これによって地域の民生委員と自治会の班長がお互いに持っている、近所の気配りの必要な高齢居住者や災害弱者などに関する情報を共有することで、班内の独居者・高齢者・災害弱者等を手助けする姿勢を整えている。→2-1同じ住宅地内の組織連携

地域で認知症を支える「オレンジリング」

……………19 三輪緑山

　地域に住まう認知症の方々とを支える活動として、「認知症サポートキャラバン」という全国的な活動が展開されている。厚生労働省が2015年に掲げた「認知症施策推進総合戦略（新オレンジプラン）」に基づいて、全国キャラバン・メイト連絡協議会が支援する「認知症サポーター養成講座」を受けた人が「認知症サポーター」となっている。サポーターたちは「オレンジリング」を手首に付けて、まちで見かける認知症の人への支援を行うという仕組みで、その数は2017年現在、全国で900万人を超える。

　三輪緑山でも、団地を挙げてこれに取り組んでおり、地域で認知症の人が増えても安心して住んでもらえるような、ソフトの基盤づくりに取り組んでいる。

8 ｜ まちを美しく

維持管理

　日本では「新たにつくること」にとかく注目が集まりがちで、「いったんでき上がったものを維持すること」には無関心であることが多い。そして、すでに存在している大切で不可欠なものを維持していくための予算は、余計なもの、余分なものとして、常に削減の対象になりがちである。固定費をなるべく削って、新しみのある所へ予算を回した方が、何かとやり遂げたような気分になり、第三者に対してアピールになるからなのであろう。

　このように、常に新しいものへ関心を寄せること自体は決して悪くはないのだが、今一度、お金をかけて新しくすべきものと、お金をかけて維持管理すべきものを、じっくり見比べながら予算だてをしていく態度を身に着けなければならない時期に差し掛かっている。

　住宅でも、分譲マンションであれば、今ではほとんどのところが、30年程度の長期修繕計画を策定し、その長期計画に基づいて月々の修繕積立金を徴収し、計画的に修繕を施すようになっている。ところが、戸建住宅では、ほとんど長期の修繕計画を立てていないし、修繕費の積み立ても行ってはいない。いつ頃どんなメンテナンスが必要になりそうかの目途についても、たいていは無関心なので、基本的には、建物のどこかが壊れるまで使い続け、壊れたときにそこだけを行き当たりばったりに修繕するものだから、突然の出費に驚いたり、壊れても結局は修繕をしなかったりする。こうして、日本の戸建住宅は時が経てばたつほど、劣化する傾向にある。

掃除と声掛け

　住宅地の維持管理の典型的な活動である清掃活動について、行政の方では、市町村一斉清掃日などを年に2回ほど設定して、行政域内の自治会町内会などを中心に一斉清掃を行っているところが多い。この際、行政からは掃除用具の支給や出たゴミの回収などの支援がなされる。さらに、念の入ったところでは、月に1回程度の町内一斉清掃を行っているところもある。

　ただ、全員参加型の一斉清掃では、参加する人としない人の差が少しずつ明らかになってきて、かえって、住民間の隔たりを増す原因となることもある。こうした、全員参加型の清掃活動は、稲作文化と関連があるように思われる。稲作では、すべての田んぼが等しく潤うことが何よりも尊ばれる。自分のところだけ頑張るというわけにはいかないのだ。そして、集落内では、あらゆる場面で平等にことが運ば

れていることに、特に気を遣うようになる。

　こうした伝統を引き継ぎながら、まちの一斉清掃や、道路掃除や、ドブさらいや、公園清掃が、新規住宅地でも定着してきたのだろう。ただ、現在は異なる職種の人々で構成される人間集団がほとんどである。まず休みの日が異なれば、一斉清掃というわけにはいかない。できる時に、やりたい人がやることを基本としなければならないだろう。そのために、多様な参加の形態を許容するための知恵が蓄積されなければならないだろう。

　めったにない休みのお出かけの際に、まちの役員さんたちが汗かいて掃除とか草むしりをしている脇を通りすぎるとき、多くの人は「申し訳ない」と思うに違いない。その申し訳なさを放っておいて、その人を責めるのではなく、いろいろなやり方で声掛けをして、その申し訳なさをモチベーションにしてもらって、多様にあるまちの仕事の一端を担ってもらうような工夫が必要だろう。参加しない多くの人は、声掛けしてくれないとどう参加していいのかわからないのである。

植栽

　掃除と並んで、まちの維持管理にとって大事なのは植栽管理である。当然、植木の手入れが趣味であれば自分の好きなようにやりたいのだろうが、それが趣味でない人にとっては、義務的な労働や苦役であるかもしれない。そんな時、個別に植木屋さんに依頼するより、集団で依頼して、値段を下げてもらい、なおかつ同じ手で手入れされた整ったまちなみになるという選択肢もある。特に、害虫駆除のための薬の散布は、隣近所が一斉に行わないと、害虫がお隣の庭に逃げていくだけのことになりがちだ。

　住宅の管理と同様、植栽管理においても「時間」の概念が重要である。住宅は時が経つと次第に劣化するが、樹木は逆である。植樹して15年も経てば、今度は刈り取ったり、間引いたり、植え替えたりしなければならなくなるのである。こうしたことを念頭に、植栽の長期管理計画を立てて実施しているところもある。住宅地内の主要な樹木のリストをつくり、それぞれの樹が何年後にどのように成長するのかを推計し、それにあわせて、お金のかかる高木の剪定をいつの年にやるかということなどを計画しておくのである。当然、そのための出費もあらかじめ計算して、毎年積立金を蓄えておけば安心である。

　時間をかけて育った樹木には愛着も芽生える一方で、別な人がその樹木に苦しめられることだってある。サクラの木は遠くから眺めれば美しいが、直近の家にとっては、一斉に散る花ビラや葉っぱ、一斉に湧く毛虫などで難儀していることが多い。ケヤキの木も、遠くから見れば立ち姿が美しいが、直近の家からすると、根元がいつも湿っていて苔むしてすべりやすくなったり、落ち葉が軒樋に詰まったりして大変だったりするものである。こうしたことが原因で、近隣で気まずい雰囲気になったりもする。そうした時には、樹木医などの専門家に間に入ってもらうのがいいだろう。専門家の意見だと、感情論にはなりにくいようだ。

8-1 清掃

一斉清掃日の呼びかけとゴミ回収
……… 10 南平台

　「自分の住むまちは、自分できれいにする」という考えから、居住者自ら団地内緑地の維持管理を行っている。清掃を効率的に行うには、参加者の確保と清掃後のゴミ処理が重要課題となる。

　阿見町では、南平台地区に一斉清掃日を呼びかけ、行政がゴミ回収の責任を負うことで住民の清掃活動を奨励し、支援している。→2-5 行政との連携

防犯パトロールの波及効果
……… 34 新千里南町3丁目

　居住者の高齢化が進むと特に、防犯面での不安が大きくなる。新千里南町3丁目住宅自治会の「わんわんパトロール隊」は、2009年春に自治会内住宅で空き巣が頻発したことから、防犯対策を議論する席で提案され発足した。活動のルールは、わんわ

わんわんパトロールの腕章

んパトロール隊のタグをつけて散歩するだけであり、タグの付け方は自由。散歩する時間も自由で、隊員に任されている。

　この活動によって、犯罪が減った、挨拶をよくするようになった、登下校の子どもたちに声をかけるようになった、といった効果が出ている。

　また、最低限の管理しかされていない公有緑地のゴミ問題に対しても、月に一度、ゴミ拾いを行うこととした。騒音やフンの始末などで、迷惑がられることもある犬の散歩も、ここでは、感謝される存在となっている。→7-3 ついでに防犯

共同作業でよそのコモンとの親密さが増す
……… 45 青葉台ぼんえるふ

　青葉台ぼんえるふの「低木剪定・除草・清掃の全体共同作業」は、前半がよそのコモンでの作業、後半が自宅のあるコモンでの作業、と時間を決めて作業場所を変えるようにルール化されている。日常生活で多忙な世帯にとって、自分のコモンでの共同作業もさることながら、よそのコモンでの共同作業は、普段あまり話すチャンスのない居住者同士にとって貴重な交流の場になっている。

　特に、新しく転入してきた居住者にとって、この共同作業は、団地内の知り合いを増やせる絶好のチャンスとなっている。

多数の住民参加による環境・緑地維持活動

······27 桂ケ丘

閑静で緑豊かな景観の維持は、桂ケ丘に暮らしている老若男女の住民によるさまざまな清掃活動によって維持されている。

例年の取り組みとして、5月、7月、9月、11月の年4回、毎回550人前後の多数の住民が参加して桂ケ丘地区をみんなで清掃活動している。この間は、隣接している帝京高校の野球部、サッカー部の生徒が清掃活動に加わってきた。

また、自治会役員・班長、住民有志で構成されている「桂ケ丘ロードサポーター」による環境維持活動は5月から11月まで、毎月1回除草や公園のツツジの剪定などが行われてきた。この他にも自主的な清掃活動も行われており、住民参加で道路、緑地、公園などの維持管理活動が定着してきている。

毎年秋に住民全体の交流を広げる場として「桂ケ丘わくわく秋まつり」を開催する他、趣味を広げたり、文化や地域を知ることで人のつながりをつくる場として「おしゃべりサロン」や「歩こう会」が定期的に行われている。

8-2 ゴミ集積所

ゴミ集積所の管理を登録制に

······03 諏訪野

コモンを囲んだ班単位で、ゴミ置き場の管理をしていたが、実際の生活動線や各戸からの距離に偏りがあったために使いにくいとの声が多くあった。

これを受けて、ゴミ置き場の箇所を増やすと共に班を越境してゴミを出すことを許容し、置き場ごとに利用者を登録制にし、登録名簿とともに清掃器具を回し、輪番で利用者が置き場の清掃をすることにした。これにより実際に利用する人と管理する人が明確になり、回収後のゴミ置き場の乱れがなくなった。

ゴミ当番は掃除用具を回す

······10 南平台

南平台ではゴミ集積所を利用する住戸が掃除用具を共用し、当番制で清掃を行っている。自治会費で用意されたホウキ、チリトリ、バケツ、デッキブラシが回ってくるので、担当となった世帯は一週間のうち汚れが気になるときにゴミ置き場を清掃する。

次の担当住戸へ引き継ぐときには必ずゴミ置き場をきれいな状態にしておくという不文律も成立している。

ゴミ集積場も持ち回り

·········05 中央台鹿島三区

　中央台鹿島三区では、組長のお宅の脇がゴミ集積場所になっている。組長は1年交替の持ち回りなので、みんなが嫌がるゴミ集積場の場所も平等に変わっていく。またこうすると、組長自身がゴミ集積場をきれいにしておきたくなるので、時間をかけて自然とゴミ集積場がきれいになっていく仕組みだ。

ゴミ集積所の再整備

········35 コモンシティ星田

　コモンシティ星田では、ゴミ集積所のデザインが、まちなみとの不調和をきたし、ゴミの増加、カラスの被害の問題を生んでいた。そこで、環境に調和するゴミ集積所を整備しようと、まずは当地区にある13カ所のゴミ集積所の現場撮影と居住者アンケートを実施した。アンケート回収率は60%弱、その結果は賛否両論だった。

　アンケート後に検討した結果、「各班で資金を出し合って、ブロック塀によるゴミ集積所（8班分）を、周囲と調和する材質で改善する」という結論に達した。しかし、見積金額が予想を超え、「既存ブロックに塗装を施す」という妥協案に至った。すでに8班分の整備は終えたが、残りのゴミステーションは現状のままである。方法・費用の条件を満たし、すべての場所で実施することはやはり難しい。しかし、塗装という方法は現実的な打開策かもしれない。→6-1アンケートを活用

8-3　植栽管理の共同性

「前刈り」に「声掛け」

·········05 中央台鹿島三区

　年に2回、いわき市の美化運動が行われているが、到底1日で終わらないので、1週間前にまちの執行部や組長を中心に「前刈り」をして、本番の美化運動のときに前刈りで出たゴミや枝葉を回収してもらっていた。ただ、役員だけでやっていると、それを目撃した住民はちょっと肩身が狭かったり、「ひとこと言ってくれれば手伝うのに」という感じになる。

　そこで、出られない方は仕方がないということで皆さんに「前刈り」の声掛けをしたところ、結構な人数の方が出てくるようになった。「自分たちの住んでいるまちだから自分たちでやったほうがいい」「声掛けてもらわないと参加していいのか悪いのかがわからない」などという回答が、アンケートには寄せられたそうだ。

近隣の人による樹木の水遣り

07 オーナーズコート守谷

　一般に緑地や共有地は、居住者間のコミュニケーションの場や、緑豊かな環境

近隣にも手伝ってもらう共有地の緑の管理

を提供してくれる一方、その維持管理を誰が行うかが問題となることが多い。
　オーナーズコート守谷では、共有地などの水遣りを、そこに隣接する居住者にお願いしている。家の周りの手入れをするついでに、近くの公園についても水遣りを行ってもらい、それに対し組合として、水代の代わりということでささやかなお礼をすることで、結果的に誰かが損をするようなことがない、共同の仕組みとして機能している。

植栽剪定の事前共同チェック　　　　　　　　　13 佐倉染井野

　佐倉染井野の緑地協定運営委員会では、共同管理部分で生育不良が発生したり、現在植えられている樹種が巨木に成長する前の植え替えを許可し、さらに住民からの申請があれば、上限付きでその費用の半額を負担している。
　こうした全体の管理の方針決定は居住者からの要望のみに応じて行うわけにはいかない。年に一度委員会と剪定業者が一緒にまちを周り、住民の安全性と平等性の観点から、強剪定・伐採・樹種変更しなければいけないところを事前にチェックしている。
　この事前チェックの際に、剪定業者を交えながら相談することで、経費節減にもなっている。

薬剤散布は共同で　　　　　　　　　　　35 コモンシティ星田

　コモンシティ星田では、毎年春に樹木の共同薬剤散布を行っているが、個人の年間契約で植木屋さんに委託している人もいる。しかしその場合、消毒の薬剤散

布時期が違うと虫が移動してしまうので、全体一斉でお金を集めて植木屋に頼むほうが効率が良い。現在、共同薬剤散布は160世帯中110世帯が参加している。

害虫発生に建築協定の変更で対応

·················18 埴の丘

　埴の丘はコーポラティブ住宅として緑豊かな景観が形成されている一方で、樹木が多いため害虫による被害も頻発した。虫害は主に専用地内の垣根で発生することが多かったので、建築協定の内容を一部変更し、木製やスチール製のフェンスの設置を認めることで問題の解決を図った。

　このように、実際に生活していく中で生じた課題に対しては、既存のルールの趣旨を踏まえつつ、住生活の利便性と景観の保持を両立できる対応策を見出した。建築当初の協定の趣旨を尊重しつつ、現在の住生活の快適さをかなえるため、柔軟な姿勢で対応している。→ 10-3建築協定・緑地協定の変更・更新

8-4　植栽管理の持続性

シンボルツリーをまちの財産として登録

·················19 三輪緑山

　三輪緑山には、各戸の私有地にシンボルツリーが植えられていて、隣近所が同じものにならないよう配置されている。さらに、異なる樹種が通りごとに植えられていて、開花時期が少しずつズレていくようになっている。しかし、シンボルツリーは基本的には各住戸の個別管理なので、その持続性が課題となっていた。

　そこで、管理組合を中心として自慢の木を「我が家の樹」として登録してもらうことにして、管理への意識づけを行った。保存樹木の地域版とも言える活動である。

グリーンベルトの「サツキ」及びモニュメント周辺の植栽の維持管理

- 委託業者による
  - 施肥（年2回）
  - 防虫剤撒布（年2回）
  - 剪定（年1回）
  - 枯れ等による植替え（適宜）

- 組合役員による
  - 植栽状況調査
  - 各戸に水遣り、雑草の除去等のお願い文書配布
  - 枯れ等による補植調査
  - 雑草の除去

維持管理部分の区分

造園業者の見つけ方

·········21 フォレステージ

　フォレステージでは、共有地の緑などを管理する造園業者を見つけるのに、念の入った選定プロセスを踏んでいた。

　まず、市の植栽の仕事を請け負っている業者リストの中からいくつか相見積を取る。そのときに、クレーンやゴンドラといった設備を持っているか、ゴミ収集用車

も自分で手配できるか、職人の年齢構成が偏って急にベテランがいなくならないかといったことを、総合的に判断した。

こうして選定した造園業者には、毎年どのタイミングでどのような植栽管理を行うべきかという年間プログラムを提出してもらう。ここまで入念に準備すれば、あとは年間プログラムを消化するルーティーンとなるのである。

年間工程表を作成してスムーズな引き継ぎ

………36 アルカディア21

　高齢化により、居住者のみで団地内の樹木の維持管理を行うことが難しくなってきた。外部の造園業者に管理を委託する場合にも、居住者と造園業者の間で明確な目標やプロセスを共有できなければ、満足できる管理には至らない。

　アルカディア21では、団地中央に位置する公園と公園を取り巻く周辺空間や樹木の管理を、外部の造園業者に委託して管理を行っているが、造園業者に1年間の公園管理業務工程の作成を依頼している。それによって毎年の公園管理にかかる予算を推定できるようになり、新しい役員が業務を引き継いだ時にも、今までの業務の流れを理解しやすく、ルーティーン化した引き継ぎができるようになっている。→1-4 新旧役員の引き継ぎ

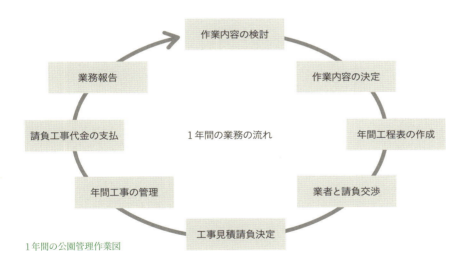

1年間の公園管理作業図

樹木をデータベース化して管理

07 オーナーズコート守谷

　オーナーズコート守谷では、植栽の成長に伴い、木々の枯れ、過度な成長、虫害などの問題が発生した。将来の環境維持を見据えて樹木の見直し等を行うために、団地内の植栽の実態を調査しようとしたが、入手できたのは開発時の手書きの図面データだけであった。手書きの図面では、枯れや伐採、植え替えなどの変

更点が記載できない、コピーを繰り返すうちに不正確なものとなる、樹木の剪定の際に共有地と私有地の境界が正確に把握できないなどの困難があったため、現状の植栽の位置、樹種をCADデータとして落とし込みを行った。

CADデータとして樹種や育ち具合を記録することで、将来的な樹木の生長、枯れ等の変化にも対応できる植栽のデータベースを作成した。→3-3 ITを駆使する

緑の長期管理計画の策定

……12 こしがや・四季の路

団地開発時に従前の屋敷林から継承されたサクラやケヤキなどの高木が多く、樹木の老齢化が深刻になっている箇所も出てきた。このことから、緑の長期管理計画を策定することとなり、管理計画の策定から管理業務までを住民主体で行っていくために、専門家のサポートを受けて3年間を目標に「緑の活動支援プログラム」が策定された。

この計画策定のため、基礎情報である共有地の地形や樹木の位置図の作成、管理方針等のビジョンづくり、行政との協議が行われた。また、この策定プロセスに居住者が気軽に参加できるように、ワークショップ形式のガーデニング作業も行った。→2-6 さまざまな専門家と相談する

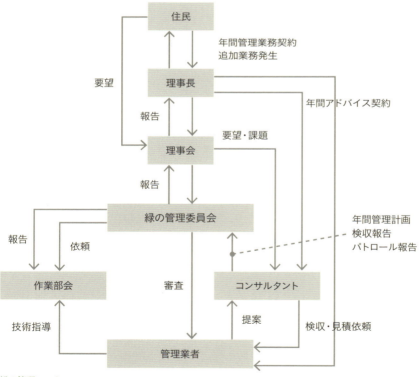

緑の管理システム

8-5　修景

置くだけで修景
················40 いんしゅう鹿野

軒下を飾る添景

　いんしゅう鹿野まちづくり協議会では、藍染め暖簾や、半割にした陶器製醤油瓶の植木鉢、メダカを飼う火鉢、昔の家号を書いた瓦、また鳥取大学から譲り受けた約130種類の蓮の花などの設置を、地域の家々に提案して回った。設置の手軽さもさることながら、置くだけですぐに賑わいが目に見える即効性もあって、160軒にものぼる民家でこれらの取り組みがなされている。

　いずれも安価な品物ながら、設置するだけでまちなみの雰囲気がぐっと増すのも重要なポイントである。以降、この活動に倣った取り組みが行われ、現在も多くの民家の軒下は添景で彩られ、道行く人の目を楽しませている。

ランの古株を業者から貰って再生する
················50 大城花咲爺会

　まちの中に花を植える活動をしたいと思っても、まず花をどこから買うか、資金はどうするかという壁がある。大城地区では、以前新しいランを購入した業者に、結婚式場に貸し出したあとのものなど、廃棄予定の中古のランを村づくりに使うことを目的に提供してもらっている。この中古のランをもとに、花咲爺会がそれを再生し、地域のまちなみづくりの重要なファクターとして利用している。

まちなみを柿渋で塗る
················41 木綿街道

　一般に、古いまちなみを形成する建物の木部は、そのままほっておくと日光が当たって木が白くなったり、繊維がスカスカになったり、虫が喰ったりするので、定期的に木材の表面を塗装して、塗膜を貼っておく必要がある。

　木綿街道では柿渋を用いて木部の保護を行っている。これが柿渋塗りだ。木綿街道では毎年、自分の家を塗るだけではなく、学生やボランティアの人と一緒に、まちなみ全体の必要箇所に渋柿を塗っている。→4-1多様な人を巻き込む

電源トランスに目隠し

09 真壁

　ブロック塀を杉板塀へと改修した直後、電柱の地中化に伴い鉄製のトランスボックスが設置され、杉板塀の一部が途切れてせっかくの修景が台無しになってしまったことがある。

　そこで地元建築士会では、道路から電源トランスへの視線を遮るため、格子戸付きの目隠しを、杉板塀と同様のデザインで設計した。私有地の一部を行政が買い取り電源トランスを設置したため、費用は個人ではなく行政が負担している。一目見たところ、板塀と目隠しはひとつながりのもののようにも感じられるが、その所有者はまったく異なる。居住者と行政が足並みをそろえて実現した景観と言える。

木柵によって目隠しされた電源トランス

居住者の自主的な改修により修景

42 矢掛宿

　1960年代、商店街のまちなみは建物前面に看板が設けられるなどして改造され、その歴史的景観が失われ雑然としていた。しかし、看板の裏には本瓦屋根が残されており、矢掛宿のかつての面影を再生することが可能であった。

　これを受け、矢掛町は岡山県の予算を使い景観整備事業を実施した。この際に、「備中矢掛宿の街並みをよくする会」は居住者の相談を受け付ける窓口も引き受けた。一軒あたり平均約450万円という決して少なくはない自己負担額となっているが、行政、よくする会、居住者らが一体となって事業に取り組み、通算で75軒の改修が行われた。自らが暮らすまちに対する居住者の熱意が、まちなみの保存につながった結果と言える。→1-6 資金・資源の調達

20年かけて勝ち取った電線地中化

04 七日町通り

　生活空間の上部を蜘蛛の巣のように走る電線。そして、空中に浮かぶ何百キロという重さのトランス。これらは、まちなみの阻害要因、災害時の危険要因として、常にその筆頭に挙げられる。が、その地中化の実現は容易ではない。

　七日町通り協議会では20年近く前から、地中化の要望を毎年のように出していたが、次第に、政治的な活動に傾いていき、県知事、市・県会議員、国会議員にも、毎年お願いに行くようになった。たびたびの陳情で煙たがれたこともあったが、十日町で実施してきた修景まちづくりが、次第に各方面から認知されてきたのも手伝ってか、とうとう電線地中化の予算がつくようになった。これでも20年はかかったのだ。

8

まちを美しく

8-5

9 | 公共私の境を超えた活動

公有地・共有地・私有地とその管理

住宅地の土地はざっくりと、公有地、共有地、私有地に分けることができる。道路や公園などの公共空間、図書館や公民館といった公共施設が建つ公共用地はたいてい公有地である。一方で、住宅の建つ宅地はたいてい個人が所有する私有地だ。さらに、住宅地に住む人々で、緑地や駐車場用地や集会所用地や、コモンと呼ばれる共用地を共同所有する場合もある。また、集会場や共同浄化槽施設や斜行エレベーターといった、建物や施設を共有する場合もある。

それらの維持・管理は、基本的にはその占有者や所有者の責任においてなされることが原則となる。ただ、一人暮らしの高齢者が所有する住宅や庭の手入れを十分にすることができなくなるという事態が確実に増えつつあり、その延長に、空き家問題や空き地問題といった課題が浮かび上がってくる。こんな場合には、一人暮らしのおばあちゃんの庭の樹木を、公道に伸びてきた分だけ、近隣の植木好きの有志で刈り取ってあげるなどということも、あっていいだろう。

また、地方自治体の財政状況の悪化により、道路、公園、街路樹などの手入れが行き届かなくなることも増えた。枝ぶりも立派で緑豊かであった街路樹が、マッチ棒のように強剪定を施されることもよく見かける。

その一方で、夏になれば草ぼうぼうの歩道や公園が多数出現することになり、錆びた遊具が修理もされず、使用禁止のまま放置されているという状況も次第に増えつつある。こんな場合には、公園里親制度などを使って、近隣の有志が、あたかも自分の庭であるかのように、公園づくりを楽しむことだってできるだろう。

ただ、地域住民が共同で所有する共有地や共有施設については、たいてい、管理組合などが結成され、管理費や修繕費を徴収しながら、計画的に維持管理を行うことが多いので、それほど顕著な問題とはなっていないが、管理組合の構成員が減ったり、構成員は減らずとも遠隔地に住む所有者から管理費を徴収するのが困難なケースや、相続によって管理費徴収が困難になっていったりするケースも、今後増えてくるだろう。

所有関係の壁を乗り越え、個人や地域住民組織が公共用地などを積極的に管理すること。必要と思った人が必要に応じて、地域空間を自主的に管理していくことが、少子高齢社会の中でますます必要になってきている。

四半世紀後に耕され始める隣地

　山の上の住宅地の周囲には、斜面緑地が形成されることが多い。斜面緑地は、開発事業者や地元自治体が所有していたりすることも多い。法面とも呼ばれるこの斜面の管理を適切に行っていないと、豪雨の際に災害を引き起こす可能性もあるので、斜面緑地の所有者は同時に法面保護の管理責任も負っている。一方で、こうした住宅地に最初に住み着くのは30代半ばの子育て世帯が圧倒的に多いのだが、四半世紀も経つと、急に暇ができたお父さんたちが集まって、地域で何かをする場合に、この斜面緑地を耕し始めるというケースには、しばしば出くわす。

　法面の所有者と交渉し、協定などを結んだりして、斜面緑地の草むしりをしたり、実のなる木や花の咲く木を植えたりして、管理第一主義の殺風景な風景を変えてみたり、畑として耕して、そこに休憩所やピザ窯までをもつくる強者たちもいる。さらには、近くの河川にホタルの乱舞を取り戻すための活動に励むところもあれば、団地を取り巻く松林を手入れすることによって湖岸・海岸の白砂青松海を護るといった活動にまで展開たりしているところもある。

　このように、公共用地や共有地などを集団で耕すことによって、住宅地の周りが単なる他人の所有地ではなく、身近な大切な環境として捉えられるようになれば、まちづくりの展開は持続性を確保し、そのことが、次世代の目に映ることによって、住宅地が継承されるきっかけにもなるだろう。

私有地をどうするか

　住宅地のまちなみづくりで時折課題になるのが、近くの民地での開発である。日本では、法に違反してさえいなければ、その土地にどんなものを建てようが、その所有者の自由であることになっている。だが、居住環境に求められる質は、時々刻々と変化するものなので、法に適っているからといって、多くの人々にとって安心な開発になるとは限らない。このようにして、近くの開発への異議申し立てを契機として、まちづくり活動が盛んになる住宅地は多い。

　そして、超高齢社会になって急浮上してきたのが、所有してはいるものの管理ができない、あるいは管理を放棄した土地建物や、所有権者すら判明しない土地建物の課題である。こうした物件の近隣の人々が欲しているのは、まちなみを含めた「居住環境」をよりよくしたいということなのである。だから、所有者がわかる場合には、個人の策や塀に花を飾らせてもらったり、木でブロック塀を隠させてもらったりするという活動が地道に繰り広げられるのである。また、所有者の許可を得ながら、空き地を畑や駐車場やゴミ集積所として、個人や共同で利用したりするのも、賢い手だろう。

　空き部屋や空き家についても、所有者の許可をとり、必要な保険に入って、地域の人々が集えるような空間にする「住み開き」という現象も、近年盛んになりつつある。空き家・空き地問題を、楽しい地域課題にどう変換していけるかが鍵である。

9-1　近隣の緑地を活かす

斜面緑地をみんなで耕す

43 グリーンヒルズ湯の山

かつてのゴルフ場であった山の頂部を切り拓いてつくられたグリーンヒルズ湯の山周辺には、斜面緑地と呼ばれる、開発事業者が管理する土地が広大に広がっている。以前、その開発事業者の所有地を農園として借りていた住民を中心に「湯の山グリーンくらぶ」が結成された。

山林を開発して造成された住宅にはこのような斜面緑地があるところが多く、それらの多くは地元自治体の公有地や、開発事業者が所有する土地となっているケースが多いが、団地の中にリタイヤ組など比較的時間にゆとりのある住民が多くなると、斜面緑地を管理したり使いこなしたりする、新たな地域活動が芽生えることが多い。

このような「隣の土地までも耕す」という活動も、まちなみづくりの重要な一要素となっている。

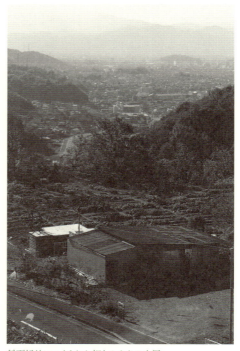
斜面緑地につくられた畑とみんなの小屋

占有許可を受けた緑地帯で市民マーケット

……… 29 グリーンヒル青山

NPO法人の長期間な維持管理活動が評価され、常日頃から清掃管理を行っているまちの中心幹線である中央通りに面する、総面積約3,800坪の緑地帯の占有許可を、行政から受けることができた。

その結果、この緑地帯において地域振興イベントとしての地域住民参加による「青山市民マーケット」を開催することができた。50店にのぼる出店者と数千名の来場者があり、大変好評を得ることができた。

現在は、新たにできた商業ゾーンで定期的に「プロムナード青山フェスタ」として開催している。

緑地掃除と引き換えにタケノコ掘り

……34 新千里南町3丁目

千里ニュータウンが開発される以前から、住宅地に隣接する竹林である緑地には里道が通っていた。ニュータウンの開発後、公的に認められていなかったこの里道は、原則として通ることができなくなったが、人々はこの竹林の中の道を近道として使っていた。竹林もその中の里道も、行政からの管理は必要最低限しか行われていなかったので、新千里南町3丁目住宅自治会では、竹林や里道の掃除を行うことを条件に、道としての利用、さらには竹林でのタケノコ掘りまでも容認してくれるようにと、行政と折衝して認められるようになった。

竹林の掃除には「天竺川ホタルの会」「新千里南町三丁目自治連絡協議会」「わんわん会」などの各種居住者組織の連携によって行われている。→5-1 楽しいイベントとの抱き合わせ

遊休地をドッグランとして活用

………………19 三輪緑山

犬の飼い主の増加と共に犬のフンの放置は安全・衛生面の問題を生み、犬の立ち入り禁止の公園が増えている。またノーリードでの立ち入り禁止のところも増え、人と犬が自由に遊べる場所は徐々に減少している。

そこで三輪緑山では、2000年から常設のドッグランを団地に隣接する町田市鶴見川クリーンセンターの一角に設置することを、行政に要請した結果、2010年に常設のドッグランをオープンすることができた。

管理運営は犬を飼っていない人も含めて三輪緑山とその周辺の愛犬家で構成された「ペロの会緑山ドッグラン運営委員会」が行っている。地域の居住者以外の利用者も増えつつある。→2-5 行政との連携

追記：2015年7月以降、クリーンセンターの施設増設工事に伴い、ドッグランは閉鎖されている。

周辺国有地の白砂青松を守る

…46 コモンライフ新宮浜

コモンライフ新宮浜にとって、住宅地と隣り合わせの国有の松林はかけがえのないアイデンティティの源である。この松林を病気や害虫から守るため、薬剤の空中散布が行われていたが、これに対して抵抗感を持つ人の割合が増えたことから散布が休止された。しかし、これにより病気や害虫によって松林が少しずつ荒廃し、飛砂の被害が出るようになり、景観も徐々に損なわれるようになっていった。

これを受けて、松林の景観保全に加え、地域の植栽の継承を主眼においたボランティア団体「白砂青松の会」が立ち上げられた。もちろんコモンライフ新宮浜からも多く参加し、子どもから大人まで、植樹会などのイベントを通じて地域の内外を巻き込み、活動を展開している。またこの保全活動を通じ、団地内外の住民間のコミュニケーションも促されている。→2-3 ボランティア組織との連携

隣接する公用地の環境も守っていく

......................30 新海浜

　新海浜地区は琵琶湖湖岸につくられたまちなので、まちの中ばかりでなく、周辺環境の整備も重要な課題となっている。そこで、自治会では砂浜や緑地、湖周道路土手、愛知川堤防下のような公有地についても、県と協議の上、清掃活動等を行うようになった。また、琵琶湖湖岸の緑地と公園への松の植林およびハマゴウなどの希少植物の保護なども行っている。

　新海浜水泳場についても、住民の一部が滋賀県レジャー監視員となり水泳場付近の適正利用の啓発を行ったり、水泳場運営への参画を行っている。こうした地区範囲外への積極的な関与を続けることにより、周囲のまちづくりに対する発信力が自然と大きくなり、地区内外の環境を保全していく状況がつくられてきた。

→2-1 同じ住宅地内の組織連携

9-2　道路をつくり管理する

近所の自衛隊も一緒に通学路の草刈り

......................10 南平台

　団地に至る国道バイパスは、子どもたちの通学路になっているが、夏期には草が生い茂り、歩道を覆い隠してしまうことがある。そこで、通行への支障を案じた居住者が道路ボランティアを発足させ、年数回の除草作業を始めた。

　この除草作業には行政はもちろん、この道路を使う近くの自衛隊も協力し、毎回約150人もの参加者を集めている。→2-2 近隣組織との連携

管理組合による公共道路の管理

..........36 アルカディア21

　アルカディア21地区の団地内道路は三田市の所有となっているが、利用者のほとんどが居住者であるため、分譲当初より管理組合で維持管理を行うこととしていた。しかし、委託作業者の高齢化に伴い、今まで通り委託業者に委託するべきか、市に移管すべきかという議論になり、居住者にアンケートを実施した結果、自治会が管理することになった。

　この方が、組合員の意思を反映しながら、道路や街路樹の管理を迅速に行えると判断されたためである。→6-1 アンケートを活用

行政が芝生の管理を組合に委託

..........37 ワシントン村

　ワシントン村では、地区内の道路と、道路に接する緑地の一部を行政が所有しており、私有地内の芝生部分と連続したまちなみを形成している。個々の家の芝

緑化ゾーン

生がそのまま道路までつながっているように見えるが、私有地の管理と公共用地の管理には、自ずと差が出てしまう恐れがあった。

　このため、公共用地部分の管理を管理組合が委託する契約を行政と結ぶこととなった。その結果、私有の部分だけではなく公有部分までバランスがとれた良好な景観を維持している。→2-5 行政との連携

一般道路を歩行者専用道路に指定替え

……… 22 青葉美しが丘

　青葉美しが丘では、日本初の住民発意型建築協定で守ってきたまちなみを、都市計画上の地区計画をベースに、自主協定などで補完しながら守っていこうと、地区計画検討委員会が中心となって、建築協定から地区計画への移行を進めていた。この中で、美しが丘の大きな特徴の一つである遊歩道の位置づけが議題となった。アンケートでも、この遊歩道を保全し、安心して歩ける道として維持したいという要望が出ていたのだが、よく調べてみると、この遊歩道は、道路法上、一般の道路としての位置づけしかなかった。将来にわたって、車を通行させることなく、歩行者専用の道路として保全していくためには、道路法上の歩行者専用道路として位置づけなければならないので、道路管理者である横浜市に指定の変更をねばりづよく求

新しくなった歩道

めた結果、地区計画に「道路法の規定による指定を受けた道路を地区計画においても歩行者専用道路として定め、遊歩道などと共に地域の公園や学校などを結ぶネットワークを保全する」と位置づけることができた。こうして、遊歩道のコンクリート平板ブロックの補修も進むようになったのである。→2-5 行政との連携

9-3　公園をつくり管理する

地域の公園の改修を提案

······················· 30 新海浜

　新海浜地区では、設備が老朽化した地域内の公園に関して、自治会の委員会で検討した改修案を行政に持ち込んで、ほぼ提案通りに改修が実現された。その後の管理も、除草や清掃など簡易なものについては自治会で請け負っており、公共の用地であっても、同じ地区内の環境として関心を持ち維持管理することで、周辺も含めた一体の生活環境が保全されている。

「公園里親制度」を活用して積極的に環境美化

07 オーナーズコート守谷

　守谷市が実施する「公園里親制度」を活用し、それまで市が管理していた送電線の鉄塔広場の清掃美化を管理組合が担当することとした。この広場の樹木の剪定と消毒については、市が引き続き実施しているが、管理組合では市からの材料提供を受けて広場の道路側にプランターを設置し、市から2年に2回提供される苗を植えている。

　このことは、広場前の違法駐車を防止するとともに、環境美化を通したコミュニティ形成にも寄与している。

9-4　隣地の開発から守る

隣地の開発問題を契機に

········34 新千里南町3丁目

　新千里南町3丁目住宅と道を挟んで隣接する行政エリアにおいて、景観を阻害するようなマンション建設が進行していた。そこで、居住者が集まり、建築確認申請について勉強し、自分たちでそのマンション計画の不備を見つけ、それを隣接する市の行政に突きつけたが、要求はほぼ無視され、マンション建設はそのまま進行することとなった。そこで、市の景観条例の認可を受けた景観協定を作成して、再度交渉にあたり、このマンション開発において法面の緑を残すなど、景観に対する配慮を実現させたという成果を得た。

この問題を契機として、今まで自治会に参加していなかった居住者の多くが、自らの環境を守るため、自治会への参加意識を高めることとなった。

隣地の建替えを契機に環境を再確認

31 西竹の里

　木造2階建ての良好なまちなみが自慢の西竹の里タウンハウスの西隣に、容積率300%、高さ20mのマンション開発の話が持ち上がった。京都市で景観条例が施行される前のことであった。西竹の里の自治会では、近隣の自治会や連合自治会と連携し、日照権、圧迫感、景観問題を争点として裁判まで持ち込んだが敗訴となった。

　しかし、判決文では「景観利益は、住民にとって法的に保護される場合がある」という画期的な解釈が示され、この精神を踏まえ、2005年に成立した京都市景観条例により、この周辺地区の指定容積を200%、最高高さを15mとするなどのダウンゾーニングが実施された。

　そして、西竹の里の住民たちにとっても、このマンション建設問題は改めて自分たちの居住環境の大切さを再確認するための契機となった。

近接した敷地の開発に対応

46 コモンライフ新宮浜

　住宅地に隣接・近接した私鉄線路跡地で、新規住宅開発の計画が持ち上がった。それまで、線路沿線の緑地帯は住民により管理されていたのだが、その緑地帯からの撤退も要請されるようになった。

　そこで住民有志により、住環境保全を訴える住民組織を発足させた。線路跡地が近隣自治体にまたがっていたため、同様に活動する団体と連携してワークショップを用いたり、有識者に呼びかけシンポジウムを開催し、行政に代替案を提示、要望していった。

→2-2 近隣組織との連携

鉄道跡地の開発用地

始まりはマンション反対運動

33 姉小路

　姉小路界隈は京都の都心にあって、さまざまな業種の老舗と小さな商店と町家が建ち並ぶ落ち着いたまちだったが、1995年に発生したマンション建設計画を契機に「姉小路界隈を考える会」が発足した。地元と事業者の粘り強い交渉の末、京

都らしさを採り入れ、地元の意向を反映したアーバネックス三条が竣工し、日本都市計画学会賞を受賞している。

それも束の間、今度は西向かい、そして北側の御池通りでも巨大マンションの計画が進み、会では約3,000人分の署名を集めたが、高層マンションは次々に建ってしまい、三方の山並みへの眺望が失われてしまった。

しかし、このことがきっかけとなり、姉小路のまちづくりは格段に力強いものとなっていった。

9-5　私有地の管理

私有地のブロック塀を修景する

09 真壁

　塀は個人の所有物でありながら、まちなみの景観の良し悪しを決める大事な要素でもある。ワークショップ「発見まかべ探検隊」を開催し、まちのいいところ探しと併せて、ブロック塀が景観に合わないという課題も共有した。その後、建築士会のボランティアにより、商工会会長の自宅の塀を実際に使って、ブロック塀を杉板塀へと修景した。

　さらにその後、杉板塀を見た他の住民から同じような修景を望む声が聞かれ、翌年も1件実現させた。さらにその翌年、茨城県に全国から参加者が集まるイベントと重ねて、参加形式のまちづくりイベントとしてブロック塀の修景作業を行った。

ブロック塀を杉板塀に修景

私有地の空き地を1m除草して住環境を保全

30 新海浜

空き地の1m幅除草

　新海浜地区は、別荘地という土地柄、空き地が多く存在し、手入れがされない場所では荒れ地となっていた。そこで火災が発生することもあり、防災上のネックとなっていたほか、ゴミが投げ捨てられたり、手入れされない敷地がまちの景観を損ねる等、生活上の安全と景観の両面での課題となっていた。

　そこで、自治会の共益費で業者を雇い、空き地内の土地を道路から1m部分だ除草することで、防災上の安全性を確保した。これにより、道路から見える部分がきれいに手入れされているので、まちとしての景観を整え、ゴミの投棄への抑止力となるなどの効果が得られた。→10-5独自のまちなみルール

空き地の樹木の管理法

06 フィオーレ喜連川

　フィオーレ喜連川は別荘地である側面もあり、これから家が建つという土地もまだ幾ばくか残る。こうした中で問題になるのが、空き地などで成長しすぎて道路や隣地にあふれてしまう樹木の伐採や草刈りである。

　市には美化条例があり、適正な管理を呼びかけているが、なかなかそれで対応してくれないオーナーには、管理会社の方から市と管理組合と自治会の連名で、地域の美化活動の一環として、現状の写真と伐採依頼の案内を出している。オーナーが単独で業者を雇うと高くつくが、管理会社の方で一括で手配すると安くなるという寸法だ。

　一方で、自治会で組織している自主防災組織の方からも、台風時の倒木や乾燥時の火災は深刻な問題となり得るので、伸びすぎた樹木や雑草の整備のお願いを防災目的で行っている。

　これは美観や防災の問題であるにとどまらず、お隣の庭への浸食や枯葉が軒の樹木通に詰まったりという問題にも発展する。このとき伐採のお願いを隣人から個人的に出してしまうと、人間関係のもつれに発達してしまう可能性もあるので、お隣の樹木や雑草をひたすら我慢している住民も多い。したがって、上記のような組織的対応が、何より重要なのである。→8-3植栽管理の共同性

9-6　空き家という地域財産を活かす

大学生の飲み会に貸してきれいにする

················ 02 新屋参画屋

　秋田市新屋地区には、ずっと空き家となっている伝統的な町家があった。これまでも参画屋関係者や美大を中心にイベントなどで使わせてもらったことがあった。こうした中、所有者の了解を得て、美大の先生が飲み会の会場として使わせてもらったところ相当盛り上がったらしい。時間制限はないし、自分たちで食べたい物を用意するから安上がり。「また使わせて欲しい」ということであった。

　実は、こうしたイベントで空き家を貸し出す側のメリットも大きい。事前にちゃんと掃除してくれるし、片づけもしてくれる。空き家は使わないとホコリがたまるだけだが、こうした行事を行うたびにきれいになっていく。若い人々を信頼して飲み会にも提供するという、所有者やまちの人々の度量が、大きな空き家を楽しみながらきれいにする好循環を生み出している。→4-1多様な人を巻き込む

空き部屋をギャラリーに

···················· 28 蒲原宿

　町家の表通り側の部屋である「みせのま」に各家に伝わる工芸品などを置くとともに、普段見ることのできない町家の内部を公開し、所有者がそれを解説する「みせのまギャラリー」が開催されている。毎年秋に開催される「宿場まつり」の一環として行われ、現在は会員以外の居住者の協力も得て活動が継続している。

　また2006年に第1回目として開催した夜間イベント「宿場灯りアート・蒲原宵待ちギャラリー」が好評を博し、2007年には行灯70基が寄贈され第2回目が、以後毎年開催さた。→5-7新しい伝統をつくり出す

大型空き家の清掃と活用実験から

················ 41 木綿街道

　木綿街道の一角に、約800坪の住居と酒蔵で構成された、約250年を経た造り酒屋の建物がある。2007年に空き家になり、しばらく閉めたままにしていたために、徐々に痛み始めた。そこで、商工会議所が活用提案を出して土地開発公社が取得して清掃活動が始まった。

　その後、国交省の「住まいまちづくり担い手事業」を使って、建物の調査、カフェやコンサートといった活用実験、それにワークショップによる活用提案などを行い、約4年間で延べ4万人ほどが訪れた。

　しかし、建物が酒蔵で工場用途なので、イベントのような不特定多数の人をたくさん容れるような使い方では、消防法や建築基準法とマッチしないということで、

消防から活用停止の通知が来て再び閉鎖となってしまった。大型空き家であるため、なかなか活用できずにいたが、現在民間が買い取り、活用に向けての計画が進んでいる。→5-1 楽しいイベントとの抱き合わせ

空き家をNPO法人が借りて活用

16 たい歴

9-6

「NPO法人たいとう歴史都市研究会」では、地区内に残る、明治時代の伝統的な家である「市田邸」、大正時代の町家である「間間間（さんけんま）」や「カヤバ珈琲」、彫刻家の旧居兼アトリエである「旧平櫛田中邸」といった歴史的な建物を所有者から借り受け、管理を行い使いながら保存活用に貢献している。

空き家所有者とNPO法人が定期借家契約を結び、そこに住みたい若い居住希望者を募り、若者による地域活性化の効果が期待されている。家賃や共益費は、その歴史的な建物の維持管理や活用にも使われている。

前庭越しに見る市田邸

空き家を行政が借りて活用

09 真壁

歴史的な建造物が並ぶ通りで空き店舗が目立つようになり、また年間数十万円という維持費も空き家所有者にとっての足枷となっていた。これらの建物を所有者個人が維持管理することは難しいとの判断から、行政がそれを借り上げ、地区内外の居住者が運営する施設としての再生が図られた。

その結果、まちのランドマークとして親しまれていた旧真壁郵便局はインフォメーションセンターとして、また伝統的な店舗兼住宅は、月1万円という格安の賃料の店舗として生まれ変わっている。

同店舗は「チャレンジショップ」と名付けられ、新しくお店を始めたいと考えてい

るオーナーを募集した。若手のまちの担い手を惹きつけ、通りの景観としての賑わいをつくり出し、かつ、まちに新しい事業を生み出そうという試みである。→5-5まちの宝物探しと愛着づくり

空き家再生を多発させる

………40 いんしゅう鹿野

　町内に空き家が目立つようになり、商業的な賑わいがなくなりつつあった。そこで鹿野では、空き家をお店に転用し、まちに活気を取り戻すべく、空き家活用の取り組みが始まった。その第一歩として、空き家を改装した活動拠点「鹿野ゆめ本陣」が開設された。開設にあたっては、まちの単費と県の中山間地域活性化交付金により、事業が進められた。

　また別の空き家では、行政が空き家を壊して駐車場とする計画だったが、まちづくり協議会が解体に反対し、行政が土地を買い上げたうえで、協議会と行政が空き家の賃貸契約を結び、食事処「夢こみち」として建物を再生利用することになった。

　現在は町内の女性グループ有志に貸し出し、地域の食材を使った食事が多数考案され、そのうちのひとつ「すげ笠御膳」は鹿野の名物として知られるようになった。

　さらに、稚蚕共同飼育所として建てられ、その後公会堂や校舎、縫製工場などに使われてきた築75年の木造建物が、まちづくりの新たな拠点「しかの心」として再生された。木造建物の不動産取得に際して、NPO法人の名義では難があったため、協議会で検討して、住民約100人が出資する株式会社名義とした。運営は施設内の売り上げで賄われている。→1-6 資金・資源の調達

国の登録文化財100件を目標に

………………………09 真壁

　真壁地区における歴史的建造物の保存は、「ディスカバーまかべ」という居住者自らが立ち上げた会の創設に端を発する。歴史的な建造物群が、その価値を認められることもないまま取り壊されていくことに危機感を感じた同団体は、真壁地区に眠っている多くの「財産」を発掘すべく有識者と協働で調査を行い、報告書を行政に提出した。

　その後、「ディスカバーまかべ」は登録文化財制度を用いたまちづくりを旧町長へ直接提言し、これに刺激されたまちは「登録文化財を100件登録する」という目標を立てた。会のメンバーと学識者が建物をセレクトし、建物の所有者の同意を得るため役場の担当者が一軒一軒を訪ねて回る、という地道なプロセスが繰り返された。

　その結果、徐々に登録文化財の数は増え続け、年間14〜18棟、6年間で延べ104棟の登録答申を受け、全国の市町村でも有数の答申数であった。結果的には、こうした地道な活動の積み重ねが、重要伝統的建造物群保存地区の決定へとつながった。→5-5まちの宝物探しと愛着づくり

空き家紹介を超えたコミュニティビジネス

　七日町通りでは商店街のまちなみづくりが功を奏し、空き店舗や空き家を紹介して欲しいという相談が常時、協議会にやってくるようになった。単なる空き家紹介だけでなく、開店のためのさまざまな手続きなどのアドバイスもすべてボラティアで応じている。

　ある学校の先生だった方で、自分で修行をしてハンバーガーショップを開きたい。ついては建物を見つけたり改装したりするのも、手伝って欲しいという相談だった。協議会メンバーの建築士などがボランティアで手伝って開店にこぎつけた。うまくいけば、そこでビジネスが回るわけだから、周りの方も一生懸命協力してくれる。結果として、地域ビジネスにとってなかなかいい展開になっているという。→2-6さまざまな専門家と相談する

おしゃれなお店に生まれ変わる古い店

10 ｜ まちなみのルールと計画

まちなみ形成と私権の制限

　住宅の位置や形などに制限をかけ、まちなみを規制・誘導する手法がとられることが多いが、憲法29条に規定される財産権にも関わるので、その取り扱いは慎重であらねばならない。ただし、日照権や眺望権、景観権といった諸権利と財産権の相克は、これまでも繰り返し議論されてきた。

　1970年代に盛んになった日照権については、建築基準法における日影規制の導入（1976）によって公に認められたが、ある特定の場所からの眺望権は、京都市眺望景観創生条例（2007）などを除き、一般的にはなっていない。また、景観論争として話題となった国立マンション訴訟における最高裁判決（2006）では、地域景観全体を享受する「景観利益」については保護に値するとしながらも、「景観権」そのものを認めるには至っていない。

　ただ、より良い居住環境や景観に恵まれた住宅地は、必然的に資産価値が高くなるという側面もある。そればかりではなく、誇りに思えるようなまちに住みたいという要求は、住民が等しく望むところであろうから、日本でも近代に入ってさまざまなまちなみに対する規制・誘導制度が試みられてきたのである。

セットバックの制度

　建物の壁面線後退のことを「セットバック」という。戦前においては、エリア全体に建築線を設定し、将来建設される建築物群の壁面後退距離を制御することによって、良好なまちなみを誘導する積極的試みも行われたが、1950年の建築基準法制定の際、建築線制度は「みなし道路」制度に統合された。建築物は原則として「幅4m以上の道路に2m以上接する敷地」にしか建てられないが、道路の実態の幅員が4mよりも狭い場合は、行政による「みなし道路」が設定され、その道路境界を建築線同様の扱いとする運用である。ただ、建築線の積極的運用によるまちなみ形成は、その後、ほとんど展開を見せなかった。

高さと空地の制度と建築協定・緑地協定

　明治から大正にかけては、建築物の高さを規制する制度は存在せず、高層建築が自由に建てられた。そして1919年の市街地建築物法の制定によって、都市計画上の住居地域では65尺（約20m）、それ以外の地域では100尺（約31m）という、絶対高さ制限が設けられた。さらに住居地域では建物の絶対高さを、前面道路幅員の

1.25倍に25尺(約8m)を加えた高さとした。

　さらに住民の全員合意があれば、基準法の諸規定に上乗せして建物の位置や形を制限できるようにしたのが、基準法制定当時からある建築協定制度であり、ここにセットバック規定が残された。これは、建築協定を、自治体で条例化することによって効力を発揮させるものであるが、全員合意である点と、協定の期限を設けることと、厳罰が付かないので違反者に対しては裁判で争うケースが多い、というところが課題であるが、日本の住宅地のまちなみ形成に果たしてきた役割は大きい。

　このほか、住宅地の緑環境を保全する制度として、都市緑地法の緑地協定(1973年の都市緑地保全法が2004年同法に名称変更されるまでは「緑化協定」)制度があり、住宅地における緑環境の形成をきめ細かく指定できるが、その運用上の課題も建築協定によく似ている。

都市計画としてのまちなみのルール

　都市計画法上の規制によっても、まちなみ形成の誘導が試みられている。都市計画制度の中に地域地区制度があるが、一定のエリア内に建つ建物の用途や形を制限するものである。有名なのは用途地域であり、第一種低層住居専用地域のような用途地域が12種類定められ、用途地域ごとに容積率や建蔽率が指定される。このほか、景観地区、風致地区、伝統的建造物群保存地区などが、住まいの領域に近い地域地区制度と言え、自治体の条例に基づく運用がなされている。さらに、既存の都市計画に上乗せする形で設定されえるのが地区計画であり、これを住宅地のまちなみ形成に用いるケースも多い。

自主的まちづくりルールの展望

　都市計画の制限は効力が大きい一方で、制定には時間と労力がかかる。そこで、2002年から都市計画提案制度が始まり、一定の手続きを踏んで、住民や民間事業者が望む都市計画を提案できる筋道もできてきた。ただ、住民たちが望む住まいのまちなみのルールを、こうした都市計画的制度に落とし込むには、地域の合意形成や都市計画としての整合性などのハードルが高い場合が多い。

　こうした時に、全員合意には至らないまでも、多くの住民たちの賛同を得ながら、「まちづくり協定」や「住民憲章」といった形での任意(自主)協定を、地域居住者組織の総会などで決議し、運用しているところも多い。こうした協定は一種の紳士協定ではあるが、一定の効果を発揮している場合も多い。近年では、横浜市の地域まちづくり推進条例(2005)にみられるように、自主協定などを自治体が後付け的に認可し、その効力を後押しするような制度も増えている。居住者自身によるまちづくりへの取り組みの実績を、積極的に行政としても評価しようという動きになりつつある。

10-1　建築協定・緑地協定の運営を確実に

建築確認申請前に協定運営委員会がチェック　　14 布佐平和台

　布佐平和台では、行政への建築確認申請提出前に自治会内部で事前審査が行えるように、我孫子市の承認を得て「自治会建築協定処理細則」を1989年に制定した。

　以降、全ての建築行為に対し、建築確認提出前に建築協定運営委員会が審査し、自治会が承認した上で、我孫子市へ提出する仕組みが構築された。それによって、建築確認を提出する際には、処理細則に基づく「承認申請書」がないと市にて受付がされないようになった。→2-5 行政との連携

工事着工前と完了後の現地チェック　　03 諏訪野

　諏訪野では、建築主が行政に建築確認申請を出す前に協定運営委員会へ必要書類を提出してもらうことのほか、建築工事着工前と工期完了後の2回、委員が立ち会いのもとでチェックを行っており、これにより建築協定によるまちなみ形成を確固たるものとしている。

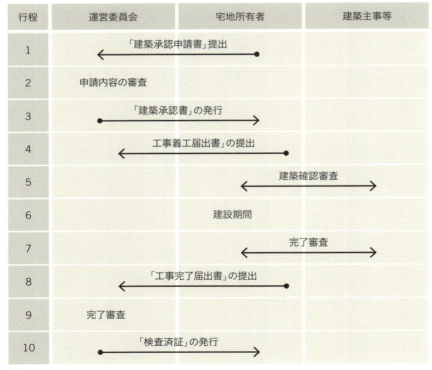

協定チェックスキーム

増改築時の協定内容チェック体制の確立

............15 碧浜

協定の内容は難しく、なかなか全員が理解するのは難しい。碧浜では、建築協定・緑地協定を分かりやすく再整備し直し、「碧浜建築緑地協定ガイドポイント」を作成した。

これにより、居住者が協定を理解しやすくなるだけでなく、建築・緑地協定運営委員会の審査時にも役に立っている。

着工前に「工事保証金」を提出してもらう

............30 新海浜

新海浜では、建築確認申請前に建築主から自治会に図面を提出してもらってチェックするだけでなく、着工前には「工事保証金」を提出してもらっている。竣工後に自治会が協定に沿っているかをチェックして、問題がなければ返金されるという仕組みである。

着工前と後の二重のチェックを行うことで、確実に協定が守られるよう工夫している。

10-2 建築協定・緑地協定の運営をやりやすく

建築協定チェックシート

07 オーナーズコート守谷

オーナーズコート守谷では建設時より建築協定を設けていたが、ある住宅の建替えを行うにあたり、建築協定の審査方法がないことが問題となった。

そこで新たに建築協定チェックシートを作成した。審査では、建築主が事前に協定運営委員会に届出書を提出し、委員会がチェックシートによってチェックした後、適合確認書を渡すという流れになっている。

時期がバラバラの建築協定を再編成

.... 01 スウェーデンヒルズ

大規模団地では土地造成等の時期によって協定の開始年度が異なり、地区が多数あると、団地全体としての協定の運営や管理がスムーズに行えない場合がある。

スウェーデンヒルズでは、開発年ごとに協定区域が8地区設定されていたが、2007年に旧協定を廃止した上で、新協定を締結する際にこれを4地区に統合した。更新にあたっては、地権者全員にアンケートを実施し、協定内容の疑問点や改善点を明確化することから始めた。

例えば、落雪方向の後退距離を「4m以上」とする要望が最多だったことを踏まえて、協定内容が変更されている。また、新しい建築協定と改訂した建築協定運

営委員会規則の周知・啓発のために説明会を3回開催し、建築協定ガイドブックを作成し配布している。→3-2情報共有の手段

団地内で建築協定を一本化

.... 03 諏訪野

　諏訪野では、開発段階ごとに事業開発者による一人協定を個別に締結していたが、団地全体のまちなみ景観に関する住民の合意が図りづらかった。そこで、それまでの建築協定をいったん廃止した上で、諏訪野全域を対象区域に定め統一した建築協定を締結することによって、団地全体のまちなみ景観に対する統一した意識が形成できるようになった。

10-3　建築協定・緑地協定の変更・更新

ソーラーパネルに対応

.... 25 みずき

　みずき団地では、東日本大震災以降、ソーラーパネルの設置希望が増えたことが、新たなまちなみの課題となっていた。このため、団地開発事業者であった金沢市が新築住宅の設計ガイドラインとして設定していた「瑞樹団地住宅設計指針」の変更を行い、この指針の範囲内でソーラーパネルの設置を容認することとした。

自動更新で協定期限切れに対応

.... 31 西竹の里

　協定範囲の中の住戸数が多い場合、建築協定の期限が切れた後、居住者全員の合意を得て更新することはなかなか難しい。そこで、西竹の里では開発当初、一人協定として策定された建築協定において、10年間特に問題がなければ自動更新が行われるように設定されている。

　すでに3回の更新が行われているが、10年毎に見直しをして、変更なく更新されてきた。他方で、自動更新とすることで協定への関心が薄まり、事実上機能しないものになりがちなので、自動更新とする際には、協定を定期的に議論する場をどのように設定するのかも、セットで考えなければならない。→3-2情報共有の手段

建築協定を変更しながら時代に対応

.... 22 青葉美しが丘

　青葉美しが丘地区は1969年に区画整理事業が終わり、人口も増えてまちの形態を整えつつあった。しかしながら、住民が求めてきた「静かで緑豊かな明るい住宅地」の環境を破壊しかねない建築行為が少しずつ増えてきた。

　その問題を解消するため、1972年に全国初めてと言われる自主的な住民発意に

よる「建築協定」の締結が実現されるに至った。これにより、居住者全員合意方式によるまちなみのコントロールができるようになった。

1984年には、建物用途制限・敷地面積分割制限などの内容を追加した第2期の建築協定を締結し、1994年には最低敷地面積制限の緩和（200m²→180m²）、建築確認事前調査システムの構築などを含め、第3期の改定を行っており、2003年に地区計画に移行するまで、時代変化に応じた変更を加えながら、長期にわたって協定運営が継続された。

建築協定・緑化協定を見直す

………05 中央台鹿島三区

建築・緑化協定で「樹木の多いまちづくり」を謳っていたが、福島原発事故の影響で放射能の値が高い樹木が除染目的で多数伐採されてしまった。共同で剪定したところもある。

このため、現状に合わせた運用とするために協定が見直されつつある。状況の激変によって、これまでのルールが使えなくなったら柔軟に対応していき、長期的に「安心して住めるまち」と「緑豊かなまち」の調和を見出していくことが今後の課題となっている。

建築協定の限界を地区計画で解決

…………22 青葉美しが丘

青葉美しが丘では、3期にわたって建築協定が更新されてきたが、建築協定に参加しない「穴抜け地」が次第に増えてきたことが課題となっていた。そして、「穴抜け地」の隣接地にマンションが建築されることが続いたことを契機として、紳士協定としての性格が強い建築協定から、行政が運用する都市計画としての地区計画に移行しようとする動きが始まった。

地区計画を導入することで、地区全体に拘束力のあるまちなみ形成のルールが適用されることとなった一方で、それまでの建築協定で行ってきた細かいまちなみルールを、自主協定に移すことにより、地区計画の補完を行っている。

建築協定の内容を管理規約に

………06 フィオーレ喜連川

フィオーレ喜連川では、2012年に建築協定の有効期間を終えた。これに伴い、地区計画を新たに策定すると同時に、実情に合った建築制限を実施するため、管理組合規約の中に「建築・まちづくりデザインルール」として、それまでの建築協定的要素を組み込む方式が採られている。

これにより、建築協定の場合、全員合意でしか変更できなかった内容が、管理規約の改定として変更できるようになり、運用の柔軟性が向上した。

町式目から地区計画へのルールの成長

.... 33 姉小路

　大型マンション建設反対運動を経た1999年、姉小路では、1630年から続く旧家に江戸時代の町式目、つまり当時のまちづくりルールが発見され、これを現代風にアレンジして、平成のまちづくり基本理念をつくろうということで、「姉小路界隈町式目（平成版）」が策定された。続いて、2002年には高層マンションに取り囲まれた中低層地域である、いわば「姉小路盆地」を守ると同時に、三方の山並みの眺望も大切にしようという意識が高揚した。

　その結果、3カ月で約100軒の印鑑証明付同意書を回収し、姉小路界隈地区建築協定が締結され、2013年には、建築協定エリアを含む広範囲で「姉小路界わい地区」地区計画が都市計画決定された。このようにして姉小路では、江戸時代のまちづくりルールをもとに、次々にまちなみ形成のためのルールが形成されていったのである。

10-4　景観条例

景観条例に基づき市が自主協定を認定

.... 30 新海浜

　新海浜では、分譲開始当初より管理規約や特約事項を定め、建築物に関する制限や、建築確認前に図面を自治会に提出する等の自主協定を定めていたが、開発事業者の撤退や住宅の増加など周囲を取り巻く環境の変化により、特約事項の周知不足や規約自体が時代に合わないといった問題が生じるようになった。

　そこで、「新海浜地区緑と水辺に調和したやすらぎのある街づくり協定」を新たにつくるとともに、「彦根市快適なまちを創る景観条例」に基づく協定として市に認定してもらうことで、協定の存在の周知を図った。また行政の認定を受けているため、内容についても新規入居者から賛同が得やすくなった。

事前協議の流れをルール化する

........34 新千里南町3丁目

　行政と連携してまちなみを維持するため、自治会独自の景観協定を定め、市の景観条例による認可を受けた。これだけでも行政が関与できる体制となっているのだが、さらに、建築主は市だけでなく、自治会の運営する環境委員会にも景観協定の事前協議の届け出を行い、市と環境委員会の両方と協議を行う流れをルール化している。

　このルールは、市では不文律となっているのだが、自治会の規約文書に、「建築の確認申請を出す前に環境委員会でチェックをすること」が記されており、市も理解を示している。→2-5行政との連携

景観条例による住民協定の補完

............24 ニコニコ自治会

ニコニコ自治会では、住民協定を締結した後の運用結果と、効果的な運用についての提案をまとめて意識調査を行ったところ、景観条例を活用する意見が多く寄せられた。

景観条例を利用する長所としては、地区の特性に応じた諸々の基準について公的な説得力を持たせられ、住民協定と併用することで、実情に即した調整力を高められる点が挙げられる。そこで、「ニコニコ住民協定」と「景観条例」を組み合わせた運用をめざし、2006年には準備会を立ち上げ、まちなみ基準や運用方法の調整や、住民と地権者と藤沢市庁内の段階的な合意の確認を経て、藤沢市都市景観審議会と藤沢市都市計画審議会に報告を行った。その結果、鵠沼地区は2012年3月に藤沢市景観条例による景観形成地区として指定された。

10-5　独自のまちなみルール

あえてガイドラインを設けない

............28 蒲原宿

蒲原宿まちなみの会では、過去の活動で得られた知見を踏まえ、地元の住まいの魅力を冊子にまとめた。「土間は便利だし、安全な遊び場にもなる」「多少の段差があったほうがぼけ防止になる」といった、古い家で普段何気なく行っているふるまいの再発見がなされている。

その冊子は「まちなみ憲章」として地域の居住者に回覧板を用いて周知された。この際に署名でこの憲章への賛同を募ったところ、460人中301人の同意を得た。ある決まりごとをみんなで守るのではなく、「いいところ」を共有することによってまちなみを向上させるという試みである。→5-6まちの記憶と記録

「建てたときの状況に戻す」という協定

............04 七日町通り

空洞化した会津若松市の中心市街地にある七日町通り商店街の再生をめざして、1994年に任意団体「七日町通りまちなみ協議会」が立ち上がった。前年に埼玉県川越市で開催された全国町並みゼミに参加し、「蔵の町並み」に触発されたのがきっかけだった。早速、商店街を回って建物の景観を承継していこうと呼びかけたところ、みんな賛同はしてくれたが「金は誰が出すんだ」ということになった。

そこでいろいろ調べてみると、会津若松市には1992年という早い段階にできた景観条例があって、地区の地権者の3分の2の同意があれば協定を締結し、景観にかかわる修景費用の2分の1（上限150万円）の補助が貰えるということがわかった。

当時その制度は誰も使ってなかったので、市の担当者も喜んだという。この案を

持って、再び一軒一軒歩いてその許可を貰ったので一挙にまちなみ修景の気運が高まった。修景の基準は単純明快で、「建てたときの状況に戻す」こと。すでにアルミサッシやシャッターに変わってたところも、持ち主や年寄りの話から、「ここは木製の戸があった、壁はしっくいの壁だった」という話や昔の写真が出てきたりして、「建てたときの状況」をみんなで発掘しながら修景が進んでいった。→1-6 資金・資源の調達

重要事項説明にまちなみルール

43 グリーンヒルズ湯の山

　まちなみ維持のルールを居住者にどのように徹底させていくかは、さまざまな団地で課題となっている。
　グリーンヒルズ湯の山では下水処理の関係で全員加入となっている管理組合の規約にまちなみに関するルールを規定し、販売時の重要事項説明として管理組合規約を説明することで、居住者にまちなみ維持形成への意識を植え付けている。

→3-5 新規居住者への情報伝達

地区計画を補足するガイドライン

………… 22 青葉美しが丘

　地区計画の策定議論の中で、建築協定で築いてきた住環境の維持・保全の良さを継承するためには、地区計画には盛り込めない「建築行為を行う場合に配慮すべき事項」についても対応する必要があるとの声があがった。
　そこで、今まで維持してきた建築協定時代からのルールを体系的に整理し、「街並みガイドライン」として新たにまとめた。そして、そのガイドラインを運用する組織として「青葉美しが丘中部地区計画街づくりアセス委員会」を発足させ、地区計画と連動したまちなみ環境保全の整備を行うようになった。

青葉美しが丘中部地区『街づくりハンドブック』表紙

まちなみ保全の客観的ルールをつくる

………… 37 ワシントン村

　ワシントン村では時代状況の変化に伴う販売戦略の変更により、当初の開発理念から離れた開発手法を事業者が採ることになり、このまま開発が続くとまちなみや景観保全が担保できないという強い懸念が持たれた。
　そこで管理組合は開発主である兵庫県企業庁と交渉し、まちなみや景観を保つための「ワシントン村街区まちなみ景観形成基準」の策定を議論した。一方で、

2010年に三田市は景観都市宣言をして景観計画をつくる時に一つのモデルとしてワシントン村に注目していた。

　管理組合では、このような市の動向を捉えて、客観的な基準を整備するために市から予算を取ってもらい、地区内のすべての家の外壁の明度・彩度について調査を行い、兵庫県企業庁も巻き込んで基準の整理および見直しを行い、最終的には市の条例として「景観計画」が制定された。

10-6　地域に即したルール

「アパート協定」を締結

······················ 30 新海浜

　新海浜ではワンルームの単身者向けのアパートが建設され、違法駐車、ゴミ、騒音など生活環境の悪化が問題となった。これに対して住民生活規則を設け、駐車や騒音等のルールを定めたが、その後もアパート建設が続々と申請される事態となったため、住民のほとんどが参加してアパート建設反対運動を展開した結果、建築確認申請の取り下げに至った。

　翌年、アパート業者、地主、自治会の三者で「アパート協定」を締結し、すでに建設されたアパートの管理を業者が責任を持って行うこととなった。また、特約事項を改正し、今後のアパート建設を認めないこととした。

生活問題を県の条例で解決

······················ 30 新海浜

　琵琶湖のほとりの新海浜水泳場では、以前よりレジャー利用が盛んであったが、水上バイク愛好家の増加とともに、騒音や排ガスが問題となり、また水上バイク置き場や浜への進入路として樹木が引き倒される等のマナー違反が見られるようになり、地域一帯の生活環境に影響が出るようになった。

　そこで、自治会が中心となって問題解決に取り組み、行政や警察、水上バイク関係者との話し合いを行った結果、車両による植生破壊の防止、ゴミの持ち帰りなどのマナー向上、利用時間や利用エリアの限定などを盛り込んだ「新海浜ルール」を試行したが、期待した成果は得られなかった。

　そのため、行政など関係者への働きかけを続け、2002年、滋賀県により「琵琶湖のレジャー利用の適正化に関する条例」が制定された。条例により問題が完全に解決されたとは言えないが、緑の破壊という個別の敷地で始まった問題を、琵琶湖湖岸全体の環境に関わる問題としてとらえ、行政レベルで条文化することで、まち全体の問題として認識することができるようになった。→2-5 行政との連携

管理規約の細則で少ない駐車場を回す

………… 21 フォレステージ

　フォレステージには、管理組合の共有地として8台分の共同駐車場がある。各住宅には1台分以上の駐車場があるので、この共同駐車場は2台目や3台目を置く場所として利用されているが、その利用法については最初はルールらしきものがなかった。しかし、1軒で2台分借りるお宅が出たりして、それは平等の観点からするとよくないのではないかということで、駐車場利用のための管理規約の細則がつくられるようになった。

　毎年12月末に、共同駐車場を利用したい人の希望をとり、8人を超える人が駐車場を希望すると、あぶれた数だけ古くから駐車している人が順番に出て行き、自分で近くに駐車場を借りる、というルールだ。ただし、駐車場を探す猶予期間3カ月をとって、3月末時点で移動が行われる。またルール上は、希望者が8人を超えなければ、複数台駐車でき、組合外の人も駐車できるようにもしている。

「準専用地」による統一感あるまちなみ

……………………… 18 垳の丘

　一般的な住宅地では、家が建っている私有地と、道路公園といった公有地の境界がはっきりしているため、私有地は個々人により自由に管理がなされる。ただ、公有地に接した私有地の部分は、まちなみへのインパクトが大きく、個々の管理の仕方があまりにもバラバラだと、結果として統一感のないまちなみとなってしまいがちである。

　垳の丘では、団地全体の土地を共有地としながら、そこに各住棟のための私有地が設定されている。当然共有地部分の管理は管理組合が行い、私有地（垳の丘では「専用地」と呼んでいる）の管理は個人で行うが、「専用地」が「共有地」に面する部分を「準専用地」としている。

公共私と「準共用」で醸し出される豊かな緑環境

「専用地」と「共用地」の間に緩衝帯として「準専用地」を設けることで、「ここから
ここまでが自分の土地だ」という意識を取り払い、住宅地全体を居住者全員でま
ちなみ景観をつくり上げる意識を持てるような仕組みである。→3-4 気持ちを共有する
ための仕組み

10-7　基礎情報と将来計画

高木の巡回調査と将来植え替え計画

…… 45 青葉台ぼんえるふ

　青葉台ぼんえるふには、ケヤキ、モミ、クスノキといった巨木化する高木が100
本以上植栽されているが、これまでに、ケヤキ、モミ、八重ザクラ・センダンが台
風で倒れ、住宅や車輌の損壊寸前の危機に瀕したこともある。

　台風・雷等による倒木起因の損害に対する公的救済制度はないため、管理組合
法人では、平成26年度から毎年度、専門業者と団地内全高木を巡回調査し、台
風襲来前に高木強剪定と枯木伐採を実施している。こうした状況を踏まえ、住宅
や駐車場直近の共有地では、サクラなどの花を咲かせる高中木を除き、高木を原
則撤去し低木に植え替える計画を立てている。

「終の棲家」としてのコンセプトを共有

… 01 スウェーデンヒルズ

　スウェーデンヒルズは、別荘として購入されているケースもあり、住まいに対す
る思いがバラバラなのではないかという課題があった。

　そこで、現在の住まいが「終の棲家」としての住宅地になりうるかについてアン
ケートを取り、改めてスウェーデンヒルズが「終の棲家」であるという目標を示し、
居住者の意識づけを行った。→3-4 気持ちを共有するための仕組み

GISでの住宅地管理の試み

……… 06 フィオーレ喜連川

　開発後20年を経て、汚水処理施設、温泉施設、テレビ共視聴施設、調整池、緑
地・緑道等に関する施設管理の課題、高齢化に伴う移動手段等の交通問題、また
災害時の要支援者のサポート方法などの課題が顕在化してきた。

　住宅地を取り巻く自然環境や社会環境、居住者属性や要支援世帯の把握、管
理施設の現状などをデータベース化し、さらに地図として可視化し共有化できる
システム（GIS：地理情報システム）を導入して、現状把握と今後の対策検討を進めつ
つある。当面、情報を地図情報として一元化することにより、今後予想される空き
家・空き地の課題に対応する予定である。→3-3 ITを駆使する

地区計画で予防的なまちづくりを

............................38 尾崎

　赤穂市尾崎では、防災のための道路拡幅が進んでいく中で、次なる課題が持ち上がっていた。このエリアは都市計画的には、第一種住居地域という比較的ゆるい土地利用規制が適用されていたので、転出した家屋の跡地に地域にふさわしくない大規模な建物が建つ恐れが出てきた。

　一方で、「尾崎のまちを考える会」で行ったアンケートでは、多くの人が、静かで安心して住めるまちがいいと答えていたこともあり、考える会の「まちなみ部会」で、地区計画の策定を3年がかりで行った。

　1年目はまず、地区計画の勉強会や土地利用のルールの必要性を認識し、「尾崎のまち・みんなのルール10か条」を作成し、翌年には地区計画に関する地元アンケートを実施し、その結果をまとめて地元案を作成して提案を行い、それをもとに都市計画審議会で審議され、地区計画策定の運びとなった。

まずは「高齢者のゴミ出し支援」から

...................14 布佐平和台

　布佐平和台では、2010年に全世帯を対象に、これからの自治会のあり方についてのアンケートを行った。

　この結果をもとに、まちづくりに興味のある居住者有志に呼びかけて、高齢化や人口減少、団塊世代の大量退職、働き方の多様化などに応じた、住みよいまちづくりのあり方を検討する「FH未来プロジェクト」を立ち上げ、緊急性が高いと判断された高齢者のゴミ出し支援から検討を始めた。→6-1アンケートを活用

まちの将来像を区民総会で決定

............50 大城花咲爺会

　大城では、花好きの55歳以上が集まって組織された花咲爺会が、地域の美化活動を行っていた。この活動が、地域の人々からの認知を受けるとともに、花咲爺会が考えるまちの将来像を共有することを目的として、大城花咲爺会メンバーの地域づくりへの思いが結集した「大城の地域づくり構想」を自治会役員会へ提案し、2001年の区民総会で決定された。

　地域づくり構想は「花と緑に囲まれた芸術の里づくり」を基本理念として、県と村にやって欲しいこと、自治会、区民がやるべきことを定めてある。県道146号を芸術作品のある通りとして美化・整備し彫刻を飾る、「我が家は芸術品」運動を推進するなど、景観づくり、人づくり、ものづくりについて努力目標が具体化されており、花咲爺会は区民全体の共通認識の下で活動できるようになった。

2

「住まいのまちなみコンクール」
受賞団体の活動

「住まいのまちなみコンクール」の概要

　「まちコン」と呼称されている「住まいのまちなみコンクール」は、平成17年(2005)からスタートした、住宅生産振興財団が主催する年間コンクールである。国土交通省が毎年6月に実施している「まちづくり月間」の主要関連行事として、最優秀団体には国土交通大臣賞が授与されている。

　「良好な住環境・まちなみの啓発」を目的として実施されるものであるが、大きな特徴は、そこに住み、活動する住民組織を顕彰するところにある。

　まちなみは、事業者や住宅メーカーがどんなに計画的に工夫された住宅地を開発しても、そこで完成するものではない。実際にそこに暮らす住民自身が日々まちを育てていかなければならない。自分の家の周りだけでなく、住宅地全体を取り巻く環境、地域の人々とのつながり、それらを育み、維持していこうという目的意識を持った活動が必要とされるのである。

　このコンクールの受賞団体は、それぞれ異なる自然環境、成り立ちにありながら、特徴的なまちの個性を育ててきたとして、有識者、国土交通省からなる審査委員会による現地調査、審査会を経て決定される。

　さらに、年度ごとの単なるコンクールに終わることなく、その後の連携を「まちネット」に発展させるべく、位置づけている。

　平成30年度(2018)第14回の概要は下記のとおり。

　毎年の募集案内、概要詳細は、住宅生産振興財団HPにて掲載。

　http://www.machinami.or.jp/

応募対象
30戸以上(事情により概ね20戸以上でも可とする場合もある)の戸建て住宅を中心に構成され、良好な景観が形成されている一体的な住宅地(伝統的建造物群保存地区を除く)において、概ね10年以上(緩和条件別途あり)にわたって住民主体で適切な住まいのまちなみの維持管理活動を行っている団体。

応募者の資格
①地域の維持管理活動を行っている団体であること。たとえば町内会、自治会、管理組合、建築協定に基づく運営委員会、地域NPOなど。
②法人格の有無は問わないが、活動の根拠となる規約などが文書化されていること。

表彰の内容
国土交通大臣賞：1点／賞状、住まいのまちなみ賞：4点／賞状
受賞5団体に対しては、維持管理活動の推進のための調査検討経費を3年間支援する(50万円／1団体・1年当たり)。

審査委員
藤本昌也(委員長　建築家、日本建築士会連合会名誉会長)
上山良子(ランドスケープアーキテクト、長岡造形大学名誉教授・前学長)
大月敏雄(東京大学教授)
齊木崇人(神戸芸術工科大学学長)
廣瀬隆正(国土交通省大臣官房技術審議官)
眞鍋　純(国土交通省大臣官房審議官)
森まゆみ(作家、編集者)

「住まいのまちなみコンクール」の実施概要(平成30年度(2018)第14回より)

「まちネット」——情報共有と人の交流

　コンクールの受賞団体は、それぞれのまちの維持管理に関わる課題に向き合い、さまざまな活動に取り組んで成果を上げている。しかし、そこで培った知恵やアイデアが共有される機会はほとんどないに等しいものであった。戸建住宅地では、マンション管理のようにそのための基本法もなく、それぞれの住宅地の個別事情に応じながら、まさに孤軍奮闘の状況下である。

　当初は毎年6月のコンクール授賞式のあと、当該受賞団体と過去の受賞団体の役員や主要メンバーが一堂に会して交流会を開催してきた。そこでは、藤本昌也審査委員長による講演や大月敏雄審査委員のコーディネートによるワークショップなどを実施してきた。

　さらにその後の懇親会は、出席者の方々相互のざっくばらんな情報交換の場となり、関連資料の提供や、お互いの住宅地を訪問視察するような関係が育ちつつあった。

　そこでこれを機会に、受賞団体だけでなく、他団体とも連携できるように、「交流会の懇親会のような場」を恒常的に設けることとなった。そこで、2009年6月1日「すまいのまちなみネットワーク」（通称まちネット）が設立された。

　「まちネット」は、左記「まちコン」受賞団体を正会員として、その他「まちなみ維持管理を勉強したい人」などの入会を募っている。正会員は、2018年5月現在60団体。

　事務局は、住宅生産振興財団内に置き、会員情報や活動報告書などは、下記Webサイト「すまいのまちなみネットワーク　会員情報」よりアクセスできる。

http://www.machinami.or.jp/pages/machinet_members.shtml

　「第2部」では、第1回から第10回の「まちコン」で受賞された正会員50団体の活動を紹介する。

※第2部に掲載した街区図は国土地理院地図データ（2013）をベースに作成した。

「まちネット」でのワークショップの様子（2017）

| 01 | 所在地
北海道石狩郡当別町 | 地区名
スウェーデンヒルズ・ビレッジ地区 | 戸数
101戸 | 世帯数
101世帯 | 入居開始年
1985年 |

スウェーデンヒルズ・ビレッジ地区建築協定運営委員会

町、管理センター、町内会、建築協定運営委員会の連携でまちなみを守る

まちなみ俯瞰。北海道の雄大な自然環境との共生を図っている

　スウェーデンヒルズは札幌市の通勤圏内、石狩川を渡った先に位置する当別町獅子内丘陵地帯の豊かな自然が残る場所にある。ビレッジ地区、イースト地区、ウエスト地区から成り、1985年に分譲が開始し、1995年から翌年にかけてまちなみが形成された。

　開発は、1972年に石狩新港建設が国の計画として決定されたことがきっかけで、この時に課題となったのが後背地に立地する諸企業の従業員の住宅地問題であった。人と自然が豊かに調和する理想の北方圏型住宅地を目標とし、開発が始まった。

　北海道に適した住宅をつくるために、カナダ、北米、北欧など気候条件が似た地域の視察が行われた結果、木材を多用し、断熱性がすぐれ、屋根勾配などまちなみに統一性を与えているスウェーデンの住宅を手本とすることになった。

　雄大な自然の景観を残そうと、開発面積300haの半分をゴルフ場、残りの150haを住宅地とし、そのうち100haを緑地として保全、50haを宅地利用としている。自然環境との共生をコンセプトに据え、造成は現地形遵守を基本とし、なるべく背割り宅地を避けて公園や緑地が配置された。

　道路はクルドサックを基本とし、住宅は建築協定に基づくスウェーデン住宅である。電線地中埋設など、広い自然に囲まれる北海道の風土に合わせて、ランドスケープの視点も取り入れられている。

　人間と自然と都市が調和した静かな暮らしが享受できる一方で、スウェーデンにちなんだ文化活動も盛んであり、開発会社が設立した管理センターによるきめ細かいサポートが充実している。

用途地域 都市計画区域内、用途地域無指定 **地区面積** 約13.9ha	**計画者** 三菱地所（設計監理） **事業者** スウェーデンハウス **開発形態** 開発許可 **共有地** — **共有物** サイン施設、交通標識、防犯灯、放流構、ゴミステーション、防雪柵	**組織形態** 建築協定に基づく運営委員会 **構成員** 協定区域内の全世帯	**建築協定** 1985年開始、2回更新、2007年廃止、区域統合し新協定開始 **地区計画** — **緑地協定** — **その他まちなみのルール** —

スウェーデン住宅が建ち並ぶ　　　　　　　　　　　冬期のまちなみ

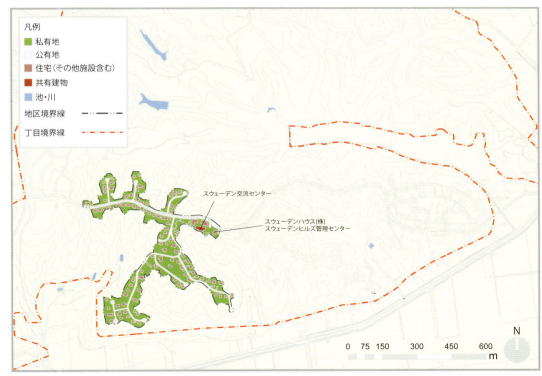

141

02

所在地	地区名	戸数	世帯数	入居開始年
秋田県秋田市	新屋表町通り	約125戸	約125世帯	—

特定非営利活動法人新屋参画屋

住民、大学、事業者、行政が参画して多彩な地域資源をつなげたまちづくり

改修され、まちづくりの拠点の一つとなっている新屋参画屋

新屋地区は秋田市西南、雄物川河口の左岸に位置する。江戸時代には川湊が築かれ、秋田—酒田間の宿場町として栄えた。西側の丘陵沿いを南北に通る羽州浜街道(酒田街道)と、その東側を平行に通る新屋表町通りがまちの骨格を構成し、通り沿いには切妻屋根、妻入、小羽葺、2階建てを特徴とした町屋や酒蔵が建ち並んでいた。

こうしたまちなみは、1814年と1886年の大火で多くが失われたが、現在3つの国登録有形文化財の建物、町屋7棟(周辺も含め15棟)、蔵17棟(同20棟)、社寺、歴史的な雰囲気の古い建物が点在する。湧き水が流れ出る場所もあり、往時の雰囲気が漂う。

地域における景観まちづくり活動は、住民、大学、事業者、市が協働するかたちで展開され、景観まちづくりガイドラインの策定や、愛宕下地蔵湧水広場整備計画の策定などへとつながっていった。

現在は、羽州浜街道の三叉路に位置する建物「新屋参画屋」をまちづくり活動の拠点の一つとしている。この維持管理およびまちづくりイベント事業の実施を目的にNPO法人を立ち上げ、ものとまちの魅力を楽しむイベントの実施や、「新屋鹿嶋祭」「新屋水祭り」など他団体とのコラボレーションにも積極的に取り組んでいる。

2012年6月には市に対し、他団体と連携して表町通りの中心に位置する新政酒造跡地の買取りおよびまちづくりの提言を提出した。これを受け、市は新屋まちづくり基本構想の策定に至り、地域資源と歴史を活かしたまちづくりが広がりを見せつつある。

用途地域	計画者	組織形態	建築協定
商業地域	—	特定非営利活動法人（NPO法人）	—
地区面積	事業者	構成員	地区計画
約1.0ha	—	任意（正会員（個人会員、市民活動団体、一般団体会員）、協力会員）	—
	開発形態		緑地協定
	—		—
	共有地・共有物		その他まちなみのルール
	—		新屋表町通り景観まちづくりガイドライン

国萬歳酒造（国登録文化財）

ひろ建築工房（国登録文化財）

味噌・醤油を扱う森九商店（国登録文化財）

143

| 03 | 所在地
福島県伊達市 | 地区名
諏訪野 | 戸数
288戸 | 世帯数
258世帯 | 入居開始年
1995年 |

団地管理組合法人諏訪野会
住民発意のきめ細かなルールに裏打ちされたまちなみ

まちなみ鳥瞰

福島市摺上川に面し、季節に色づく自然豊かな郊外に位置する。水循環を住環境に取り入れ、緑豊かでゆとりある居住環境を創造する環境共生モデル団地を目標とし、計画段階から建築家宮脇檀や都市計画家、開発事業者など多くの専門家が参画した住宅地である。

「住民が主体となって環境共生を図ることでまちのコミュニティを構築する」ことを目標に開発計画が始まり、これを受けて「和み、語らいのあるまち」をコンセプトに、福島県住宅生活協同組合が1994年に第1工区の開発に着手。以後第2、第3工区(現、1丁目、2丁目、3丁目に該当)を開発し、丁目ごとに一人協定を設け、全288区画が完成した。

宅地構成は、5〜10区画の宅地がコモン(広場兼道路)を囲み、全36コモンのクラスター(葡萄の房)構成である。玄関はみなコモンを向き、「向こう三軒両隣」に象徴される地域コミュニケーションを誘発している。また、外周道路と宅地内道路の舗装を異なる色にすることで、外部からの交通を抑制している。舗装は浸透舗装とすることで雨水を地下に還し、雨水利用を取り入れている。

地区計画に定められた建物用途や高さ制限、壁面後退などに加え、開発当初の理念である環境共生モデルを維持するために、住民主体で運営するきめ細かなルールによって裏打ちされた、景観とコミュニティの継承を図っている。

親水公園は子どもたちと自然のふれあいの場となっている。

用途地域
第一種低層住居専用地域

地区面積
約12.6ha

計画者
宮脇檀建築研究室

事業者
福島県住宅生活協同組合

開発形態
開発許可

共有地
集会所の土地

共有物
集会所、共聴アンテナ、太陽光発電

組織形態
団地管理組合法人

構成員
区域内の全世帯

建築協定
1995年開始、2007年緑化景観協定と統合

地区計画
1996年決定

緑化景観協定
1995年開始、2007年建築協定と統合

その他まちなみのルール
生活ガイドブック

コモン広場。子どもたちが安心して遊ぶことができる

| 04 | 所在地 福島県会津若松市 | 地区名 七日町通り | 戸数 約90戸 | 世帯数 90世帯 | 入居開始年 — |

七日町通りまちなみ協議会

まちの歴史を残す強い意志がまちに広がり、
息の長い活動により空き店舗活用でまちを活性

大正、昭和初期の洋館が連なる上の区

会津若松市は、会津藩の城下町として繁栄したまちである。武家屋敷などは戊辰戦争で焼失し江戸時代の建物は数えるほ

下の区商店街のまちなみ景観

七日町浪漫デッキ

どしか残っていないが、七日町通りには明治以降の歴史的な建物が数多く残っている。

七日町通りは全長約800mの長い通りである。便宜上、大きく3つの地区に分けられているが、七日町通りの全地区が会津若松市景観条例に基づく景観協定の認定を受け、歴史的な建物やまちなみの復活をめざし、保存・修景事業に取り組んでいる。

通り沿いの歴史的な建物は広告物などを取り除くことによって本物を見せることを軸とし、新しい建物は無理やり歴史的な建物に見立てるようなことはせず、調

和を図ることを基本としている。

地域住民のふれあいの場の提供と潤いのある生活空間づくりにも力を入れており、人々の営みを感じることのできるバランスのとれたまちづくりが図られている。

用途地域	計画者	組織形態	建築協定
第二種住居地域、商業地域	—	景観まちづくり団体	—
地区面積	事業者	構成員	地区計画
約18ha	—	任意	—
	開発形態		緑地協定
	—		—
	共有地		その他まちなみのルール
	—		会津若松市景観条例に基づく景観協定（旧七日町、七日町通り下の区、七日町中央町の3地区に分けて町並み協定締結）
	共有物		
	デッキ付共同駐車場・ポケットパーク		

下の区の七日町レンガ通りはイベント会場にも使用

147

| 05 | 所在地
福島県いわき市 | 地区名
いわき市中央台鹿島三区 | 戸数
約560戸 | 世帯数
約560世帯 | 入居開始年
1992年 |

いわき市中央台鹿島三区自治会

建築・緑地協定により良好な景観と住環境を実現しているニュータウンで、
祭りや防災で帰属意識を育む

協定により統一感の図られているまちなみ

福島県いわき市のいわきニュータウンは、1976年の事業着手以来、地域振興整備公団(現UR都市機構)が事業主体となり、福島県およびいわき市が協力して事業を進めた。中央台鹿島三丁目はその中央部に位置する第2住区「鹿島地区」の一部で、北側に約70haの県立いわき公園が隣接する。景観形成と良好な住環境の維持を目的に、街区には建築協定と緑地協定が設けられている。

中央部には銀河鉄道をテーマとしてつくられた全長371mの鹿島緑道「サザンクロスプロムナード」があり、その両側に洋風住宅が建ち並ぶ。サザンクロス最北部の東隣には、設計コンペにより街区単位でトータルコーディネートされたプロムナードタウンもある。

自治会、行政、地元住民の団体がともに協力することで、草刈りや花壇の手入れ、落ち葉拾いなどを行いながら、公園・緑道などの維持管理に取り組んでいる。

高台からまちを見下ろす

プロムナードタウンのゲートツリーとハンプ

用途地域	計画者	組織形態	建築協定
第一種低層住居専用地域	いわき市	自治会	1992年開始
地区面積	事業者	構成員	地区計画
約32ha	地域振興整備公団(現、UR都市機構)	区域内の全世帯(会費を徴収)	—
	開発形態		緑地協定
	いわきニュータウン開発整備事業		1992年開始
	共有地		その他まちなみのルール
	—		—
	共有物		
	中央台鹿島パークセンター		

銀河鉄道をテーマにしたサザンクロスプロムナード

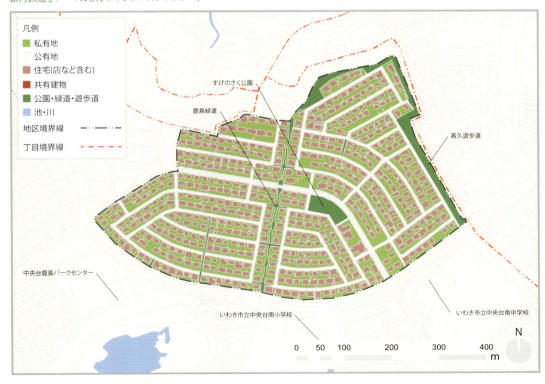

| 06 | 所在地
栃木県さくら市 | 地区名
フィオーレ喜連川 | 戸数
670戸（総区画数1,117戸） | 世帯数
670世帯 | 入居開始年
1992年 |

フィオーレ喜連川管理組合

GIS（地理情報システム）により住民が自分たちの情報を
自らマネジメントしてまちづくりを推進

「建築・まちづくりデザインルール」により、個性的かつ多様でありながら、まとまりのあるまちなみ

喜連川町は足利氏の城下町として繁栄し、江戸時代には旧奥州街道の宿場町として栄えた。その中心から北へ約2kmの場所に、温泉付き大規模林間住宅地として開発された。

総区画数は1,117戸（約670戸が建築済み）で、シンボルツリーがあるクルドサック道路や、木々の間のゆったりした敷地に建てられた個性豊かな家々がまちなみを形成している。

1992年の販売と同時に建築協定が締結され、建築物の敷地、位置、構造、用途、設備等の基準が設定されていた。現在は協定の有効期間を終えたため、協定に代わって「建築・まちづくりデザインルール」が定められており、管理組合内の委員会が柔軟性ある運用を行っている。

運動会、夏祭り、コンサートなどさまざまなイベントを通じた住民交流活動も充実しており、コミュニティの形成は図られているが、完成から20年以上を経た現在は、施設管理の問題や高齢化に伴う問題などが現れ始めている。これに対しさまざまな問題や環境をデータベース化し、地図として可視化・共有化できる地理情報システム（GIS）を導入しており、経験と情報を組み合わせた新しい住宅地マネジメントに力を入れている。

シンボルツリーがあるクルドサック道路

用途地域
—

地区面積
約82ha

計画者
東日本旅客鉄道

事業者
東日本旅客鉄道

開発形態
宅地造成事業

共有地
—

共有物
汚水処理施設、温泉施設、テレビ共視聴施設、防犯灯、緑道、看板、管理組合事務所

組織形態
管理組合

構成員
区域内の全世帯

建築協定
1992年開始、2012年廃止

地区計画
2014年決定

緑地協定
—

その他まちなみのルール
管理組合規約(「建築・まちなみデザインルール」として建築協定の内容を盛り込んでいる)

自然豊かな林間住宅

151

| 07 | 所在地
茨城県守谷市 | 地区名
オーナーズコート守谷 | 戸数
40戸 | 世帯数
40世帯 | 入居開始年
1992年 |

オーナーズコート守谷・維持管理組合

緑道と4つのコモン広場が結ぶコミュニティ

コモン広場。住戸はお互いの気配がわかるようにレイアウトされている

　茨城県南部に位置し、住宅・都市整備公団が開発を進める常総ニュータウンの中で最大規模を有する北守谷地区の一角にある建売分譲の団地である。1991年に設計コンペが行われ、ミサワホームが事業を手がけた。

　計画上の特徴は、南北に長い敷地を結ぶ緑道と、4つの広場である。

　密度高くお互いの気配が伝わるような住戸のレイアウト、形態、道路舗装、植栽など、ディテールまで細やかなデザインがなされている。

　守谷市が緑豊かな環境を維持することを目的として定めた「緑の街づくり協定」に同意しているほか、建築協定を定め、生垣と建物後退について規定している。

　緑道の敷地を南北に貫く送電線の下には東京電力により地役権が設定されており、送電線が個人の宅地内を通る場合にも一部地役権が設定されている。

　緑道と4つの広場は市に移管しているが、それらの維持管理を主な目的として、美しく住み良いまちなみを維持していくために、1994年に当時の全36世帯で「緑のまちづくり宣言」を掲げ、維持管理組合を結成。年間を通して緑道や広場の植栽の管理を行っているほか、共有物であるベンチ・花壇などの修理も行っている。

　2007年度より、市が実施している「公園里親制度」活動にも参加しており、鉄塔広場へのプランターの設置や、公園の清掃美化活動を積極的に進めている。

　団地を南北に貫く緑道と4つのコモン広場は居住者の憩いの場となり、子どもたちの成長を見守っている。

用途地域 第一種低層住居専用地域 **地区面積** 約0.95ha	**計画者** ミサワホーム **事業者** ミサワホーム **開発形態** 開発許可 **共有地** — **共有物** 工作物（ベンチなど）、樹木、電灯、インターロッキング	**組織形態** 管理組合 **構成員** 区域内の住民	**建築協定** 1991年開始、2回更新 **地区計画** — **緑地協定** — **その他まちなみのルール** 緑のまちづくり宣言、緑の街づくり協定（守谷市）

高圧線鉄塔用地（鉄塔広場）の景観

緑多きフットパス

広場に設置されたプランター

整備された街灯

| 08 | 所在地
茨城県稲敷市 | 地区名
光葉団地 | 戸数
396戸（定住者337戸、セカンドハウス59戸） | 世帯数
337世帯 | 入居開始年
1994年 |

光葉団地自治会

高齢化率50％という社会で自然と生まれた豊かなコミュニティ

中央公園

1994年から伊藤忠商事が分譲住宅地として開発していたが、バブル経済崩壊の影響を受けて事実上撤退した。その後、1998年からミサワホーム茨城が事業に参画し、ターゲットやコンセプトを見直して現在に至っている。

開発にあたり掲げた新たなコンセプトは、霞ヶ浦に近接する風光明媚な立地環境を生かして「ゆったりとわたし流」であった。広く首都圏一円をターゲットとし、ゆったりと暮らせる永住型のリタイアメントコミュニティを形成しようというもので、このため新たに開発許可が取得され、道路計画、区画割の変更が行われた。

退職世代の需要が予想以上に強く、入居者の8割がリタイア層である。

住宅は、広い敷地をもつ平屋タイプの建物を主とし、オープン外構で、隣近所との距離感の近いコミュニティ空間が実現されている。

地区名称は当初「イトーピアあずま」（その後「ヒルズガーデンあずま」）であったが、自治会発足を契機に住民の公募がとられ、「光り輝く葉」という地域の地名をとって現在の名称になった。

団地内をセカンドハウスとして利用している人も多く、また、高齢化率50％にも関わらず、居住者の活動は熱心・活発である。団地の景観維持活動やさまざまなコミュニティ活動、周辺地域との交流など、多彩で生き生きとした交流が自然と生まれている。

シンボルロード

用途地域 — **地区面積** 約22.5ha	**計画者** 伊藤忠商事、ミサワホーム **事業者** 伊藤忠商事、ミサワホーム **開発形態** 開発許可 **共有地** コミュニティ広場(元浄化槽用地)、 CATV共同アンテナ跡地 **共有物** 集会所建物、街路灯施設	**組織形態** 自治会 **構成員** 区域内の全世帯(会費を徴収)	**建築協定** 1995年開始、2回更新 **地区計画** — **緑地協定** — **その他まちなみのルール** —

大区画のまちなみ。オープン外構でゆったりとしている

| 09 | 所在地 茨城県桜川市 | 地区名 真壁地区 | 戸数 約400戸 | 世帯数 — | 入居開始年 — |

茨城県建築士会桜川支部

歴史的なまちの建築士会を中心とした地場事業者たちによるまちなみづくり

江戸時代末期から昭和初期にかけての建物が残るまちなみ

桜川市は、2005年に岩瀬町、真壁町、大和村の二町一村の合併により誕生した。真壁地区は旧真壁町のエリアを指し、1600年頃に浅野長重が現在の町割りを完成させたと言われている歴史地区である。道路の道筋や幅員は、ほぼ当時のままに使われており、変形した十字路、途中で微妙に変化させ見通しがきかないようにした通りなど、江戸期の城下町特有の道の骨格が残る。

私有地も、間口の幅が狭く奥行が長い「うなぎの寝床」状の江戸期特有の区割りを残した土地が多い。家屋の配列も、道路に面した部分から見世・住居・中庭・蔵という江戸期の空間構成が数多く残る。

江戸時代末期から昭和初期にかけての建物が多数残る地区だが、旧真壁町が立てた「登録文化財を100件登録する」という目標がきっかけとなり、有識者や行政らが一体となって、1999年から国の登録文化財制度を活用した歴史的建造物の保存や活用が始まった。その後、6年間で104棟の登録答申を受けるに至り、その種類は、見世蔵、土蔵、町屋住宅、薬医門、長屋門、近代建築など多岐にわたる。

さまざまな主体により、まちなみづくりの機運は徐々に醸成され続け、地元建築士会である茨城県建築士会桜川支部が本格的なまちづくり活動を開始。専門家として参加し、行政、居住者団体、建築士会が一体となってまちなみ景観の向上に努めた結果、2010年真壁地区は重要伝統的建造物群保存地区の指定を受けている。

用途地域	計画者	組織形態	建築協定
第一種住居地域、近隣商業地域、商業地域	—	一般社団法人	—
地区面積	**事業者**	**構成員**	**地区計画**
約40ha	—	任意	—
	開発形態		**緑地協定**
	—		—
	共有地		**その他まちなみのルール**
	—		2010年重要伝統的建造物群保存地区に選定
	共有物		
	工作物、ゴミ置き場		

江戸期の空間構成を残す建物が現在も活用されている

真壁郵便局

板塀で景観に配慮

157

| 10 | 所在地 茨城県稲敷郡阿見町 | 地区名 ガーデンシティ湖南 | 戸数 915戸 | 世帯数 915世帯 | 入居開始年 1994年 |

南平台環境ボランティア
居住者の自発的な活動によって維持される豊かな緑と水風景

水彩の池。調整池の周辺には湖畔住宅が配置されている

霞ヶ浦南岸に位置するガーデンシティ湖南は、豊かな緑地と池に恵まれた広大な住宅地である。

まちの中の公園ではなく「公園の中にまちを育てる」というコンセプトの通り、敷地は小川のせせらぎや鳥の鳴き声にあふれている。住宅地のシンボルである湖南公園には水鳥が戯れ、開放的な湖畔は豊かな植栽に彩られている。

四季の路。住民により維持管理された美しいまちなみ

杜や散在する公園は、語らいとふれあいの場を居住者に提供する。植栽は地域の生態系に配慮した上で広葉樹を中心に四季の配色の美しさを表現し、既存樹木もランドマークとして極力残されている。

まちなみの維持管理は行政と自治会だけで行うのではなく、自治会員有志により発足したボランティア団体が連携をとりながら丁寧な緑地管理を続けている。

2007年には島津の杜D地区を対象に公園緑地里親制度の協定を行政と交わして主体的に緑地管理を行うなど、質の高い住環境づくりに対する意識がより一層強くなった。

この環境に惹かれた首都圏居住者の週末拠点にもなっており、近年は、当初から住む独居老人が退去する一方で新たな入居者もあり、緩やかな世代交代が始まりつつある。

用途地域 — **地区面積** 約49.1ha	**計画者** 日本新都市開発 **事業者** 日本新都市開発 **開発形態** — **共有地・共有物** —	**組織形態** ボランティア団体 **構成員** 任意（自治会会員）	**建築協定** 1994年開始、2回更新 **地区計画** — **緑地協定** — **その他まちなみのルール** —

まちの中心に位置する「島津の杜D地区」

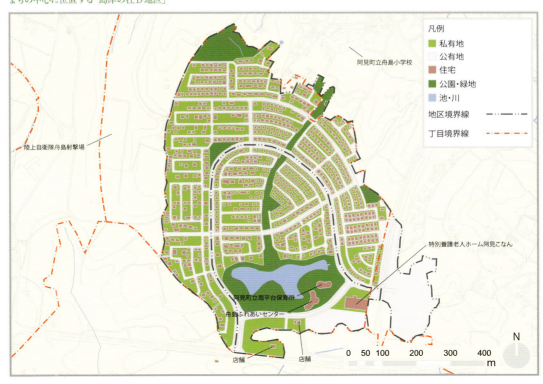

11	所在地	地区名	戸数	世帯数	入居開始年
	茨城県筑西市	旭ヶ丘	101戸	101世帯	—

旭ヶ丘自治会

5つの農業集落の災害集団移転でまちなみが形成され、
環境協定に基づき村の一体感を保つ

全戸が自主的に境界から30cm後退し、共通の土留めの外側には各戸で四季折々の花や植物を植えている

1986 年8月、台風10号が下館市(当時)を直撃し、特に小貝川と大谷川が合流する母子島・飯田・一丁田・椿宮・小釜の5集落が冠水する深刻な被害であった。これを機に5集落の恒久的な治水対策を図ることとなり、併せて堤防や遊水地などを整備する河川激甚災害対策特別緊急事業が行われることとなった。

旭ヶ丘は、この集団移転により誕生した住宅地である。移転地の盛土には沈下の起きにくい礫質土を用いて、表土には植物が植えられるように砂質土が用いられた。インフラ基盤の整備に加えて、集会所や公園も整備され、安全で潤いのある新しいまちが形成された。

筑波山を背景に水辺に映った朝日や紅に染まる夕雲など、変化に富むその風景は写真撮影のポイントとして多くの人が訪れる場所でもあり、地域の景観はここで暮らす人々の誇りになっている。

旭ヶ丘ではまちなみ景観を維持するために、生垣の高さは揃えるかたちで刈り込んでいる。また、生垣は土留めの内側から一定の距離をとって樹木を植えているほか、生垣およびブロック塀の高さも定めている。

宅地については、建物などを建てる場合の官民境界および民民境界の間隔も定めることで、心地良く生活することができる居住環境づくりをめざしている。

各戸の周囲は四季の花で彩られているが、これは住民による自主的なものであり、そのことからもまちなみに対する意識の高さをうかがい知ることができる。

用途地域	計画者	組織形態	建築協定
—	—	自治会	—
地区面積	事業者	構成員	地区計画
約14.4ha	旧建設省関東地方建設局下館工事事務所	区域内の全世帯（会費を徴収）	—
	開発形態		緑地協定
	河川激甚災害対策特別緊急事業（集団移転）		—
	共有地		その他まちなみのルール
	—		集団移転地環境協定
	共有物		
	旭ヶ丘農村集落センター		

旭ヶ丘のまちなみ。美化活動により維持管理されている

外周道路沿い斜面には市の木「桜」が植えられている

自治会の活動拠点「旭ヶ丘農村集落センター」

161

| 12 | 所在地 埼玉県越谷市 | 地区名 こしがや・四季の路 | 戸数 21戸 | 世帯数 21世帯 | 入居開始年 1988年 |

こしがや・四季の路管理組合

緑と水が豊かなお屋敷の環境を活かした自主的なまちづくり

既存樹木が残る緑豊かな環境のまちなみ

　埼玉県越谷市に位置するこしがや・四季の路は、博進（旧、福井商事）が越谷市のアメニティタウン計画に基づき1987年に開発した21戸の分譲住宅地である。長期に住み続けられるまちづくりをコンセプトとして開発された。

　当初の団地名は千間台・四季の路であったが、1998年に土地区画整理事業によりその地名が馴染まなくなり、2009年3月の建築協定更新の際に現名称に変更された。

　開発当時は市街化調整区域内の既存集落の中にあり、300本以上の屋敷林に囲まれた旧家の屋敷であった。その樹木をできる限り残し、緑豊かな環境にするとともに、井戸水を利用した泉のある団地内の公園からボンエルフ道路に沿ってつくられた堀に水が流れ、まち全体にせせらぎがある景観をつくっている。

　開発当初から美しい景観や住環境を保全するために、開発事業者による建築協定、越谷市公共施設等維持管理協定、および埼玉県との緑の協定といったさまざまなルールが締結され、開発事業者は販売後も管理組合の設立や運営支援に関わっている。

　日本野鳥の会のミニバードサンクチュアリーの認定を受けたことが、住環境や緑地空間に対する居住者の意識向上につながり、1989年1月、居住者主導で管理組合が結成され、良好なまちなみを主体的に維持している。

泉のある公園

用途地域 第一種住居地域 **地区面積** 約0.6ha	**計画者** 莫設計同人(団地・環境計画) **事業者** 博進(旧、福井商事) **開発形態** 市街化調整区域の既存宅地開発 **共有地** 共同駐車場 **共有物** 共同浄化槽、共聴アンテナ、ゴミ置場	**組織形態** 管理組合、建築協定に基づく運営委員会 **構成員** 区域内の全世帯	**建築協定** 1988年開始、1回更新 **地区計画** 2001年決定 **緑地協定** 1988年緑の協定(埼玉県) **その他まちなみのルール** 管理組合規約、公共施設等の維持管理協定(越谷市)

ボンエルフ道路沿いのせせらぎ

163

| 13 | 所在地
千葉県佐倉市 | 地区名
佐倉染井野 | 戸数
約820戸 | 世帯数
720世帯 | 入居開始年
1992年 |

佐倉染井野緑地協定運営委員会

意欲的な居住者からなる緑地協定運営委員会と
専門家のサポートにより保たれた豊かな緑

第1期の和風住宅のまちなみ。通りを軸にまちなみが形成されている

佐倉染井野は千葉県最後の都市計画法における大規模開発により、開発規模約110万㎡、計画住戸数2,618戸で誕生した。まちは大林組と東急不動産により開発が行われ、インフラ・地区計画など共通部分の開発は共同であるが、分譲住宅地は両社が独自のまちづくりを行っている。当該地区は大林組が分譲し、1992年から2001年まで24期にわたって行われた。以後はまちなみを重視した建築条件付き分譲が行われている。

「邸宅と庭、それを優しく包み込む周辺の緑と調和し、美しい暮らしの情景を育むまち」として「邸苑の思想」をコンセプトに、まちづくりが行われている。地区計画、建築協定、緑地協定が定められているが、それとは別に各街区ごとに事業者の建設指針および緑化指針があり、良好な住環境をつくっている。修景は「四季と景観」をコンセプトとし、細かいストーリーのもと樹種の選定を行ってまち全体に緑を配している。また、通りごとにテーマを持ち、統一感を持たせた一つの風景をつくっている。

緑豊かな「邸苑の思想」に魅せられた居住者による厳格な組織運営と適切な専門家のサポートが大規模な緑地の共同管理を可能にしている。

緑地協定により緑を維持

用途地域
第一種低層住居専用地域、第一種住居地域

地区面積
約55ha

計画者
大林組

事業者
大林組

開発形態
開発許可

共有地・共有物
—

組織形態
緑地協定に基づく運営委員会

構成員
全世帯（会費を徴収）

建築協定
1991年開始（各区域で順次締結）、2014年全区域一括更新

地区計画
1998年施行、1999年地区計画区域内建築物の条例化

緑地協定
1994年開始（各区域で締結）、2011年新協定を全区域一括締結

その他まちなみのルール
建設指針・緑化指針（街区ブロックごと）、設計指針（建売街区）

道路の両側に植栽スペースを設け、道路空間の広がりと緑の潤いを演出　グリーンベルト

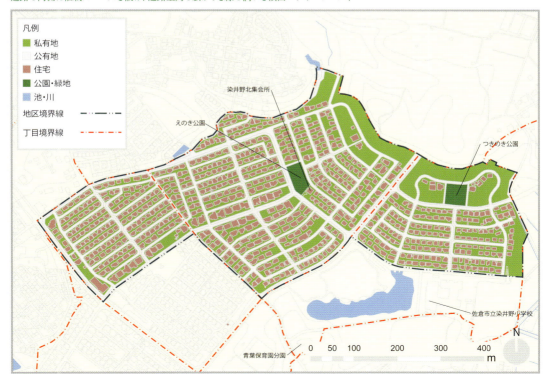

| 14 | 所在地
千葉県我孫子市 | 地区名
布佐平和台 | 戸数
1,395戸 | 世帯数
1,302世帯 | 入居開始年
1977年 |

布佐平和台自治会

郊外戸建て住宅地のまちなみを維持可能にするフレームづくり

植栽管理が行き届いたまちなみ

布佐平和台は、平和不動産が開発した総面積約56.7ha、総区画1,395戸の大型団地である。1区画平均200㎡の住宅地で、まちには約2万㎡の広さをもつ大型公園を中心に11カ所の公園、6カ所の緑地、線路沿いの遊歩道がある。

分譲は1976年に始まり、以降2000年まで全4期（1976、1982、1983、1984年）にわたり分譲が行われた。

建築協定は、第1〜第4住宅地区までの4つに分かれて認可されており、4つすべて更新を経ている。また、緑化協定は第1住宅地区を除く3つに分かれて認可されている。

自治会の発足は、第1住宅地区に居住者が概ね入居した1979年で、約1,300世帯という大きな団地であることから、22のブロックに分割し、各ブロックの理事により自治会を運営している。

まちなみの維持管理にあたっては、行政への建築確認提出前に自治会内部で事前審査を行うという目的をもった自治会建築協定処理細則を制定しており、すべての物件はその流れをとることになっている。

建築協定の更新に苦労しつつも、まち全体で協定の更新を成功させ、居住者中心のまちづくりに行政も協力して仕組みを構築。現在は高齢化に対応するため、自分たちで課題を見つけて、解決する活動を展開している。

用途地域 第一種低層住居専用地域 **地区面積** 約56.7ha	**計画者** 平和不動産 **事業者** 平和不動産 **開発形態** 宅地造成事業(第1)、開発許可(第2～第4) **共有地** ― **共有物** 集会所	**組織形態** 自治会 **構成員** 区域内の全世帯(会費を徴収)	**建築協定** 第1…1977年開始、3回更新 第2～第4…順次開始および更新 (第3は2004年廃止、2005年新協定開始)※第1～第4は住宅地区を指す **地区計画** ― **緑地協定** 第2～第4…1983年より順次開始、1993年より順次廃止。2005年第1～第4で新協定開始 **その他まちなみのルール** 建築協定処理細則

幹線道路沿いのまちなみ

| 15 | 所在地
千葉県浦安市 | 地区名
マリナイースト21碧浜 | 戸数
188戸 | 世帯数
181世帯 | 入居開始年
2002年 |

碧浜自治会

子どもを中心としたコミュニティで防災活動に取り組む

シンボルツリーが植えられた街区内道路沿いのまちなみ

碧浜のあるマリナイースト地区はJR京葉線新浦安駅の南側に位置し、都市整備公団が1972年から埋め立て事業を行ってきた大規模開発地域に属する。1988年頃にはリゾート地をイメージさせる街区道路も整備され、高層集合住宅や大学をはじめとする多くの教育施設も充実してきた。

碧浜はマリナイースト地区初の戸建住宅地として、「森に住まう」をコンセプトに、歳月とともに風格を増し価値の高いまちづくりをめざし、1999年に4.9haの事業コンペが行われ、ミサワホームと積水ハウスが共同事業を行うことになった。2001年造成に着手、先行植栽でシンボルツリーが街区道路に沿って植樹された。

事業者は開発に先立ち浦安市と協議し、2002年に建築・緑地協定を3者で締結した。さらに協定の細目を補足する「碧浜まちづくりルールブック」を作成し、住宅建設時の目安とした。2002年には入居が始まった。

海風の塩害を防ぐため宅地には常緑樹を効果的に配置しており、樹木がつくり出す微気候の効果により、夏涼しく冬暖かいという環境がデザインされている。

無電柱化を施したまちなみとなっており、住環境に対する居住者の満足度は高い。庭園灯は計画的に配置され、夜でも安心して歩くことができる。

生活環境を「守る」から「育てる」という意識に変え、まち全体を居住者一人一人の財産として捉えている。次世代を担う子どもたちにも景観への意識を持ってもらおうと、子どもを主眼においた活動も多い。

近年は、2011年に発生した東日本大震災以降、復興・防災活動に精力的に取り組んでいる。

用途地域 第一種低層住居専用地域 **地区面積** 約4.9ha	**計画者** ミサワホーム **事業者** ミサワホーム、東京ミサワホーム、千葉ミサワホーム、積水ハウス **開発形態** 開発許可 **共有地・共有物** —	**組織形態** 自治会 **構成員** 区域内の全世帯（会費を徴収）	**建築協定** 2002年開始、1回更新 **地区計画** 1999年決定 **緑地協定** 2002年開始、1回更新 **その他まちなみのルール** まちづくり基本ルール

子どもたちが安心して遊ぶことができる　　道路内植栽がまちを彩る

| 16 | 所在地
東京都台東区 | 地区名
谷中・上野桜木
及びその周辺 | 戸数
— | 世帯数
約5,500世帯 | 入居開始年
江戸前期より寺町となる |

NPO法人たいとう歴史都市研究会

伝統的建物を活かしながら、文化を地域に開く

使いながら維持・管理・活用されている「カヤバ珈琲」

　谷中・上野桜木地区は台東区の北西部に位置し、武蔵野台地の東端の上野台地から文京区との境をなす根津千駄木の谷に接する約83haの既成市街地である。

　江戸時代のはじめに隣接する上野の山に寛永寺がおかれ多くの寺が集まり、江戸城下町周辺部有数の寺町となった。明治以降も寺町の基盤を引き継ぎ、上野の森に開かれた博物館、美術学校の近代芸術文化活動を支える産業が育ち、芸術家も多く住んできた。

　震災や戦災でも大きな焼失を免れ、江戸から昭和にかけての各時代の町割りや道筋、歴史的な建物と暮らし、生活文化が重なりあっている。

　1998年、谷中三崎坂地区で急速に進んだ大規模マンション計画を契機に、地域全体で谷中のまちなみを考える機運が高まり、まちづくり憲章や建築協定の締結、そして谷中地区まちづくり協議会が設立された。

　そのような状況の中、地域の生活文化にあった家とまちなみを守るためにNPO法人が結成され、明治屋敷や大正町家などの歴史的建物や空き家を借り受け、手入れし、住み込みながら維持・管理・活用する活動が始まった。

　現在も町会や大学など地域のさまざまな組織と連携しながら、地域の家やまちなみの調査を行い、生活文化にあわせた提案やアドバイスを行い、地域の人々と一緒にこれからのまちづくりを考えながら、蓄積された知恵を次世代に伝える活動を展開している。

用途地域	計画者	組織形態	建築協定
第一種中高層住居専用地域、第一種住居地域、近隣商業地域 ほか	—	特定非営利活動法人（NPO法人）	2000年開始、1回更新
地区面積	事業者	構成員	地区計画
約83ha	—	正会員60人、賛助会員30人、友の会会員30人	—
	開発形態		緑地協定
	—		—
	共有地・共有物		その他まちなみのルール
	—		まちづくり憲章、谷中霊園入り口生け垣の管理協定

明治屋敷「市田邸」での餅つき会　　昭和初期三軒家を再生した「上野桜木あたり」でのマルシェ

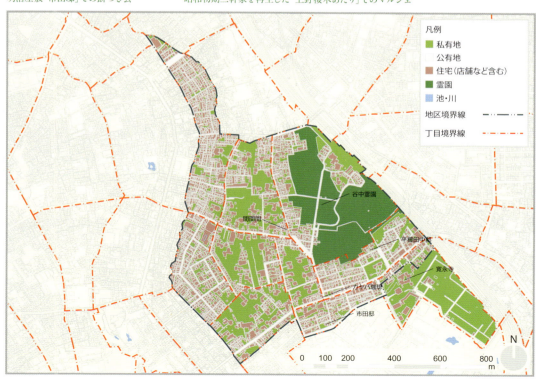

| 17 | 所在地 東京都練馬区 | 地区名 城南住宅 | 戸数 約170戸 | 世帯数 約170世帯 | 入居開始年 1924年 |

城南住宅組合
共同借地の精神に育まれたみどりのまちなみ

倶楽部前通りを北側から見る（写真：Y.U）

豊島園に隣接し豊かな緑が続く城南住宅は、大正末期に開発され95年の歴史を持つ住宅地である。「理想的郊外生活」を求める44人の同志により、借地組合である城南住宅組合が設立され、組合が12人の地主から土地を借り受けて、共同借地による住宅地として開発された。

住宅地開発を思い描いた組合発起人たちは、地方都市や農村部から大都市に出てきた地方出身者であり、組合創設当時のメンバーは親戚縁者、同郷人、職場関係者などの知人で、何らかの結びつきのある人々の集まりであった。こうした人間関係の気風が、借地組合という生活基盤に関わる組織の存続に大きな影響を与えてきた。

当初は「城南田園住宅」と呼ばれ、約7haに44区画の宅地からなる住宅地であった（その後、1937年に現名称に改名）。

完成当時から良好な居住環境の維持を考慮しており、敷地規模、建築、設備（井戸、便所、下水）、生垣や植栽などの外構に関する細かなルールを定めた規約細則を制定し、まちなみを維持してきた。

時代が進むにつれ、土地の個人所有化が進み借地は減り、また、宅地の細分化により、現在は敷地面積が約5ha、区画数が170余世帯と変容した。

しかしながら、戦後の住宅難や1980年代の土地バブル期を経た現在もなお、ほどよい距離感のコミュニティが形成されている。四季折々の豊かな植栽に彩られた景観は、共同借地という土地所有形態の精神が受け継がれたことにより守られている。

用途地域 第一種低層住居専用地域 **地区面積** 約5.1ha	**計画者** 小鷹利三郎、川路耕作、橘節男、平岡傳章、鼎義暁など有志数名 **事業者** — **開発形態** 共同借地 **共有地** — **共有物** 集会所	**組織形態** 民法組合 **構成員** 地区内居住者	**建築協定** — **地区計画** — **緑地協定** — **その他まちなみのルール** 組合契約、環境維持基本方針、すまいとみどりの指針、環境宣言、みどりの協定（練馬区）

地区南側のまちなみ

| 18 | 所在地
東京都町田市 | 地区名
埴の丘住宅 | 戸数
39戸 | 世帯数
39世帯 | 入居開始年
1981年 |

埴の丘住宅団地管理組合法人
コーポラティブでつくる緑の中の住まい

樹木が成長し、まるで森の中のようなまちなみ

東京都心から西へ30km、町田市の日当たりのよい南斜面に、静かで緑豊かな住宅地がある。入居希望者が自主的に集まり、土地取得から設計者、建設業者の手配までを自ら行うコーポラティブ方式による開発である。

1978年にコーポラティブ住宅団地建設組合が発足。丘陵の景観を失わないように、約25度の急斜面をそのまま活かして開発された。電線やTVケーブルはすべて地下埋設とし、建物は広場や緑地などの共用スペースを増やすために連棟式のタウンハウスとした。

敷地はもともと雑木林であったが、住宅地造成の際に雑木林の樹木が伐採されたため、入居後、計画支援者であるコーディネーターと居住者による話し合いの場がもたれ、住宅地に植樹する樹種や位置が決められた。

土地は共用持ち分とし、住居部、専用地、準専用地、共用地に区分して管理されている。準専用地とは、「建物専用庭に面していない部分の壁面から2mまでの敷地、玄関側のオーバーハング下、およびポーチへの階段部分」のことであり、専用地と共有地の間に緩衝帯を設け、樹種の制限、建築物の禁止などの取り決めを設けることで、統一されたまちなみが形成されている。

専用地の管理は所有者に任されているものの、工作物、置物などの制限があるほか、建物についても増改築の規制、色彩・材料、高さなどの制限を設けることで、まちなみの統一を図っている。

竣工から30年以上経った現在、樹木も大きく成長し、近隣からの散歩者も絶えることがない。

用途地域 第一種低層住居専用地域 **地区面積** 約1.1ha	**計画者** 自主建設促進協会 **事業者** ミサワホーム **開発形態** 開発許可による宅地造成事業 **共有地** 全敷地共有（分有型区分所有） **共有物** 集会所、埋設ケーブル	**組織形態** 団地管理組合法人 **構成員** 区域内の建物および土地所有者	**建築協定** 1982年開始、2002年廃止 **地区計画** — **緑地協定** 1981年開始 **その他まちなみのルール** 管理規約、共同生活細則

連棟式のタウンハウスが建ち並ぶ

入口には団地の案内板がある

団地内に設けられたベンチ

木々のあいだを歩く

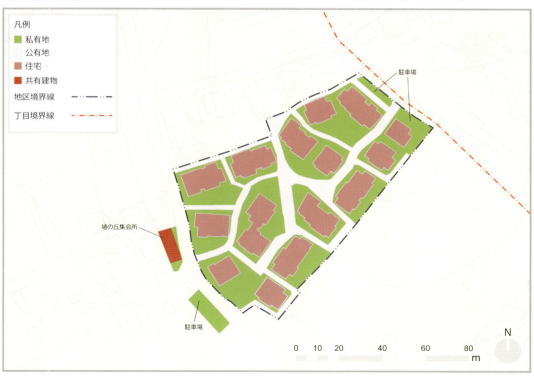

175

| 19 | 所在地
東京都町田市 | 地区名
三輪緑山 | 戸数
1,131戸 | 世帯数
1,131世帯 | 入居開始年
1985年 |

三輪緑山管理組合
居住者の丁寧な管理で築く緑豊かな住宅地

街区内道路沿いのまちなみ。ボンエルフ道路により、通過交通の速度を抑制している

三輪緑山地区（以下、三輪緑山）は、東京都町田市の東側に位置する約71.3haの住宅地である。行政と開発事業者が販売前にさまざまな議論を重ね、初期段階で今日に至るフレーム、町田市第1号の地区計画をつくり上げた。

1966年から不動産会社の主導で土地の買収が行われたが、1970年頃、計画地の約90％を買収した時点で開発予定地が市街化調整区域に編入され、宅地造成が不可能になった。その後、1980年に、町田市が提示していた「地区内にクリーンセンター（公共下水道施設）の設置」という条件を不動産会社が受け入れ市街化区域となり、土地区画整理組合を設立、開発が本格的に始まった。

1985年7月には都市計画決定がされ、9月には町田市建築制限条例に当該地区計画の地区整備計画が規定された。

地区計画には良好な居住環境の形成、保全などを目標に、敷地面積の最低限度、建築物の高さ、壁面の位置制限などが設けられている。具体的には、低層専用住宅地区では建築物の高さを9m以下に制限し、最低敷地面積を165㎡以上、外壁の敷地境界線までの距離を1m以上に制限している。

「統一感のあるまちづくりを目標に緑を保護し、居住者個人がまちを管理する」という主旨で丁寧につくられたまちであり、現在に至るまで居住者がまちなみの維持管理に参加している。

全戸にサツキの植栽を施しているグリーンベルト

用途地域 第一種低層住居専用地域 **地区面積** 約71.3ha	**計画者** 野村不動産 **事業者** 野村不動産 **開発形態** 組合方式による土地区画整理事業 **共有地** — **共有物** グリーンベルトの植栽	**組織形態** 管理組合 **構成員** 区域内の全世帯	**建築協定** — **地区計画** 1985年決定 **緑地協定** — **その他まちなみのルール** 管理組合規約、街づくり憲章

骨格道路沿いのまちなみ

| 20 | 所在地
東京都日野市 | 地区名
高幡鹿島台ガーデン54 | 戸数
51戸 | 世帯数
— | 入居開始年
1986年 |

高幡鹿島台ガーデン54管理組合

美しいまちなみを守るのは自分たちの手で

道路仕上げと一体になった住戸アプローチ。統一されたカーポートゲート

1983年に、京王線の高幡不動駅から高幡不動尊に続く高台に位置する場所に開発された。

　この住宅地のまちなみデザインは建築家宮脇檀によるもので、ボンエルフ道路の採用や、タイル張り擬似歩道のある住宅地内道路、電線の地中埋設、道路内植栽やライトアップ、まち全体で擁壁や門灯、カーポートゲートなどを統一するデザイン手法が用いられている。

　1986年に管理組合が発足し、維持管理活動の大半を管理会社に委託した。その際、環境維持活動には住民の意識統一が必要であるとの判断から、管理組合の結成後、設計者を招いて設計意図や住宅地に対する想いを聴く機会を設けた。これをきっかけに、多くの居住者が自分たちの住むまちへの関心を持つようになった。

　統一感溢れる美しいまちなみを維持するために、居住者、行政、管理会社がそれぞれ役割を担い実施している。1995年頃からは、一部の居住者がボランティアで共用部のメンテナンスを行うようになるなど、「まちなみは自分たちの手で維持管理する」という自発的な意識が居住者に芽生え、現在に至っている。

メイン通りはメタセコイアの並木道となっている

用途地域
第一種低層住居専用地域

地区面積
約2.4ha

計画者
宮脇檀建築研究室

事業者
鹿島建設

開発形態
開発許可

共有地
背割り建柱のための管理道路

共有物
街路灯

組織形態
管理組合

構成員
区域内の全世帯

建築協定
—

地区計画
1984年開始

緑地協定
—

その他まちなみのルール
住宅地マニュアル

ボンエルフ構想によるメイン道路。タイル張り擬似歩道や道路内植栽や並木が車を減速させる。街区は無電柱化されている

| 21 | 所在地
東京都日野市 | 地区名
フォレステージ高幡鹿島台 | 戸数
53戸 | 世帯数
53世帯 | 入居開始年
2001年 |

フォレステージ高幡鹿島台管理組合

まちの良さに気づき、まちのコンセプトを大切にしながら、
時代に合ったまちづくりに取り組む

コモン広場。中央のコモンツリーを7～8戸で囲む。コミュニティの場として機能

　東京都日野市の高幡不動尊から多摩動物公園へと連なる北斜面の社宅跡地に鹿島建設により計画され、1998年に分譲が始まった。開発にあたり、隣接する高幡鹿島台ガーデン54の全体設計を手がけた宮脇檀建築研究室にマスターアーキテクトとしての全体統括を依頼した。

　曲線と自然素材を生かした緑豊かな住宅地づくりをめざし、コモン広場を住戸が囲む。デザイン・ガイドラインを定め、各住宅メーカーとの全体調整を行うことで、統一感を感じさせるまちなみが実現した。

　共有駐車場・公道の植栽・街灯設備などの維持管理を目的に、2001年に管理組合を設立。委託管理も活用している。また、メイン道路の植栽とコモンツリー、公園管理は市が担当し、その他の公道の植栽は管理組合が管理している。植栽管理は、市の受託業者へ細かい要望を事前に伝えることで、雑木林のようなイメージが全体で統一されながら環境がつくられている。

　住環境を守るために、2003年には建ぺい率緩和計画を阻止したほか、住民同士のコミュニケーションのさらなる改善をめざした仕組みづくりにも取り組んでいる。

　街灯設備の維持管理や、自然石舗装の拡幅工事を組合が市の許可を得て自費で実施するなど、まちのデザイン・コンセプトを大切にしながら継承している。

緩やかなカーブを描くメイン道路

用途地域 第一種低層住居専用地域 **地区面積** 約1.5ha	**計画者** 宮脇檀建築研究室、鹿島建設 **事業者** 鹿島建設 **開発形態** 開発許可 **共有地** 共有駐車場8台分 **共有物** 公道上の引込柱、街灯設備、水道施設	**組織形態** 管理組合 **構成員** 区域内の全世帯	**建築協定** — **地区計画** 1988年決定 **緑地協定** — **その他まちなみのルール** デザイン・ガイドライン

メイン道路西側入口

| 22 | 所在地
神奈川県横浜市 | 地区名
青葉美しが丘中部 | 戸数
約1,000戸 | 世帯数
1,052世帯 | 入居開始年
1965年 |

青葉美しが丘中部地区計画
街づくりアセス委員会

居住者が主体となってまちなみづくりのルールを変更していく

建築協定や地区計画により維持管理されてきたまちなみ

神奈川県横浜市に位置する青葉美しが丘地区は青葉区の北部、東急田園都市線たまプラーザ駅の北西に位置する戸建て住宅地である。歩車分離の考え方に基づき、東京急行電鉄を一人業務代行施工者とする元石川第一土地区画整理事業として、1963年から1969年に開発された。区画整理地では自由設計の家屋が次々と新築され、全地域のまちなみがほぼ今日の姿となったのは1975年頃である。

地区内には、行き止まりロータリー緑地を持つクルドサック道路や公園、遊歩道(現、歩行者専用道路)が整備され、主要道路は緑地帯で歩車分離するなど意欲的な開発がなされた。宅地の平均的な区画面積を100～120坪としたゆとりあるまちなみであった。

1972年に全国初の住民発意型の建築協定を締結、それが2003年に地区計画(最低敷地面積180㎡等)と自主協定に引き継がれ、良好な居住環境を保っている。

歩行者専用道路

用途地域
第一種低層住居専用地域

地区面積
約47.2ha

計画者
東京急行電鉄

事業者
元石川第一土地区画整理組合（業務代行東京急行電鉄）

開発形態
土地区画整理事業

共有地・共有物
—

組織形態
自治会規約に基づく専門委員会

構成員
自治会会員

建築協定
1972年開始、1回延伸、2回更新、2004年廃止

地区計画
2003年決定

緑地協定
—

その他まちなみのルール
地区計画街づくりガイドライン（自主協定）

クルドサック道路

183

| 23 | 所在地 神奈川県横浜市 | 地区名 山手町全域 | 戸数 — | 世帯数 2,043世帯 | 入居開始年 — |

山手まちづくり推進会議

住民、専門家、行政が三位一体となったまちなみづくり

山手本通りと西洋館「山手234番館」。一般公開され、貸し出しスペースは多くの市民に利用されている

1859年の横浜開港時に関内地区が外国人居留地となり、その後、山手地区も居留地となった。1888年頃にほぼ現在と同じ道に沿って、主要なまちなみが形成された。

昭和40年代になると、横浜市が都市計画法による条例を制定し、秩序あるまちづくりの誘導に取り組んだ。そして、1998年には住民側も「山手まちづくり憲章」を作成し、まちづくり活動が活発化した。

2002年6月に、2つの町内会、学校、文化施設などが中心になって「山手まちづくり推進会議」を発足。2004年2月、一部の地区に地区計画の導入を住民が提案し、12月に条例化。さらに、住民主体の「山手まちづくり協定」を2005年2月に制定し、同年6月から運用開始した。協定は2010年2月には大幅に改訂され、戸建て新築の最低敷地規模は165㎡とするなど、約84haの山手全域に及ぶルールとして、法律や条例などより厳しい内容となった。

協定の運用がスタートして11年、2016年より東部町内会、西部自治会が別々に運用することになり、委員会は協定に定められた手続きに従って提出される建築物に関わる届け出を審査している。事業者からの届け出は、約6割が新築・改築である。地域の協力、行政の支援などにより、協定の運用は円滑に行われている。また、審議状況は町内会・自治会でお知らせしている。

目に見える活動として、2014年に山手本通りの歩道再整備へ取り組み、1.6kmにわたって安全で景観に配慮した歩道の整備を実現したほか、「山手のみどり会」と横浜市との協働により、税関プール跡地の公園開設を実現した。

用途地域	計画者	組織形態	建築協定
第一種低層住居専用地域、第一種中高層住居専用地域	—	山手まちづくり協定に基づく任意団体	—
地区面積	事業者	構成員	地区計画
約84.3ha	—	山手東部町内会、山手西部自治会等	2004年決定
	開発形態		緑地協定
	—		—
	共有地・共有物		その他まちなみのルール
	—		山手まちづくり協定

さまざまな市民活動に使われている「外交官の家」

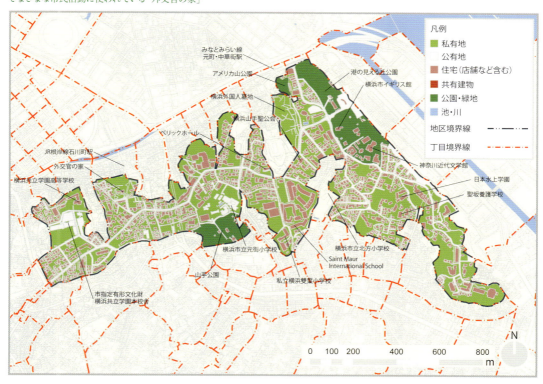

185

| 24 | 所在地
神奈川藤沢市 | 地区名
鵠沼松が岡 | 戸数
500戸 | 世帯数
553世帯 | 入居開始年
― |

ニコニコ自治会
次世代を惹きつけ続ける湘南鵠沼のまちづくり

松の木、竹垣、玉石垣は、湘南の原風景

　湘南の原風景が今も見られる鵠沼は、心身を癒す潮湯治の地として進められた明治期の日本初の計画的別荘地開発が原点にある。そこには、先に住む者が松を植えたり道を敷いたりと住環境を整え、惹かれて移り住んだ人もまた住み方にこだわり次の世代を呼び込む、といったまちを豊かにする流れがあった。

　しかし、その後の経済成長期から急速な住宅地開発が進み、開発の勢いに抗えずにいたが、そんなまちづくりの流れを変えたのが、鵠沼松が岡のニコニコ自治会の取り組みである。2002年の総会で「鵠沼から安らかさをなくさないように」と声があがったのを機に、市との勉強会や全会員への意識調査を行い、自治会が取り組む必要性を明確にした。大学研究者の参画、ボランティアチームの結成、活動原則としてのニコニコ憲章の策定、自治会広報の充実などを進め、2006年にニコニコ住民協定を締結した。協定の運用と同時に近隣自治会との勉強会を開始し、今では藤沢市景観条例の景観形成地区に指定され、近隣の3自治会で住民協定の運用がなされている。

　鵠沼では、住んでいる人の想いや経験を住民協定に示すことで、企業や行政、そして新しく住む人からまちを豊かにする協力を引き出している。

　近年、企業の独身寮跡地がまちの防災・景観・コミュニティに配慮されたサービス付き高齢者向け住宅に生まれ変わるなど、多世代が住み続けられるためのまちづくりが継続されており、まちを豊かにする一つひとつの活動や開発を連鎖させていく自治の姿勢が、鵠沼のまちづくりの特徴である。

用途地域
第一種低層住居専用地域、第二種低層住居専用地域
地区面積
約18.3ha

計画者
—
事業者
—
開発形態
—
共有地・共有物
—

組織形態
自治会
構成員
全世帯

建築協定
—
地区計画
—
緑地協定
—
その他まちなみのルール
ニコニコ住民協定、景観形成地区・景観形成基準（藤沢市）

個々の家の緑がまちのイメージを支える

187

| 25 | 所在地
石川県金沢市 | 地区名
瑞樹団地 | 戸数
727戸 | 世帯数
787世帯 | 入居開始年
1995年 |

みずき町会

「自然との共生」による生活文化を市と居住者のタッグで引き継ぐ

金沢独特の黒瓦を用いた統一感ある家並み

　金沢市の中心部から北東約6.5kmほど北東に向かうと、金沢ならではの景色がある。雪に配慮した2層の黒瓦で統一された屋根景観。調整池や水景散策路もあり、水、緑、土などの自然を暮らしの中に取り入れたゆとりのある生活環境である。

　瑞樹団地は、金沢湖南第2土地区画整理事業により「自然と共生、人に優しい街づくり」をコンセプトに、1995年にまちなみが形成された。地区計画、緑地協定（後の「民地緑化に関する協定」）、金沢市宅地分譲住宅建築設計指針をまちなみのルールとし、快適でゆとりのあるまちづくりをめざした。

　計画段階から「金沢らしさ」を根幹に据え、市の土木関係者、住宅関係者の連携により、道路、公園、住戸の配置、調整池や水景散策路、電線類地中化など、まちの骨格についてもきめ細かい配慮が施されている。

　住宅は住宅設計指針に基づいてつくられている。住宅の形態、意匠（屋根・外壁）、屋外広告物、生垣、住宅設備に関するガイドラインで、屋根には金沢独特の黒瓦を使い、黒とグレーを基調とする印象的な家並みをつくっている。

　自然と公共空間と民地が一体となった統一感のあるまちなみは「美しいまちなみ大賞」（2002年、国土交通省都市景観大賞）を受賞。居住者一人ひとりが協定を理解し守りながらも、時の流れとともにルールを柔軟に適応させまちが育まれており、生垣や植栽の手入れ講習会や美化清掃、近隣河川クリーン作戦など、町会と住民が協力して景観維持活動を積極的に展開している。

用途地域
第一種低層住居専用地域、第二種中高層住居専用地域

地区面積
約40.3ha

計画者
金沢市

事業者
金沢市

開発形態
土地区画整理事業

共有地・共有物
—

組織形態
町内会

構成員
別荘利用を除く区域内の全世帯、団地内店舗

建築協定
—

地区計画
1995年決定

緑地協定
1995年開始、2010年民地緑化に関する協定に移行

その他まちなみのルール
金沢市宅地分譲住宅設計指針

幹線道路沿いのまちなみ

| 26 | 所在地
岐阜県多治見市 | 地区名
多治見市38区 | 戸数
544戸 | 世帯数
575世帯 | 入居開始年
1994年 |

多治見市38区タウン滝呂自治会

自治会の活動と居住者団体の相乗作用により生まれた多世代交流

人優先の「コミュニティみち」路地型道路。4.5m道路がL字型に配置されている

住宅・都市整備公団が「人に優しい街」をコンセプトに掲げ、1985年から1996年にかけて、土地区画整理事業により整備したまちである。

地区中央部には「コミュニティづくり」「まちなみの美しさ」「地域の交流」などの視点を取り入れるために滝呂居住環境システム（TES）と名づけられた街区整備手法をとっている。TESは、背割宅地方式の問題点を洗い出し、公共用地率を増やさない前提で提案された。多治見38区は、このTES町内会と地区東部の丘の上町内会、南西部のコモンヒルズ町内会からなる。

街区は30数戸を1ブロックのコミュニティ単位とし、6〜9m道路で区分されている。ブロック内には4.5m道路がL字型に配置され、人優先の「コミュニティみち」路地型道路となっている。これが隣接した各ブロックとのネットワークをつくる。さらに、この路地型道路がブロックの中心にあるポケットパークに集まり、コミュニティの中心をなしている。

宅地は北下がりの斜面であるため、一定の居住性を確保するために、宅地割りを工夫し、街区構成軸を45度振ることにより日照の確保と変化のあるまちなみをつくりだしている。

まちづくりのルールとしては地区計画と緑化協定が定められており、緑化協定は各町内会の区域ごとに結ばれている。

自治会のまちなみ維持活動・地域交流活動を居住者団体がさまざまにバックアップすることで、整然としたまちなみと多世代交流が生まれている。

用途地域	計画者	組織形態	建築協定
第一種低層住居専用地域	現代計画研究所	自治会	―
地区面積	**事業者**	**構成員**	**地区計画**
約22.5ha	住宅・都市整備公団（現、UR都市再生機構）	全世帯（町内会に加盟した時点で自治会員となる）	1993年開始
	開発形態		**緑地協定**
	土地区画整理事業		1994年開始（各町内で随時締結）
	共有地・共有物		**その他まちなみのルール**
	―		―

ブロックの中心にあるポケットパーク。住民により維持管理されている　　ブロックごとにシンボルツリーを植栽

| 27 | 所在地
岐阜県可児市 | 地区名
桜ケ丘ハイツ桂ケ丘 | 戸数
403戸 | 世帯数
450世帯 | 入居開始年
1994年 |

桂ケ丘自治会
老若男女の住民による環境整備・保全活動

まちなみは宅地と道路境界の間にフレンドリーガーデン（植栽スペース）を設け、ゆったりとしている

　地区計画に基づき造成された桂ケ丘は、1973年から開発が始まった桜ケ丘ハイツのひとつを構成する文教地区に位置する。石垣の擁壁を持つ宅地は1区画の面積が230㎡以上で、ゆったりした住環境を形成している。擁壁と道路境界の間にフレンドリーガーデン（植栽スペース）を設けるなど、緑多きまちなみである。

　入居は1994年から始まったが、2000年代前半は事業者の経営不振により販売が停止されていた。2018年2月1日現在、1,354人が暮らしている。そのうち未就学児、小学生、中学生が300人以上で、公園を中心にいつも子どもたちの声が響き渡っている。

　現在は、開発業者の撤退により未整備だった4つの公園を老若男女が自分たちの手で整備したり、市の制度を利用して環境保全・清掃活動を行うなど、居住者間の交流に力をおいている。2014年11月には20周年を記念して、中央公園に「かげぼうし時計」をみんなで設置。その北側には「10年後の桂ケ丘や自分たちへのメッセージ」を書いたタイムカプセルを埋めた。2015年に2台の防犯カメラを出入口の道路付近に設置、桂ケ丘全域を「ゾーン30」とし、安全・安心なまちづくりを行っている。最後まで未整備だった憩いの丘公園も2016年末に東屋ができ、2018年初めに125本の淡墨桜を植樹した。

居住者参加型で整備した公園

用途地域 第一種低層住居専用地域 **地区面積** 約29.4ha	**計画者** 宮脇檀建築研究室(14戸のみ) **事業者** 不二企業 **開発形態** 開発許可 **共有地** — **共有物** 集会所、倉庫、街灯、清掃道具(草刈りなど)	**組織形態** 自治会 **構成員** 区域内の全世帯(会費を徴収)	**建築協定** — **地区計画** 1993年開始、2回見直し **緑地協定** — **その他まちなみのルール** 環境保全のための諸工事規定(当初)、可児市地区計画区内における建築物等の制限に関する条例

みんなで「かげぼうし時計」づくり(2014年10月18日、中央公園)

環境保全・清掃活動の様子

東屋の設置に続いて憩いの丘公園づくりがスタート

桂わくわく秋祭りスタッフメンバー(2016年)

| 28 | 所在地
静岡県静岡市 | 地区名
蒲原(旧東海道蒲原宿) | 戸数
約270戸 | 世帯数
約270世帯 | 入居開始年
― |

蒲原宿まちなみの会
あえてガイドラインを設けない緩やかなまちなみづくり

蒲原地区のまちなみ

蒲原宿は、東海道の江戸から数えて15番目の宿場町である。歌川広重による東海道53次続絵の中でも傑作として名高い「蒲原夜之雪」の舞台としても知られている。元禄期の大津波(台風などによる高潮)で壊滅的な被害を受け、現在のまちなみは、街道を山側に付け替えて宿場が再興された際に建てられた建築物群である。国登録有形文化財の志田邸、旧五十嵐歯科医院をはじめ、旅籠、商家、名主の住宅など歴史的な建物が数多く残るまちなみは、穏やかな歴史的雰囲気を感じさせる。国道が宿場全体を避けるように敷設されたため、道筋や町割りも残っている。

一時、古い町家の消失が続いたため、危機感を抱いた町が居住者に呼びかけて、町家の居住者が主体となり1996年に「蒲原宿まちなみの会」を設立した。

会では、蒲原宿のまちなみを形成する要素(建物の特徴、風景、住まい方など)を大切に住み継いでいくための資源として捉え登録する「まちなみ資源登録台帳」の作成、道路の色決め、街灯デザインの提案、町家の公開を兼ねた「みせの間ギャラリー」、専門家によるまちなみ講演会、会のアドバイザー(一級建築士)による「たてもの相談」などを実施している。また、県内まちづくり団体相互の交流とネットワークづくりを目的に、会の呼びかけにより始まった「しずおか町並みゼミ」は、県内各地を会場に現在も継続されている。

蒲原宿では、あえて協定や景観ガイドラインを設けず、緩やかなルールをもとに、一つひとつの建築行為に対して皆で知恵を出すという丁寧なまちなみづくりが実践されている。

用途地域 第一種住居地域、近隣商業地域 **地区面積** 約12ha	**計画者** — **事業者** — **開発形態** — **共有地・共有物** —	**組織形態** 任意団体 **構成員** 町民による有志	**建築協定** — **地区計画** — **緑地協定** — **その他まちなみのルール** まちなみ憲章

旧五十嵐歯科医院（国登録有形文化財）

| 29 | 所在地
滋賀県大津市 | 地区名
グリーンヒル青山 | 戸数
約3,000戸 | 世帯数
約3,200世帯
(全体約4,000世帯、大津市エリア約3,200世帯) | 入居開始年
1981年 |

NPO法人青山まちづくりネットワーク
NPOを核として自然・人の地域資源が連携するまち

街区内道路沿いのまちなみ。道路には化粧舗装が施され、宅地の道路側には植栽が配置されている

グリーンヒル青山は滋賀県南部に位置し、大津市と草津市にまたがる3つの地区から構成される大規模ニュータウン、飛島グリーンヒルの一部である。びわこ文化公園都市の居住区画として、飛島建設による分譲開発で1980年前後からまちなみが形成された。

1991年の地区計画決定と1992年の建築・緑化協定の締結後、住宅分譲はバブル崩壊により10年間にわたって中断された。加えて、生活の中核となる商業施設の撤退などが相次いだ。しかし、居住者の自発的な意欲により、まちづくりの各種ボランティア活動は継続された。そして2000年から分譲が再開された。現在はまちなみが評価された影響もあり、販売が進んでいる。

牟礼山(標高221.3m)という里山が住宅地に隣接する形で残っており、住民の多くがこの山に親しみを覚えている。このため、牟礼山と一体になった自然豊かなまちなみを維持することをめざし、さまざまな活動が展開されている。自発的な里山保全活動や地域美化清掃が頻繁に行われているほか、中央に位置する商業施設も含めたマーケットやフェスタ、竹灯籠などのイベントで地域おこしに積極的に取り組んでいる。

2007(平成19)年に設立されたNPO法人は、自治会の枠組みを越えた地域全体のまちづくり活動の主体として居住者組織のゆるやかな連携を支え、継続的にまちなみ形成を推進する中核的な組織として機能している。

用途地域 第一種低層住居専用地域、第一種中高層住居専用地域、近隣商業地域 **地区面積** 約13.8ha	**計画者** 飛島都市開発 **事業者** 飛島都市開発 **開発形態** 開発許可、土地区画整理事業 **共有地・共有物** —	**組織形態** 特定非営利活動法人（NPO法人） **構成員** 任意	**建築協定** 1992年開始 **地区計画** 1991年決定 **緑地協定** 1992年開始 **その他まちなみのルール** —

まちなみ遠景。里山が隣接する

※松が丘7丁目まで販売が進み、エリアは拡大している（2017年6月時点）

197

| 30 | 所在地 滋賀県彦根市 | 地区名 新海浜 | 戸数 208戸 | 世帯数 143世帯(住民のみ) | 入居開始年 1973年 |

新海浜自治会

周囲の自然環境も一体的に、住民の努力でまちなみを育成

新海浜地区は琵琶湖に隣接しており、豊かな水辺環境を享受している

1970年代前半、琵琶湖湖畔の新海浜水泳場に隣接した畑地を、土地区画整理組合と事業者が共同して開発した別荘地である。区画整理による整然としたまちなみと平均270m²ほどのゆとりある敷地が特徴で、住宅や別荘、保養所などが建ち並び（2018年時点で別荘・保養所等は65棟）、湖岸の緑や琵琶湖・愛知川と一体になった美しい景観を形成している。

1980年代から1990年代にかけて、別荘利用者と定年後の世代が定住するようになる。1998年以降、湖周道路開通に伴って常住世帯が増加。近年は、環境の良さから子育て世代の増加もみられる。

新海浜地区は、1973年の分譲開始とともに、開発者主体で自治会が組織され、分譲地購入時に業者ならびに自治会と購入者の間において協定された維持管理規約や特約事項のもと、自治会を常駐管理者としている。

特約事項では、建物用途や高さ、建ぺい率など建築物への制限を設けているほか、建築確認前に図面を、工事前に建築確認証の写しと工事保証金を、それぞれ自治会事務所に提出することをルール化している。生活規則なども定め、まちなみの維持管理に努めている。

完成から40年、住民たちの努力によってさまざまな問題に対処し、良好な環境の維持保全に努めている。

通りを植栽が彩る歩行者専用道路

用途地域 第一種住居専用地域、第一種住居地域（一部近隣商業地域） **地区面積** 約10.5ha	**計画者** 都市計画研究所 **事業者** 岩谷産業 **開発形態** 土地区画整理事業 **共有地** 作業所、ごみ集積所 **共有物** 自治会館、ごみ集積所プレハブ、自転車置場、倉庫、可搬式消化ポンプなど	**組織形態** 自治会（2013年11月より認可地縁団体） **構成員** 土地建物所有者・土地所有者・委託を受けた住所を有する個人または法人（会費を徴収）	**建築協定** — **地区計画** — **緑地協定** — **その他まちなみのルール** 緑と水辺に調和したやすらぎのある街づくり協定、新海浜特約事項、住民生活規則、アパート協定

街区内道路沿いのまちなみ。区画はゆったりとしている

| 31 | 所在地
京都府京都市 | 地区名
西竹の里タウンハウス | 戸数
113戸（2～5戸で1棟） | 世帯数
113世帯 | 入居開始年
1982年 |

西竹の里タウンハウス管理組合

木造集合住宅の大規模改修でまちなみを再生

芝生張りのコモンスペース

京都市が1976年にまち開きをした初の大規模住宅団地「洛西ニュータウン」は、3万人弱の人口であるが、公園、緑地、街路樹などの木々が大きく育った、自然環境が豊かなニュータウンである。西竹の里タウンハウスは、その一角に位置しており、1982年に京都市住宅供給公社が開発した。

住戸は、ツーバイフォー工法の戸建て感覚をもったタウンハウス形式の集合住宅団地で、2階建て2戸～5戸連の36棟で構成される。敷地は113戸の共有となっている。

西竹の里タウンハウスでは住環境を守るために、1982年の開発時に京都市住宅供給公社が京都市長の認可を受けて、一人方式による建築協定を設定している。同年、管理組合設立総会が開催され、管理規約などが承認された。

敷地の造作から植栽まで入念に設計されており、居住者はその環境の維持、景観の保持に取り組んできた。

これまで自動更新の建築協定でまちなみを維持してきたが、まち開きから30年以上が経過したことを機に、屋根や外壁の改修、コモンスペースの芝生の張り替えなどを管理組合で一斉に実施することによって、調和のあるまちなみを再生させた。

2017年、まちなみを維持しつつ長期に亘って安心して住み継ぐために、環境に負荷をかけないLEDの街灯導入や諸設備の補修など長期修繕計画を大幅に見直した。

外周道路から見たまちなみ

用途地域 第一種中高層住居専用地域 **地区面積** 約2.1ha	**計画者** 京都市住宅供給公社 **事業者** 京都市住宅供給公社 **開発形態** — **共有地** 敷地全域 **共有物** 集会所、防火水槽、街灯、配電分岐盤など	**組織形態** 管理組合 **構成員** 西竹の里タウンハウス内の区分所有者（管理費、修繕費を徴収）	**建築協定** 1982年開始、3回更新 **地区計画** — **緑地協定** — **その他まちなみのルール** 管理規約、使用規則

屋根葺替え、外壁塗替え後のまちなみ。タウンハウス形式の住棟が建ち並ぶ

201

| 32 | 所在地
京都府京都市 | 地区名
桂坂 | 戸数
3,835戸 | 世帯数
3,849世帯 | 入居開始年
1986年 |

桂坂景観まちづくり協議会
連合型協議会により各地区の運営委員会の課題・情報を共有

西山丘陵の南および南東向き斜面に、計画的に開発整備された大規模な住宅地

京都市西京区に位置し、西山に抱かれた丘陵地を生かして開発された緑豊かな大規模ニュータウンである。西山には大枝山古墳群をはじめとする歴史的遺構が存在することから、自然環境と歴史的環境の調和に配慮して計画され、「自然と人工が融合する豊かさの創出」が開発理念として位置づけられた。

開発工事は1985年から2011年までの27年にわたって段階的に進められ、2013年1月現在、人口約12,000人のまちへと発展した。2016年1月現在、16自治会からなる住宅地区と、生活関連施設が集まるセンター地区、教育・研究・福祉施設など公共施設の地区によって構成される。

建築協定地区のほとんどが地区整備計画を併用しており、用途および敷地規模の制限を定めているほか、建築協定では壁面の位置、形態・意匠、色彩などの制限を補完している。

一人協定から合意協定への更新が始まったことをきっかけに連合型協議会が設立され、各地区の連携により、互いの経験や知恵を活かしあっている。

桂坂の景観と住環境は、コミュニティが開発後の運営に努力してきた結果として現在のように保全形成され、同時にその住民活動を支える資源ともなってきた。

緑豊かなゆとりある住宅

用途地域
第一種低層住居専用地域、第二種低層住居専用地域、近隣商業地域(センター地区、大枝北沓掛町2丁目一部)

地区面積
約163ha

計画者
アトリエ・アルパック(基本計画)

事業者
西洋環境開発

開発形態
開発許可

共有地
オープンスペース(地区による)

共有物
自治会館(自治会の各地区ごとに1つ)

組織形態
建築協定運営委員会の集合体

構成員
協定区域内の全世帯が推薦する者

建築協定
1986年開始(開発順に地区ごとで開始)

地区計画
1986年開始(建築協定の策定や更新に合わせ整備計画区域を拡大)

緑地協定
—

その他まちなみのルール
緑地帯の自主協定(地区による)、景観計画、地域景観づくり計画書(京都市)

傾斜地形を活かした景観

| 33 | 所在地
京都府京都市 | 地区名
姉小路界隈 | 戸数
約1,700戸 | 世帯数
550世帯 | 入居開始年
— |

姉小路界隈を考える会

まちなみを守るための継続的な活動が市との協力体制をつくり、
地域力の向上につながっている

姉小路通のまちなみ

京都の都心にある姉小路界隈は、平安京造営とともに開発された。界隈の軸となる姉小路通には貴族や武家の邸宅、寺院などがあったという。応仁の乱により荒廃後、江戸時代に再び開発されたが、幕末の蛤御門の変で焼失した。現在のまちなみは明治以降に形成され、老舗や、商店と町家を含む住宅が建ち並ぶ。

1995年に「姉小路界隈を考える会」が発足、その後は行政、事業者、さまざまな大学などとの協力やイベントの継続などにより、まちづくりの輪を広げてきた。姉小路界隈町式目（平成版）の策定、建築協定の締結、地区計画の決定、また2004年度からは京都府初の街なみ環境整備事業による修景事業に取り組むなど、地域景観づくりに積極的に取り組んでいる。

2015年3月より、京都市市街地景観整備条例に基づく地域景観づくり協議会制度の活用を図り、会を中心に「姉小路界隈まちづくり協議会事務局」を発足。3年間で50件の意見交換会を実施した。

家並みに加え、人が中心のみちづくりもめざしている。その実現に向けた取り組みを踏まえて、市は路側帯の拡幅やゾーン20の実現をめざしている。また、街灯や看板の照明色を電球色へと変換するなど、歴史や伝統に調和した景観づくりに取り組み、まちづくり文化活動の多言語化を進めている。

街なみ環境整備事業による修景事例

用途地域 商業地域 **地区面積** 約7.6ha	**計画者** — **事業者** — **開発形態** — **共有地・共有物** —	**組織形態** 建築協定運営委員会や姉小路界隈まちづくり協議会等を一体に運営する母体組織 **構成員** 任意(一般会員、特別会員、名誉会員)	**建築協定** 2002年開始、1回更新 **地区計画** 2013年決定 **緑地協定** — **その他まちなみのルール** 姉小路界隈町式目(任意)、地域景観づくり計画書(京都市市街地景観整備条例に基づく)

富小路通のまちなみ

205

| 34 | 所在地
大阪府豊中市 | 地区名
新千里南町3丁目 | 戸数
347戸 | 世帯数
282世帯 | 入居開始年
1970年 |

新千里南町3丁目住宅自治会
さまざまな居住者組織の連携によるまちなみづくり

まちなみ保全のための協定書や景観協定に基づき、まちなみは維持管理されている

新千里南町3丁目住宅地区は、千里ニュータウン（以下、千里NT）として1961年から1969年にかけて大阪府企業局により開発された、日本初の大規模ニュータウンの一部である。千里NTは大阪市中心部より北約15kmに位置し、吹田、豊中市にまたがり、当該地区は千里NTの南西部にある。全体を12区分した住区のうちの一つで、新千里南町の一画、低層の分譲住宅が並ぶエリアである。

1969年6月より分譲が開始され、まちなみ保全のための分譲条件であった「千里丘陵分譲地の利用及び住宅の建設に関する協定書」に従って建設が行われた。翌年に入居が始まり、1971年8月に新千里南3丁目住宅自治会が発足した。

分譲以降、協定書の内容は遵守されていたが、1980年4月に「新千里南町3丁目住宅自治会環境保全協定」を締結し、低層住宅地としてふさわしいまちなみの保全を行ってきた。

さらに、40年間の自主的な景観維持活動から2000年4月には「新千里南3丁目住宅自治会地区景観協定」を締結するに至り、同年9月には豊中市景観条例による認可を受け、行政の協力を得ながらきめ細かく取り決めた景観協定の運用へと進化するまちなみづくりを継続している。

活動は、いくつもの居住者主体の活動組織がゆるやかに連携し合いながら、川や竹林、花壇を整備している。

用途地域	計画者	組織形態	建築協定
第一種低層住居専用地域	大阪府企業局	自治会	—
地区面積	事業者	構成員	地区計画
約16.7ha	大阪府企業局	区域内の全世帯（会費を徴収）	—
	開発形態		緑地協定
	新住宅市街地開発事業＋土地区画整理事業		—
	共有地・共有物		その他まちなみのルール
	—		景観協定、千里丘陵分譲地の利用及び住宅の建設に関する協定、環境保全協定（景観協定へ移行）

街区内道路沿いのまちなみ。低層住宅が建ち並ぶ静かな環境

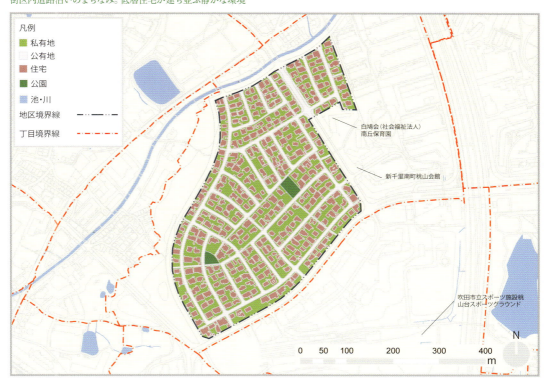

| 35 | 所在地
大阪府交野市 | 地区名
コモンシティ星田HUL-1 | 戸数
166戸 | 世帯数
171世帯 | 入居開始年
1990年 |

コモンシティ星田HUL-1地区
建築協定運営委員会・同街並み保全委員会

生みの親の理念を居住者組織が引き継ぐ

ゆるやかなカーブを描く道路沿いに統一感ある家並みが続く

国際居住年にあたる1987年、大阪府は大阪府住宅供給公社が所有するゴルフ場跡地25.6haの土地の2/3を事業提案競技に、残りの土地の1/3を設計競技にして、全国から提案を募る公開コンペが行われた。その結果、事業提案部門で当選した積水ハウスグループにより、計画案に沿った住宅地が開発された。

コモンシティ星田は、全体では戸建住宅と集合住宅が混在しており、HUL-1地区は戸建住宅地区の一部である。まちなみの統一性・北下がり宅地に少しでも日影で差がつかない工夫をするため、建売住宅として計画され、交野市による地区計画のほかに、開発者により一人協定の建築協定および任意の街並み協定が設けられた。

住宅の相隣関係に対して綿密に検討し、宅地割りや住戸配置に配慮するほか、関西初の戸建住宅地での無電柱化、インターロッキングを随所に配置、公園を含めた緑地が16%、地形に合った曲線をとり入れた道路などが工夫された。1991年春にまちびらきがあり、1995年にかけてまちなみが形成された。

丘陵地の地形を活かした開発をもとに、地区計画・建築協定・街並み協定の三本柱で今も景観を守っている。

建築協定更新の苦労を乗り越え、まちびらきから20年以上経った現在では、落ち着いた緑豊かな美しいまちなみとなっており、居住者も強い愛着を持っている。

用途地域 第一種低層住居専用地域 **地区面積** 約4.6ha	**計画者** 宮脇檀建築研究室、積水ハウス **事業者** 積水ハウス **開発形態** 都市整備事業 **共有地・共有物** —	**組織形態** 建築協定に基づく運営委員会、任意協定に基づく運営委員会 **構成員** 協定区域内の全世帯（148戸）	**建築協定** 1990年開始、1回更新 **地区計画** 1988年決定 **緑地協定** 1987年開始 **その他まちなみのルール** 街並み協定（任意協定）

街区内のシンボルツリー

丘陵地の地形を活かしたまちなみ

緑豊かで落ち着いた環境

209

| 36 | 所在地
兵庫県三田市 | 地区名
アルカディア21 | 戸数
21戸 | 世帯数
21世帯 | 入居開始年
1989年 |

アルカディア21管理組合

居住者の積極的な管理活動に支えられるコミュニティ公園の開放

街区中央に位置するナチュラルコモン

　アルカディア21住宅地区は兵庫県三田市の北摂三田ニュータウンに位置し、兵庫県住宅供給公社によって開発された面積約1.36haの住宅地区である。1988年に開催された「北摂・丹波の祭典21世紀公園都市博覧会」において「21世紀住宅展」として、21世紀に求められる住環境のあり方、まちづくりや家づくりの手法が実物展示された。博覧会終了後、21区画のうち14区画が分譲され、残り7区画は設計コンペで家が建てられ、1989年にまちなみが形成された。

　1988年に住宅供給会社の指導に基づいて管理組合が結成された。愛着と誇りを持って住み続けることのできるまちなみの持続管理活動を行うために、居住者は管理組合に加入し、管理組合規約を守ることを誓約することでまちなみの保全を図ってきた。

　地区中央には見事に空間演出されたナチュラルコモンという組合員所有の共有公園が計画された。この公園は共有地であるが団地の居住者だけに帰属するプライベートな庭園ではなく、オープンスペースとして周辺地域の人たちにも開かれている。春の新緑や秋の紅葉は美しく、憩いの場となっている。

　まちなみは、道路と擁壁が一体となるようにピンコロ石で仕上げられており、20年の年月を経る中で落ち着いたまちなみが形成されている。

街区内道路沿いの景観

用途地域 第一種低層住居専用地域 **地区面積** 約1.36ha	**計画者** 現代計画研究所 **事業者** 兵庫県住宅供給公社 **開発形態** — **共有地** 共有庭園（公園） **共有物** 樹木、ベンチ、撒水柱、防犯灯	**組織形態** 管理組合 **構成員** 区域内の全世帯	**建築協定** — **地区計画** — **緑地協定** — **その他まちなみのルール** 管理組合規約

道路と擁壁はピンコロ石仕上げで一体感あるまちなみとなっている

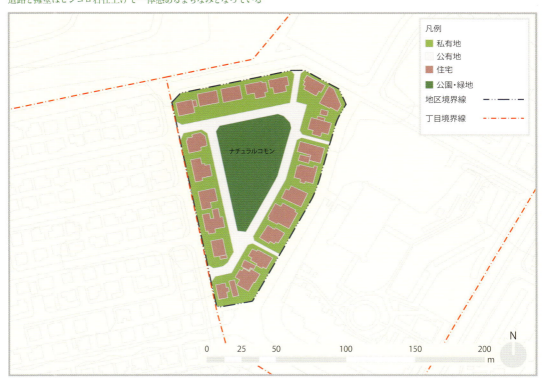

| 37 | 所在地
兵庫県三田市 | 地区名
学園ワシントン村 | 戸数
約100戸（計画170戸） | 世帯数
約100世帯 | 入居開始年
第1期1992年 |

学園ワシントン村街区管理組合

明確な基準と居住者の意欲的な管理に支えられる景観

ワシントン州の木材およびツーバイフォー工法を用いた住宅が建ち並ぶ

学園ワシントン村地区（以下、ワシントン村）は兵庫県の都市住宅部（当時）が中心となり、神戸三田国際・公園都市カルチャータウン兵庫村・ワシントン計画（1988年12月）の一環として開発した地区である。

1992年より第1期、第2期として約80戸が順次販売されたが、バブル崩壊により開発は一旦凍結された。2004年より第3期（16戸）、2007年より第4期が開発され、2013年以降も分譲が続いている。

まちなみは、兵庫県と姉妹提携を締結しているワシントン州との文化交流の経験をもとに、「ワシントン州の木材およびアメリカ・ツーバイフォー建設工法の導入とあわせて、アメリカのランドプランニング、住宅デザインなどアメリカ式住宅開発のあらゆる側面を生かしつつ、高品質かつユニークな住宅地を実現する」ことをコンセプトとしている。自然環境の重視、安全な交通システム、変化のある環境形成、共用のオープンスペースという4つの原則を取り入れている。

ツーバイフォー工法をはじめとするアメリカ式住宅開発のあらゆる側面を生かしつつ、それぞれにあったルールを有機的に繋いで、まちの景観を守る居住者の意識が高い地区である。

特に第1、2期は、アメリカ人の設計によるワシントン州からの輸入材料を使った建売住宅であり、デザインや色彩のバランスがとれた、変化のあるまちなみとなっている。高い塀や電柱はなく、道路に面するフロントヤードは緑化ゾーンとして芝生スペースが広がっている。

用途地域 第一種中高層住居専用地域 **地区面積** 約11.5ha	**計画者** 小林紘一（米国ワシントン州）、ロジャー・ウィリアムス（米国ワシントン州）、市浦都市開発建築コンサルタンツ **事業者** 兵庫県、兵庫ツーバイフォーワシントン村プロジェクト共同企業体 **開発形態** — **共有地** ビレッジセンター（集会所）の土地 **共有物** ビレッジセンター（集会所）	**組織形態** 管理組合 **構成員** 区域内の全世帯	**建築協定** — **地区計画** 1991年決定 **緑地協定** — **その他まちなみのルール** 管理組合規約、管理組合規約に基づく協定（街並み保全、緑化ゾーン管理）、ビレッジセンター使用細則、景観計画（三田市）

アメリカのランドプランニングを取り入れたまちなみ

道路沿いの歩行者通路

| 38 | 所在地
兵庫県赤穂市 | 地区名
尾崎地区 | 戸数
約800戸 | 世帯数
約800世帯 | 入居開始年
— |

尾崎のまちを考える会

木密事業におけるまちの再生として、
地形の記憶や生活のあり方がかたちづくるまちづくりに期待

幅員9mに拡幅された道路沿いのまちなみ

江戸時代に、浅野家入封以来開発された塩田の生産地として、製塩業の発展とともに形成されてきた塩田集落を核に広がったまちである。同地区は塩田就労者の生活の場であるため、塩田地主の屋敷と労働者の狭小住宅が狭い区域で密集した市街地を形成していた。

阪神・淡路大震災を教訓に、赤穂市が低層木造住宅密集地域である尾崎地区を防災再開発促進地区として指定し、安心・安全で快適なまちづくりを推進している。

地区住民は当会を結成し、行政との協働により、防災性向上に向けた道路・公園の整備を円滑に進めてきた。その後、組織内に「まちなみ部会」を設置し、まちの歴史を伝える名所説明板の設置、まちづくりワークショップやイベントなどを実施して、まちなみ景観に対する意識の向上に努めている。

さらに、まちなみ景観や生活マナー等について自主的に策定したまちづくりルール「尾崎のまち・みんなのルール10か条」や地区計画の提案（2014年3月地区計画策定）などにより、快適で安心して暮らすことができ、将来にわたって引き継げるまちなみをめざしている。

地区内に残る塩田集落の面影

用途地域
第一種住居地域、第一種中高層住居専用地域、第二種中高層住居専用地域

地区面積
約25ha

計画者
—

事業者
—

開発形態
—

共有地・共有物
—

組織形態
任意団体

構成員
地区住民の代表者、関係各種団体の代表者など65名

建築協定
—

地区計画
2014年開始

緑地協定
—

その他まちなみのルール
尾崎のまち・みんなのルール10か条

宮山から尾崎地区を望む

215

39	所在地	地区名	戸数	世帯数	入居開始年
	奈良県奈良市	オナーズヒル奈良青山	98戸	98世帯	1992年

オナーズヒル奈良青山団地管理組合法人

自治組織を兼ねた管理組合法人により居住者主体の管理が行われるまち

街区内道路沿いのまちなみ。石積み擁壁や植栽が景観を特徴づけている

　オナーズヒル奈良青山（以下、奈良青山）がある青山地区は、住宅都市整備公団により1975年より順次整備されたあと、地区開発の一環として1990年にまちづくりコンペが実施された。その結果、ミサワホームの事業として、全98戸の建売り分譲として、1992年に第1期24戸の入居が始まり、1996年に第4期16戸が完成し、まちなみができあがった。

　奈良青山は「ループ道路とフットパスで結ばれたコモンスペースを囲み、和のテイストを醸し出す緑豊かなまちづくり」をコンセプトに開発されている。自然環境との共生と、モダン和風をイメージしたまちなみ形成をめざし、自然環境や土地形状、樹木などの生態系を調査した上で、四季の花の計画的な配置や土地形状を最大限に活かした造成など、独自の環境設計技術が導入されている。

　ループ道路により通過交通を防ぎ、安全性が高いまちである。また、フットパスを用いることで歩車分離を徹底させた構成で、無電柱化による見通しの良い景観と、石積み擁壁や豊かな植栽計画が特徴である。

　建築協定と緑化協定が奈良市とミサワホームとの間で1992年に締結され、全世帯が建築協定等のまちなみ維持の必要性を理解して入居しているため、共有地やコモン緑道、各宅地私有のグリーンベルト（生垣）などの維持管理・清掃活動が自主的に行われている。クルドサック道路やコモンスペースを利用して、子どもたちは元気に走り回っている。

用途地域 第一種低層住居専用地域 **地区面積** 約2.98ha	**計画者** ミサワホーム **事業者** ミサワホーム **開発形態** 開発許可 **共有地** クルドサック道路、コモンスペース、フットパス（法人名義で所有） **共有物** CATV共聴施設、電力・電話地中供給施設、外灯、共用水栓、ごみ置き場、案内板、ベンチ（法人名義で所有）	**組織形態** 管理組合 **構成員** 区域内の全世帯	**建築協定** 1992年開始、2012年廃止 **地区計画** — **緑地協定** 1992年開始、2012年廃止 **その他まちなみのルール** 管理組合規約、まちなみのルール「日常ルール編」

維持管理されたフットパス

コモン緑道

電柱や電線のないまちなみ

217

| 40 | 所在地
鳥取県鳥取市 | 地区名
いんしゅう鹿野 | 戸数
326戸 | 世帯数
326世帯 | 入居開始年
― |

NPO法人いんしゅう鹿野まちづくり協議会
祭りの似合う城下町のまちなみ

木造建築が連なるまちなみ

鳥取市の西部に位置する山あいの田園地帯にあり、江戸時代の面影が残る城下町。四季に応じて色とりどりの風景をのぞかせる小さな城下町で、今でも「亀井さん」の愛称で地域の人々に親しまれている亀井茲矩・政矩親子が城主として1581～1617年の37年間を統治し、発展させた。1600年代初頭に城周辺の町割りや河川の改修、城郭の整備などが行われ、当時の面影は今も残る。

旧鹿野町は2004年に鳥取市に合併されたが、その地名は町の名として残された。江戸以来400年間続く「鹿野祭り」は、全町民をあげて行われる大規模な祭りで、祭りに対する居住者の思い入れはこ

とのほか強い。ゆえに行政や住民は「祭りの似合うまち」を合い言葉に、まちなみづくりに取り組んできた。

現在鹿野地区に建つ家屋は、1933年の鳥取大震災による被災後に建替えられたものが大半である。1997年に鹿野地区8町内会において街づくり協定(紳士協定)がそれぞれ策定され尊守されてきたが、空き家の増加や老朽化による取り壊しが増えるにつれて、まちなみに変化が生じ始めた。

街なみ環境整備事業による水路の縁石、石橋、石行燈などの整備や、約80軒におよぶ家屋の整

備も実施する中、2001年にまちづくり協議会が発足。歴史的な建物の保存活動のみならず、軒下を彩る添景の設置やイベントなどの賑わいづくり、空き家の解消、フォーラムやワークショップの開催など、「もの」の整備に留まらない活動でまちなみをつくっている。

用途地域	計画者	組織形態	建築協定
—	—	特定非営利活動法人(NPO法人)	—
地区面積	事業者	構成員	地区計画
約40ha	—	任意(地域住民から会費を徴収)	—
	開発形態		緑地協定
	—		—
	共有地		その他まちなみのルール
	八百屋Bar物語(店舗兼住宅)の敷地		街づくり協定
	共有物		
	八百屋Bar物語(店舗兼住宅)		

空き家を改装した休憩所兼店舗ギャラリー「鹿野ゆめ本陣」

400年間続く「鹿野祭り」

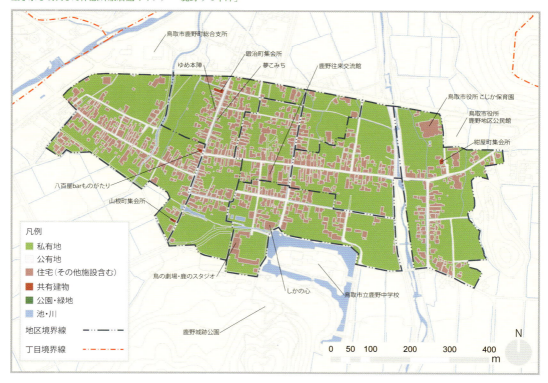

| 41 | 所在地
島根県出雲市 | 地区名
木綿街道 | 戸数
約120戸 | 世帯数
91世帯 | 入居開始年
— |

木綿街道振興会

地域の歴史を深く認識し、
まち全体で盛り上げながら生きたまちづくりが実現されている

通りに面して歴史的な建物が建ち並ぶまちなみ

島根県出雲市平田町は「雲州平田」と呼ばれ、出雲大社と松江をつなぐ中間に位置する。江戸時代は宍道湖と平田船川運河を利用した物資の集散地として繁栄し、江戸後期は木綿関連の商人を中心に栄えた。木綿街道はこの運河沿いにあり、古くは松江杵築往還と呼ばれ、松江から出雲大社への参詣道として賑わった。

まちなみは江戸中期の佇まいや文化を残し、「切妻妻入り塗り壁造り」の民家が今も残る。通りと運河をつなぐ小路・かけ出し（船着場）とともに歴史的景観を形成している。

まちなみの保全や修景にあたっては、まちづくり協定を締結している。行政の助成を受けて住宅ファサード改修の実施や、舗装、街路灯、電柱カバーの設置など細やかな修景を施している。

景観に対する住民の意識は年々高まっており、植木鉢の花木や格子戸に飾られた季節の花々がまちを飾る。

また、街道各所の柿渋塗りや通りの清掃、雲洲平田船川の清掃など、住民が協力して景観美化に努めている。

船川の風景

用途地域	計画者	組織形態	建築協定
第一種住居地域	—	一般社団法人	—
地区面積	**事業者**	**構成員**	**地区計画**
約10ha	—	任意(本会員33名)	—
	開発形態		**緑地協定**
	—		—
	共有地・共有施設		**その他まちなみのルール**
	—		まちづくり協定

本石橋邸(新町エリア)

修景した住宅

酒持田本店(片原町エリア)

221

| 42 | 所在地
岡山県小田郡矢掛町 | 地区名
旧山陽道備中矢掛宿 | 戸数
約300戸 | 世帯数
約300世帯 | 入居開始年
— |

備中矢掛宿の街並みをよくする会

たくさんの個人商店が形成する宿場町の賑わいとたたずまい

旧矢掛本陣石井家。参勤交代で大名や公家、幕府役人の宿所に使われた屋敷は建築の粋をこらしており、当時の繁栄を現在に伝える

矢掛町は岡山県の南西部に位置し、歴史的な建物が数多く残る宿場町。旧山陽道の道筋にあり、古くは山陽道の陸路と県の西域を流れる高梁川支流の小田川水路の交点として、水陸両路よりなる物資の集散地として栄えた。1635年の参勤交代制の確立により、矢掛宿には多くの大名が宿泊することになり、宿場として整備が進んだ。

大名や幕府役人が宿泊した旧矢掛本陣石井家と、大名の供が宿泊した脇本陣高草家が、1969年に国指定重要文化財として指定されている。本陣、脇本陣が現存し、ともに国の重要文化財になっているのは全国でも矢掛宿だけである。

また、江戸末期から明治時代にかけて建てられた町家が今も多く建ち並び、矢掛宿の往時がしのばれる。これらを飾るさまざまな形の鬼瓦は意匠的にも優れており、かつて瓦がこの地方の特産物であったことを物語っている。

当初矢掛町は、重要伝統的建造物群保存地区の選定がめざされていた。また、重要文化財の指定を受けた矢掛本陣および脇本陣が大規模な改修工事をしたことなどがきっかけとなり、居住者にもまちなみ保全に対する意識が根付き始めた。

その後、岡山県よりまちなみ保存地区の指定がなされ、県の景観整備事業の補助を受けるかたちで建物の改修をしたり、「花のあるまち・ゴミのないまち」を合言葉に居住者参加をうながす活動を行うなど、景観維持活動に努めている。

観光だけに重きを置かず、居住者のまちなみに対する意識向上を前提に、江戸時代の賑わいを現代に継承する。

用途地域 近隣商業地域 **地区面積** 約17.5ha	**計画者** — **事業者** — **開発形態** — **共有地・共有物** —	**組織形態** 任意団体 **構成員** 任意（地域住民127名から会費を徴収）	**建築協定** — **地区計画** — **緑地協定** — **その他まちなみのルール** —

旧矢掛脇本陣髙草家。白壁、張瓦の堅固な建築様式が美しい。本陣とともに国の重要文化財に指定されている

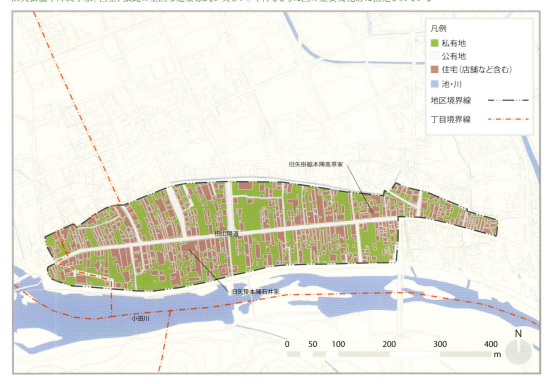

| 43 | 所在地
愛媛県松山市 | 地区名
グリーンヒルズ湯の山 | 戸数
1,110戸 | 世帯数
1,097世帯 | 入居開始年
1986年 |

グリーンヒルズ湯の山団地 まちなみ景観委員会

開発業者と居住者が一体となりつくり上げられた、豊かな自然とコミュニティ

街区内道路沿いのまちなみ。まちなみルールに基づいてデザインされている

積水ハウスが松山市中心部より約8kmの山地のゴルフ場跡地をアメニティタウン計画に基づき開発した団地である。1986年より戸建て850区画の計画販売が始まり、現在は1,100戸を超える住宅地となっている。

「人間性豊かな暮らし」という開発理念のもと、周囲の自然環境との調和を重視して、人と自然のふれあいを大切にした、四季の移ろいを肌で感じる心豊かなまちづくりを目指している。

開発にあたって事業者は、道路境界線から50cmは植栽スペースとする、生垣を連続させ内塀・内扉・カーポート屋根などはそれより奥に設定する、建物の北面と東面の窓はプライバシー保護のため不透明ガラスとする、敷地高低差による北側隣地への日照に配慮するなど、細かな建築上のルールを設定している。

さらに、管理組合規約の中でも「建築工事等に関する制限」項目を規定し、まちなみの維持管理に努めている。

周囲の美しい風景に魅せられた居住者の集うまちであり、開発者のバックアップのもと、さまざまな景観維持活動が行われている。地域に密着した公民館を活動の中心として、自治会や管理組合といった複数の組織が役割分担と情報共有を成功させている。

菜園などを湯の山グリーンくらぶで維持

用途地域
第一種低層住宅専用地域

地区面積
約75ha

計画者
積水ハウス

事業者
積水ハウス

開発形態
開発許可

共有地
運動公園を含む11カ所の公園、遊歩道、テニスコート

共有物
斜行エレベーター、コミュニティホール、汚水処理場、ゴミ集積施設、街路灯、コミュニティホール駐車場・外来者用駐車場、祠、遊歩道、防犯カメラ

組織形態
自治会、管理組合、湯の山公園管理協力会、湯山公民館湯の山分館、湯の山グリーンくらぶ、まちなみ景観委員会、積水ハウス湯の山店、積和不動産中国湯の山店、以上の代表者連合

構成員
各団体の代表者計10名

建築協定
—

地区計画
—

緑地協定
—

その他まちなみのルール
管理組合法人規約（建築工事等に関する制限）

団地西側全景

骨格道路沿いのまちなみ

225

| 44 | 所在地
高知県安芸市 | 地区名
土居廓中 | 戸数
72戸 | 世帯数
73世帯 | 入居開始年
― |

ふるさと土佐土居廓中保存会

長年培われてきた地域力で伝統・文化を引き継ぎ、
美しいまちを維持管理している

安芸城跡の大手門(石垣)、土橋(歩道)、堀、土塁(写真中央)を見る。大手門に保存会の石碑、奥に安芸市立歴史民俗資料館および書道美術館
(写真…個人蔵)

　土居廓中は高知県東部にあり、南に土佐湾、北は四国山地を背にし、江戸時代の武家町を今に伝えている。

　「土居」とは、もともと土塁に囲まれた領主屋敷のことをいうが、ここでは、戦国時代に土佐東部を支配していた安芸氏により築かれた安芸城を指している。江戸時代に土佐藩では藩内5カ所の土居に重臣を配置し、その一つ安芸には、のちに家老となる五藤氏が置かれた。安芸城跡に屋敷を構えた五藤氏は、周辺に家臣の住む「廓中」を整えた。今も当時の町割や道路がそのまま残り、土用竹・ウバメガシの生垣、丸石でできた溝、江戸末期の建物などが見られる。

　1969年に安芸城跡が市の史跡に指定され、1974年には城跡周辺を含めて歴史的な景観を後世に遺すため、地元住民による「ふるさと土佐土居廓中保存会」が結成された。同時に高知県の「ふるさと土佐」第1号にも選ばれている。

　保存会では、生垣の刈り込みや押縁の取り替え、清掃などの景観維持に努めるとともに、堀の浚渫や石垣の改修など行政と一体となって保存活動を進めてきた。なかでも約9年ごとに行われる押縁の取り替えは、技術と武家町の風景を次世代に継承する大切な活動となっている。

　2012年、武家町の区割りや景観を今日によく伝えていることから、国の重要伝統的建造物群保存地区に選定され、伝統的な建造物、石塀、生垣などの修理、修景などに補助が交付されることとなった。こうした行政の補助を活用しながら、これまで保存会活動で培ってきた住民力を継続し、古い時代から受け継いできた歴史の跡をいつまでも守り続けていくことを住民たちは念願している。

用途地域	計画者	組織形態	建築協定
—	—	自治会	—
地区面積	事業者	構成員	地区計画
約9.2ha	—	区域内の全世帯	—
	開発形態		緑地協定
	—		—
	共有地・共有物		その他まちなみのルール
	—		安芸市伝統的建造物群保存地区条件

四ツ辻から東を見る。区割りに沿い土用竹(竹の押縁)やウバメガシの生垣、板塀が織りなす景観が武家町のたたずまいを今に伝える(写真…個人蔵)

| 45 | 所在地
福岡県北九州市 | 地区名
青葉台ぼんえるふ | 戸数
106戸 | 世帯数
106世帯 | 入居開始年
1994年 |

青葉台ぼんえるふ団地管理組合法人

詳細に検討・デザインされたコモン広場を核としたまちなみを受け継ぐ

住宅はコモン広場を囲むように配置されている

青葉台ニュータウンは、区画整理事業によって生まれた約130ha、計画戸数2,400戸の、北九州市の大規模団地である。緑あふれるまちなみは、1989年に決定された地区計画によって形成された。

分譲に際しては財団法人住宅生産振興財団がコーディネートを行い、宮脇檀建築研究室が設計マニュアルを作成し、それに従って住宅が建設された。1994年頃から入居が始まったぼんえるふ地区は、その一角に位置する。

街区は、1本のループ道路に沿ってクラスター状に12のコモン広場（共有地）を配置している。住宅はコモン広場を囲むように配置され、各区画には豊富な植栽が施されている。植栽は、コモン広場や隣戸との関係に応じて領域ごとにシンボルツリー、景観ツリー、遮断ツリーなどの役割が設定されている。

複数のハウスメーカーにより住宅は建設されたが、コモン広場を核として住宅や外構のデザインに統一感をもたせるべく、区画ごとに誘導するデザインガイドラインがあらかじめ作成された。さらに、各ハウスメーカーがガイドラインに従って設計した住宅の図面・模型を持ち寄り、配置・屋根形状・窓の位置などを検討する設計調整も行われ、まちなみの統一が図られている。門塀、門扉、門灯なども全戸で統一されている。

入居開始から20年以上が経過し、環境変化に適合した住宅景観づくりから安全・安心・明るいまちなみづくりを中心とした活動をしている。防災や防犯・安全対策としてLED防犯灯の新設に取り組んだり、全員参加の剪定・除草や外部専門家の協力により、まちなみの維持にも努めている。

用途地域
第一種低層住居専用地域

地区面積
約4.2ha

計画者
宮脇檀建築研究室

事業者
若松西部地区土地区画整理販売企業体

開発形態
土地区画整理事業

共有地
コモン広場、みち広場、フットパス

共有物
団地サイン板、植栽、照明灯

組織形態
団地管理組合法人

構成員
区域内の全世帯

建築協定
1994年開始、2回更新

地区計画
1989年決定

緑地協定
—

その他まちなみのルール
管理組合規約

ループ道路。団地内では領域ごとに計画的に植栽が施されている

| 46 | 所在地 福岡県糟屋郡新宮町 | 地区名 コモンライフ新宮浜 | 戸数 86戸 | 世帯数 86世帯 | 入居開始年 1982年 |

コモンライフ新宮浜団地自治会

松原に抱かれたまちなみを住民一丸となって保全

まちなみ鳥瞰

玄界灘に面した深く広い防風松である「盾の松原」。コモンライフ新宮浜団地はこの松林にもぐり込んだような戸建て団地である。土地は、もともと集落の入会地（共有地）であったが、米軍による接収時代を経て、日本へ移管される際に地域住民へ返還された。そして地元公民館の建設資金を捻出するにあたり民間企業に売却されたことから、住宅地開発が行われる運びとなった。

宅地は、建築家宮脇檀の基本設計のもと、1982年から積水ハウスの売り建て供給により現在の団地の祖型が生まれた。敷地である松林に街区を想定し、住宅の位置や日照などを考慮しながらこの土地に400年近く存在する松林の歴史を尊重し松をできる限り残し地形を生かした細やかな造成を行った。住宅の屋根、外壁は無彩色をベースとし、道路境界面に対して十分な壁面後退と2段構成の生垣でグリーンゾーンを形成し、各戸の境界を示している。また、カーポートやアプローチは石張りとするなど、外構に自然素材を使用している。

開発当時は玄海国定公園第一種特別地域であったことから、建築協定並びに緑化協定を結び、住民が主体となって、松林の景観と生活の共存したまちなみの保全活動を展開している。

緑化協定では、松を共有財産と見立て、敷地境界を超えた松の根や枝を隣家で互いに受け入れることで敷地境界上の共同管理を図り、さらには松林との共存を主眼としたコミュニティの醸成を意図した協定となっている。

用途地域 国定公園第一種特別地区（現、第一種低層住居専用地域） **地区面積** 約4.2ha	**計画者** 宮脇檀建築研究室 **事業者** 積水ハウス **開発形態** — **共有地・共有物** —	**組織形態** 自治会 **構成員** 区域内の全世帯（会費を徴収）	**建築協定** 1982年開始、3回更新 **地区計画** — **緑地協定** 1982年開始、3回更新 **その他まちなみのルール**

松と共生するまちなみ

| 47 | 所在地 福岡県福岡市 | 地区名 シーサイドももち戸建地区 | 戸数 210戸 | 世帯数 201世帯 | 入居開始年 1989年 |

百道浜4丁目戸建地区町内会
各種活動団体の重層的な活動による地域づくり

まちなみ全景。ウォーターフロントに位置する

1982年から福岡市による百道海岸と地行海岸の臨海土地整備事業から始まり、1986年に景観形成地区の原型として策定された「シーサイドももちアーバンマニュアル」に沿ったゾーニングが港湾局によって行われ、現在の外形が浮かび上がった。

1989年にアジア太平洋博覧会の住宅環境展「九州の戸建てゾーン」として、マスターアーキテクトである建築家宮脇檀の監修のもと、積水ハウスを中心とした開発7社会によって百道浜戸建て団地の一部がモデル地区として建設された。そして博覧会終了後に造成・分譲された地区を合わせて百道浜4丁目戸建地区の開発を終え、福岡市の副都心としてのまちなみが整えられた。統一感のある建物・外構計画と、生垣や樹木による良好な生活空間を形成している。

開発に合わせて町内会が結成され、まちなみの維持を図るために、建築協定と緑地協定が締結された。ウォーターフロントに計画された人工的な環境を、植栽を中心としたコミュニティづくりとともに、計画的にできあがった組織と有志によるボランタリーな活動団体がそれぞれに活動することで生まれる重層的なコミュニティにより、団地内の環境保全が図られている。

街路樹の根元に見られる花壇づくり活動は盛んで、近隣地区に影響を与えるほどである。植栽を中心とした緑あふれる快適な環境の形成と保全活動が認められ、「第10回福岡市都市景観賞」や「緑のまちづくり特別賞」「花と緑に関する市長表彰」といった各種表彰を受けている。

用途地域 第一種住居地域、第一種中高層住居専用地域 **地区面積** 約5.84ha	**計画者** 積水ハウス、宮脇檀建築研究室 **事業者** 積水ハウス **開発形態** — **共有地** 緑道、緑地 **共有物** 防犯灯、散水栓	**組織形態** 町内会 **構成員** 区域内の全世帯（会費を徴収）	**建築協定** A地区…1989年開始、2回更新 B地区…1991年開始、2回更新 **地区計画** — **緑地協定** A地区…1989年開始 B地区…1991年開始 **その他まちなみのルール** アーバンデザインマニュアル、建築・緑地協定運用指針（A・B地区共同）

街区内を通る骨格道路沿いのまちなみ

生垣や通り沿いの街路樹などで整えられた外構

| 48 | 所在地
大分県大分市 | 地区名
パークプレイス大分公園通り | 戸数
約1,200戸 | 世帯数
900世帯 | 入居開始年
2001(平成13)年 |

パークプレイス大分公園通り団地管理組合法人

「公園」をテーマにまちづくりを行っている

団地中央に配置されているセントラルパーク

「公園」をテーマに据え、公園を中心とした緑豊かな環境に囲まれた団地である。2001(平成13)年から開発され、総区画数は1,200区画にのぼる。

総開発面積113haのうち32haが公園緑地用地として確保されており、団地中央にはコミュニティ形成の中心となる1haのセントラルパークが配置されている。さらに、周長1.6kmになるネックレスパークなどがあるほか、住宅ゾーンの一部には緑地帯やフットパスが整備され、人々の生活と公園環境とがオーバーラップし、全体が歳月を重ねるほどに豊かな空間になることを目指している。

まちなみは、単調になることを避けるために、コミュニティの適正規模である50戸を1ユニットとしている。建売と土地分譲を混在させ、また、さまざまなメーカーによる住宅を混在させている。屋根や外壁の統一は行っていない。

一方、外構は福岡地所(当初、大分シティ開発)がデザインを一手に引き受けてチェックし統一を図る仕組みを取り入れている。

公園緑地用地のうち約5.6haは団地管理組合法人が所有しており、居住者負担による管理費で公園環境は保全されている。

居住者と生みの親でもあるグリーンキーパー

フットパス

が密に連携を取りながら、その維持・管理にきめ細やかな対応をすることで、まちなみを維持している。

用途地域
第一種低層住居専用地域、第二種低層住居専用地域

地区面積
約113ha

計画者
EDAW、スケープテック、福永博建築研究所、幸建築＆環境設計、ニューズ

事業者
大分シティ開発

開発形態
開発許可

共有地
公園用地、倉庫用地

共有物
小川、池、噴水、ポンプ施設、水処理施設、倉庫

組織形態
団地管理組合法人

構成員
全世帯

建築協定
1～3丁目…2001年開始、1回更新
4～5丁目…2004年開始

地区計画
—

緑地協定
2001年開始、1回更新

その他まちなみのルール
—

幹線道路沿いのまちなみ

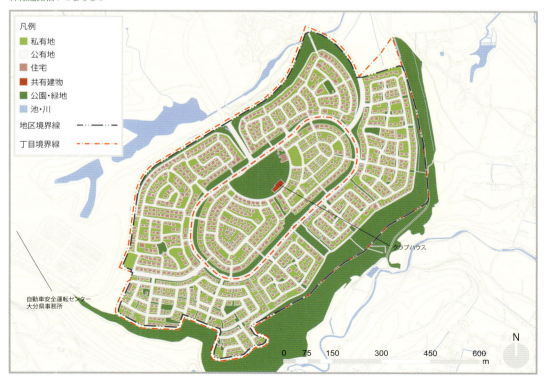

| 49 | 所在地
宮崎県宮崎市 | 地区名
学園木花台グリーンガーデン | 戸数
30戸 | 世帯数
29世帯 | 入居開始年
1990年 |

学園木花台グリーンガーデン土地所有者会

恵まれた住環境を互いの気遣いで維持し、
別荘型から定住型コミュニティへの変化に柔軟に対応

欧米の住宅地をイメージしたまちなみとポケットパーク

1993年に完成した宮崎学園都市にある学園木花台は、戸建て住宅、県・市営の集合住宅など3,000戸規模の住宅地である。そのほぼ中央に位置する学園木花台グリーンガーデンは、積水ハウスにより1990年に開発された。

開発コンセプトは欧米のまちなみをイメージした近未来型別荘地であり、ゆったりとした街区内道路と宅地割りが特徴である。緑豊かな植栽と電線類地下埋設方式が採用されているほか、8カ所のポケットパークがある。さらには、小路やベンチなどの工作物がポケットパークの雰囲気をつくっている。

もともとは別荘型として開発されたが、土地所有者の多くが居住用としていたことから2000年4月に別荘地仕様の規約を改定し、共有部分の芝生管理などはポケットパークを中心とするブロックごとの自主管理により維持されてきた。

さらに、ライフスタイルの変化や時代に対応した新しい管理規約づくりにも取り組み、2013年12月には土地所有者自身によるルールと管理組織が誕生した。

まちの美化に対する意識・意欲は現在も高く、定住型コミュニティへの変化に柔軟に対応した良好な住環境が形成されている。

ポケットパークに配された小路やベンチなどの工作物が雰囲気をつくっている

用途地域 第一種低層住居専用地域 **地区面積** 約1.2ha	**計画者** 地域振興整備公団 **事業者** 積水ハウス **開発形態** — **共有地** ポケットパーク、フットパス、駐車用スペース等の土地 **共有物** フットパス（タイル舗装）、街路灯6基	**組織形態** 管理組合 **構成員** 区域内の全世帯	**建築協定** — **地区計画** — **緑地協定** — **その他まちなみのルール** 土地所有者会規約、学園木花台まちづくり憲章

8つのポケットパークが配置されており、それぞれを中心としたブロックで構成されている

| 50 | 所在地 沖縄県北中城村 | 地区名 大城地区 | 戸数 105戸 | 世帯数 105世帯 | 入居開始年 — |

大城花咲爺会

「花と緑に囲まれた芸術の里づくり」に向かって区民全員が努力する

大城のまちなみ全景

　沖縄県北中城村内に位置する大城地区は、人口360人余りの小さな集落である。集落内には世界文化遺産中城城跡の一部と国指定重要文化財中村家住宅がある。また、隣接する荻道集落には国指定埋蔵文化財荻堂貝塚がある。標高140m前後の丘陵地で、ムラガー（井泉）や拝所など文化財が数多く残っており、現在のまちなみの骨格を形成している。

　区民は1987年頃から、北中城村が推奨する景観美化促進運動に呼応し、ブロック塀の壁面緑化や公民館周辺の植樹活動などに取り組んできた。その後、村による古城周辺歴史的景観整備事業を基盤とした庭園などの整備を経て、1999年には古城周辺景観協定を締結した。これは中城城跡が世界文化遺産に推薦されたことを受けたもので、大城・荻道地区を緩衝地帯として開発を抑制し建物の高さを3階までとすることや、赤瓦屋根を奨励することなどが協定には記載されている。

　大城花咲爺会は、「右手にスコップ、左手に缶ビール」を合言葉に、地域の美化活動に貢献する。大城地区の道路沿いに植えられたラン4,000本の管理などを行っているほか、会の活動に触発されて自主活動も多くなっており、一人ひとりの意識が高い。

　まちの将来像として「大城の地域づくり構想」が自治会の認定を経て区民に共有され、「花と緑に囲まれた芸術の里づくり」を目標に掲げている。地域の大学も支援に加わり、テラコッタ素焼きの彫刻が県道沿いや公園を飾るようになったほか、秋には地域全体を美術館と見立てるスージグヮー美術館が開催されるなど、芸術を軸とした活動により、賑わいを見せている。

用途地域	計画者	組織形態	建築協定
—	—	景観美化のためのボランティア団体	—
地区面積	事業者		地区計画
約20ha	—	構成員	—
	開発形態	任意(50歳代後半以上の男性)	緑地協定
	—		—
	共有地・共有物		その他まちなみのルール
	—		景観協定、大城の地域づくり構想

通り沿いなどあちこちに花や植栽がある

花や緑が植えられた道路脇の小径

「住宅地のマネジメント」のために
知っておきたい用語

大月敏雄

　この用語集は、「住まいのまちなみコンクール」受賞団体へのインタビュー調査を通して、居住者から発せられたキーワードのうち、住宅地のマネジメントにとって、より汎用性の高い用語を選び出し、それらについて必要な解説を試みようとしたものである。

　用語自体は、開発やまちづくり、組織運営といった多岐にわたる領域にまたがっている。そこで以下に示すような5つの大分類を行って簡単な概説を施したのち、その下にもう一段階のカテゴリーを設けて、さらにその中で各用語に解説を施したものである。

住宅地の開発と計画
概説│都市計画と住宅地開発の展開
近代都市計画の系譜／都市計画／土地区画整理事業／住宅地開発

まちなみの骨格
概説│まちなみを支えるインフラ
法律上の道路／宅地割り／コモン／歩車共存／緑の計画

まちなみのルール
概説│まちなみづくりの制度
景観形成の手法／まちなみの協定と地区計画／まちなみ保存／景観法

居住者組織とマネジメント
概説│日本のコミュニティ
居住者組織／管理組合

新たなマネジメント領域
概説│多様化社会を乗り切る知恵
ライフスタイル／住宅政策と福祉／住宅のストック化と流通／安心安全／環境との共生／新技術

　近年は、ネット検索によって容易に言葉自体の意味は確認できるものの、やはりその言葉がどのような歴史的文脈や専門領域ごとの文脈に沿って用いられる言葉なのかという、その言葉独自の文脈を探ることは依然として難しい状態にある。

　ここでは、言葉一つひとつの語句の意味もさることながら、それらの体系づけに主眼を置いたものになっていることに留意していただきたい。

　なお、解説内容については、住宅生産振興財団編『住まいのまちなみを創る 工夫された住宅地・設計事例集』（建築資料研究社 2010）所収「まちなみ用語解説」（大月担当）から多くを参照している。関心の向きは、同書を直接参照していただきたい。

住宅地の開発と計画

概説 | 都市計画と住宅地開発の展開

　日本の近代において、本格的な住宅地開発が行われ始めたのは明治の末期であった。阪急箕面有馬電気軌道（現在の阪急電鉄）が開発した池田室町（1910）がその代表例である。もちろんそれ以前からも、耕作地の生産性を上げるための耕地整理事業（土地区画整理事業の前身）を利用した宅地開発などは行われていたが、産業革命が進展し、第一次世界大戦で景気がよくなり、大都市に人口が流入し、都市問題や住宅問題が全国的な課題として浮かび上がってきた大正時代半ばに、住宅地開発を計画的に行うための諸制度が整備されていった。その代表が都市計画法であった。

　都市計画法（旧法）は1919年に、現在の建築基準法の前身である市街地建築物法と共に成立した法律で、東京を手始めに次第に六大都市（東京、横浜、名古屋、京都、大阪、神戸）から、その他の都市へと適用が広がった。この旧法では、都市計画事業に伴う土地の取得方法や建築物の用途制限などが記載されていたに過ぎなかったが、同法を利用して、関東大震災（1923）の復興事業として土地区画整理事業を大々的に用いた効果は、その後の住宅地開発に大きな影響を与えた。

　ところが戦後、特に昭和30年代に入って爆発的に流行した郊外の宅地開発ラッシュによって引き起こされた諸問題には、旧法の制限だけでは対応できなくなった。これを受け、1964年に宅地造成をコントロールする目的で「住宅地造成事業に関する法律（旧宅造法）」が施行され、住宅地開発の技術的制限が行われるようになった。これを拡充したのが、1968年の現都市計画法（旧法に対し新法）である。新法ではまず、都市計画で開発をコントロールすべき都市計画区域を設定し、その中を、優先的に市街化を図る市街化区域と、開発を抑制する市街化調整区域に分ける、「区域区分（線引き）」制度を新設した点が一番大きい改正点であった。

　この線引き制度は、当初すべての都市計画区域において実施すべきものとされ、線引きを実施

したところを「線引き都市計画区域」、いまだ線引きを指定していないところを「未線引き都市計画区域」と呼んでいた。しかし、2000年の都市計画法改正によって、必ずしも線引きが義務ではなくなり、線引きしていないところは、「非線引き都市計画区域」と呼ばれるようになった。線引きをした場合、原則として市街化調整区域では新規の開発が抑制されるが、開発許可制度を用いることによって、特別に開発を認める措置がとられた。

　この開発許可制度は従前の旧宅造法の規制内容が踏襲されたものである。その許可基準は、都道府県ごとに「開発許可の技術的基準」のような形で示されており、この中に、道路の形状や宅地規模、用途、建築協定締結などが指示され、住宅地のまちなみの形成に大きな影響を及ぼすようになった。

　日本では住宅地開発をする際に、このような都市計画法に基づく開発許可制度を用いて行う場合と、区画整理事業を用いて行う場合の、主として二つの開発方式がある。その他、新住宅市街地開発法（1963）に基づくニュータウン事業などもあるが、日本の一般的な住宅地開発は、開発許可か、区画整理事業のいずれかが主流であった。

　開発許可の場合、民間の事業者が一定のエリアの土地を取得して、開発許可基準の範囲でまちづくりを行うのに対し、区画整理事業の場合は「組合施行」と呼ばれる、複数の地主さんたちが民間事業者などと組合を結成し、それぞれの所有地の処分を合議しながらまちづくりを行うものが一般的である。たまに、「一人施行」という形で一事業者が行う場合や、公共団体が施行する場合もあるが、組合施行が一般的である。

　このため、開発許可の場合、ある程度先を見越した統一したまちづくりが可能となる半面、最初の事業者の撤退で、まちづくりの一貫性が危ぶまれる可能性もある。これに対して、区画整理事業においては、事業完了段階で複数の地主さんたちがそれぞれに土地を所有して、それぞれの個別事情の中で建物を建てていくので、場合によっては時間経過の中で、住宅地に隣接してパチンコ店

建設の話が起こって反対運動が起きる、などという リスクもあるが、半面、時代状況や社会状況に柔軟に応じた土地利用や建物利用法の変化などが可能であるため、ある意味で、したたかで強靭なまちづくりが可能だともいえる。

近代都市計画の系譜

バロック都市計画

　都市づくりは19世紀半ばにオスマン男爵によって指揮されたパリの大改造で一つの大きな転換点を迎えた。単なる直交グリッドだけではなく、放射状や円環状の幾何学性の強い道路の線形を導入することにより、よりインパクトのある都市景観を演出する技法が採り入れられたのである。

　「凱旋門」で有名なシャルル・ド・ゴール広場は、円形の広場の真ん中に凱旋門を建て、そこから放射状に道を延ばし、上から見たときに星のような形となるため、この広場は「エトワール(仏語で「星」)広場」とも呼ばれている。このような、都市景観の荘厳さを演出するための幾何学的な都市空間構成は、バロック都市計画とも呼ばれた。

田園都市

　1898年にイギリス人、エベネザー・ハワードが著した『明日－真の改革に至る平和な道』(1902年に改訂され『明日の田園都市(Garden City of To-Morrow)』と題名変更)の中で提唱された、田園環境と都市環境の両方の利点を併せもつ新たな都市。

　住宅地をはじめとし、公的施設、商業施設、工業施設を用途に応じて配列してつくった都市を農村が取り囲み、一定程度までしか人口を増やさないように配慮された具体的な都市建設が提唱された。この提案では、具体的な資金計画や長期の運用計画も示されており、1899年には早速、田園都市協会が設立され、1903年にロンドン北郊のレッチワースにて最初の田園都市が着工した。

　この田園都市運動は、すぐさまヨーロッパ各国やアメリカに伝播し、各地の郊外新都市建設のモデルとなった。日本でも、1907年に内務省地方局有志により『田園都市』が出版された。同書はハワードの著作の訳本ではないが、田園都市という言葉と概念を普及させた。

近隣住区

　18世紀後半のアメリカでの郊外住宅地開発の方式は、住宅地を売り、その間に適当に商店街をつくったり、適当に集会所や学校といった共益施設をつくったりしていただけであった。当然、商業施設やサービス施設が足りなかったりする問題が生じるときもあった。

　この問題に目をつけたのが、ニューヨーク郊外で住宅地開発を手がけていたラッセル・セージ財団に勤めていたクラレンス・ペリーであった。彼は、人口1万人前後の、一つの小学校が成り立ち得るコミュニティのまとまりをNeighborhood Unit(近隣住区)と定義し、この小学校区を設定すれば、誰もがお世話になる施設である小学校や教会や商店街やその他の施設や公園に、子どもが歩いてアクセスできるという提案をなした。1920年代の当時、アメリカではすでに自動車事故が深刻な社会問題になりつつあった。このため、小学校区を単位として、それをスーパーブロックとし、その中では極力自動車を排除するなどの提案も同時に行っていた。

ラドバーン(歩車分離)

　田園都市運動の影響を受け、ニューヨーク郊外において新たな住宅地の設計を試みていたクラレンス・スタインを中心とした建築家たちが、ニューヨーク市の西隣町であるニュージャージー市に実験的な都市をつくることとなった。ペリーの近隣住区の考え方を参照しつつ、歩道と車道を分離させ、近隣住区内のすべての住宅地から、車と一度も出会わずに学校や諸施設や商店街に行ける道のネットワークシステムを開発した。

　いくつかスーパーブロックをつくり、そのブロックの中央に細長い公園をつくり、その公園に取り付くように、10軒程度がワンセットとなったかたまりである「クラスター(葡萄の房の意)」を配置し、その真ん中にスーパーブロックの外側を走る外周道路から直接自動車で乗り入れることのできるクルドサック(フランス語で袋路地を意味するcul-de-sac)をつくる。そして、車道であるクルドサックとは反対に、家の裏側には公園に続く歩道が用意され、歩道をたどると、家の裏の公園に辿り着く。この公園沿いの道を辿っていくと、公園に面して小学校があるという仕組みである。

この、歩車分離型の住宅地計画の代名詞ともいえるラドバーンは、1929年の世界大恐慌の年に建設されたが、経済状況悪化とその後の第二次大戦のために、完成は第二次大戦後に持ち越されることになったが、ラドバーンシステムは戦後世界中のニュータウンに採用されることになった。日本でも、千里ニュータウンや多摩ニュータウンにラドバーン方式のエッセンスが採り入れられており、1970年代まで世界の住宅地開発を席巻した。

都市計画

開発行為

都市計画法第29条に定められる「主として建築物の建築または特定工作物の建設の用に供する目的で行う土地の区画形質の変更」をいう。

道路の新設・拡幅による区画の変更や、傾斜地の切土・盛土による宅地造成などが相当する。都市計画区域内において、一定の開発行為を行おうとする場合、開発許可が必要となる。

開発許可

都市計画区域内において、一定の開発行為を行おうとする者が、許可権者(都道府県知事等)から事前に受けなければならない許可。

開発行為が想定されていない市街化調整区域での開発行為には原則この許可が必要となる。市街化区域でも大規模な開発行為の際にはこの許可が必要になる。

都道府県が示す技術的基準に適合するほか、自治体独自の開発要綱などにも適合しなければならず、この事前協議によって、道路や公園、学校施設用地の提供が求められることも多い。住宅地の開発の場合、開発許可基準に建築協定の締結を盛り込んでいるところも多い。

都市計画マスタープラン

1992年の都市計画法改正により導入された「市町村の都市計画に関する基本的な方針」のこと。略して「都市マス」「市町村マス」などとも呼ばれる。

従来都市計画の多くが国からの機関委任事務として、都道府県を主たる単位として策定、実施されてきたが、地方分権の流れの中で、より地域の実情に適合した都市計画に関するマスタープランを地域の住民が主体となって策定するという目的で導入された。市町村による都市計画に係る事業で、この都市マスに記載のあるものは事業を進めやすい。

生産緑地地区

1974年の生産緑地法の制定とともに、市街化区域内の農地を、農家の営農意志や、市街地内緑地としての有効性などの観点から、例外的土地利用として指定した都市計画上の地域地区。

その後、地価高騰に伴う土地有効活用の動きの中で、市街化区域内農地の流動化を促進するため宅地並み課税が政治課題化され、1991年同法の改正によって市街化区域内の農地は、保全する農地(生産緑地)と宅地化する農地(宅地化農地)とに区分された。これにより、生産緑地は30年以上の営農義務を果たす代わりに、税制上の優遇措置を受けるという仕組みができたが、2022年がその30年目に当たるため、都市部での宅地供給市場に大きな影響を及ぼす可能性がある。

コンパクトシティ

郊外部に展開していく都市成長を抑制するとともに、中心となる市街地をより効率よく形成し直すことで、人口密度が低いエリアでのインフラ整備と管理コストを削減すると同時に、税金や資源を効率的に利用する都市モデル。

この推進のため、2014年に施行された「改正都市再生特別措置法」に基づいて、全国の市町村で「立地適正化計画」の作成が進められている。基本的には、都市計画区域全体を立地適正化計画区域とし、その中に人口密度や都市サービスレベルを維持する居住誘導区域を設定し、さらにその中に医療・福祉・商業等の都市機能を集中させる都市機能誘導区域を定めることによって、都市のコンパクト化を推進しようという計画である。ただし、居住誘導地域に指定されなかったところが今後どうなるかなど、長期的な課題が残されている。

土地区画整理事業

土地区画整理事業

道路や公園などのインフラストラクチャー(インフラ)が未整備の地区において、従前の土地所有

者から、一定割合の面積の土地を提供してもらい（減歩）、それをもとにインフラを整備するとともに、従前の権利に相当する土地の区画形状を整えた新たな土地に置き換え（換地）、土地の有効利用を可能にする事業。

減歩された土地の中から、保留地（リザーブ用地）を確保し、それを売却して事業費を補填する。日本では、明治時代の耕地整理事業がこの方式を採用し、それが住宅地開発にも応用されていた実状をもとに、旧都市計画法の中に区画整理事業が位置づけられた。

関東大震災の復興区画整理事業、戦時中の住宅営団による住宅地開発で大きく普及し、戦後、耕地整理法が廃止となるとともに、1954年に土地区画整理法が成立し、体系化された。

住宅地開発

一団の土地

登記簿上で一筆の土地であるか否かを問わず、同一利用者によって一つの利用目的のために供されている土地を指す法律用語。いわゆる「団地」の語源でもある。

例えば、国土利用計画法（1974）では、乱開発や無秩序な土地利用を防止するために、一定面積以上の大規模な土地の取引をしたときは県知事にその利用目的などを届け出て、審査を受けるが、このときの面積要件に「一団の土地」の概念が適用される。

一団地認定

建築基準法上、一つの建築物は一つの敷地に建て、その中で各種規制を受ける（一敷地一建物の原則）が、複数の建物を一まとまりの敷地（一団の土地）に建てる場合、良好な市街地環境に寄与し、土地の有効利用に資する計画であると特定行政庁が認定し、接道義務、容積・建蔽率制限、日影規制などといった建築基準法上の集団規定を緩和する制度。

集団規定に縛られずに自由な計画が可能となる半面、計画に変更が生じたらもう一度認定を取り直さなければならないなど、長期に運用することが難しい制度である。戦後すぐの団地づくりに多く適用された。

ニュータウン

都市から遠く離れた郊外に開発された大規模な住宅市街地。

日本では、日本住宅公団が開発した香里団地（1958年入居）が「東洋一のニュータウン」などと呼ばれていたが、大阪府によって開発された千里ニュータウン（1962年入居）が日本で初めてのニュータウンとされることが多い。

その後、ニュータウン法とも呼ばれる、全面買収方式の新住宅市街地開発法（1963）が制定され、日本住宅公団と春日井市が中心となって開発した高蔵寺ニュータウン（1968年入居）や、東京都が中心となって開発した多摩ニュータウン（1971年入居）などが次々に開発されるようになった。

宅地造成等規制法

崖崩れなどの災害が予想される地域での宅地造成事業が安全になされるために1961年に制定された法律。「宅造法」と略される。

1964年に制定され、その後開発許可制度に移行した旧宅造法（住宅地造成事業に関する法律）とは異なる。宅造法では、宅地造成工事規制区域に指定された区域内で行う一定の宅地造成工事等の場合、許可および届出の手続きを必要とする。

地役権

契約に定められた目的（たとえば通行、用水等）のために、他人の土地（承役地という）を、自分の土地（要役地という）の便益に供する権利で、民法に規定されている。住宅地開発では通行のほか、電力会社の鉄塔敷・高圧架線等で地役権が設定される場合がある。

住宅地計画において住宅に囲まれたコモンを形成する場合、各宅地の敷地延長部分（旗竿敷地の竿にあたる部分）を集合させ、そこに地益権を設定することで、私有地上のコモンの法的安定を図ることもある。

定期借地権

2002年に改正された借地借家法で創出された借地制度。

改正借地借家法では、借地権を「普通借地権」と「定期借地権」に区分した。「普通借地権」とは従来の借地権のことで、借地権の存続期間が満

245

了した際に、地主側に正当事由がなければ、借地人が更新を望む限り自動的に借地契約が更新される。

これに対して「定期借地権」とは、借地権の存続期間が満了した際に、地主側の正当事由の有無にかかわらず、借地人は借地を地主に返還しなければならない。定期借地権には「一般定期借地権」「建物譲渡特約付き借地権」「事業用借地権」の3種類があり、「一般定期借地権」は、50年以上の存続期間を定め、期間満了時に更地で地主に返還する。

建築条件付き宅地分譲

デベロッパーなどの土地所有者が、住宅メーカー、工務店などのビルダーに販売を委任し（販売代理）、委任された者が自ら建築を請負うことを条件に宅地の販売を行う事業方式。「停止条件付き宅地分譲」の代表例である。

まちなみの骨格

概説 | まちなみを支えるインフラ

住宅地は、住宅の敷地だけでは成り立たない。道路や公園や住宅以外の施設を建てるための敷地も必要である。また、生活基盤であるインフラストラクチャー（略してインフラ）の構成には、道路や公園ばかりではなく、上水道、下水道、電気、ガス、通信網といったライフラインも不可欠である。

住宅地を整備する際に、ひときわ重要となるのは道路である。なぜなら、道路の幅や形状がまちなみの骨格を形づくるばかりでなく、たいていの道路はライフラインを各住宅へ導くための重要な経路となっているからである。また、道路は宅地とは異なり、一度その形状を決めたら、容易に変更することは難しく、もし景観上あまりよくない道路ができたとしても、それを大幅に変更することが難しいため、道路の設計はきちんとしたランドスケープデザインを踏まえるべきであるが、日本の多くの道路はただの「自動車が通行できればいいだけの空間」となっていることも事実である。

「道路は広ければ広いほどよい」といった考え方もあるが、住宅地内の道路が広すぎると、いわゆる「向こう三軒両隣」的なご近所付き合いを妨げたり、車が自然に速度を上げてしまい危険な道路になったりもする。道路のデザインは交通のみの機能ばかりではなく、生活上の機能も重視したものでなくてはならない。

一方で、道路の脇に植えられる植栽や、側道としての歩道や自転者用道路もまた、まちなみの形成にとって極めて重要であり、そのまちの表情を第一義的に決定する。このため、街路樹の選定と剪定は常に、まちなみにとって重要であり、最初の道路のデザインが多少まずくとも、植樹帯や側道のデザインをやり直すことによって、道空間全体のまちなみをよくすることは不可能ではない。

しかし、一言で道路といっても実は、法規的には多種多様な道路があり、その所有方式や管理方式もマチマチであり、多種の道路が入り混じった状態ではその管理主体も複雑になりがちで、こうした場合、なかなか道空間の改善というのは難しいことも多い。

住宅地の開発を考えた場合の道路の設計について考慮されることは、道路は建築物の敷地との接点であるということである。建築基準法上、建築物の敷地は原則として「幅員4m以上の道路に2m以上接しなければならない」こととなっており、これを接道義務などと呼ぶ。ただし、これにはたくさんの例外規定がある。例えば都市計画区域内ではこの規定が適用されるが、都市計画区域外ではこの規定は適用されない。なぜなら、建築基準法上の建築物規制には二種類あり、建築物の耐震性・耐火性などを規制する建築物単体の諸性能規定である単体規定と、都市計画区域内における建築行為にのみ適用され、建蔽率や容積率といった用途規制などを規定する集団規定があるのだが、建築物の敷地の接道に係る規定は集団規定に属するからである。

しかし、多くの新規開発住宅地は都市計画区域内にあることが多いので、おおむね日本の団地に建つ住宅の敷地はこの規定を受けていることになる。

法律上の道路

建築基準法第42条の道路

建築基準法が規定する道路の詳細は同法第42条に示されている。以下、主要な道路を抜粋する。

1項1号道路：道路法に基づいてつくられた道路（国道、県道、市道等）。

この第1項に規定される道路は4m以上のものであるので、建築物の敷地はこれらに直接2m以上接していればいいことになる。

1項2号道路（開発道路等）：土地区画整理法、都市計画法その他の法令に基づいてつくられた道路。

1項5号道路（位置指定道路）：土地所有者が築造し、特定行政庁からその位置の指定を受けた道路。私有地である場合が多いが、私有地であっても建物の建設不可などの土地の利用制限が加わる。一つの業者が新規に集団で宅地造成を行う場合に、道路から奥まったところの敷地に接道条件を満たす場合に申請される。位置指定道路となったら、原則としてその解除はできない。第1項中、1、2、4号が公道であることに対し、単に「私道」と呼ばれることもある。

2項道路（みなし道路）：建築基準法施行の際、既に建築物が建ち並んでいる4m未満の道路で、将来は4mに拡幅が可能と、特定行政庁が指定した道路。ただし、将来的にこの道路を接道条件として建築物を建て替える場合には、道路の中心線から2m離隔（セットバック）して、建築物の外壁線を設定しなければならない。

道路構造令

1970年に道路法の規定に基づいて制定された政令で、道路をつくる際の一般的技術的基準を定めたもの。同令には、以下のような定義がある。

歩道：専ら歩行者の通行の用に供するために、縁石線または柵その他これに類する工作物により区画して設けられる道路の部分。

自転車道：専ら自転車の通行の用に供するために、縁石線または柵その他これに類する工作物により区画して設けられる道路の部分。

自転車歩行者道：専ら自転車および歩行者の通行の用に供するために、縁石線または柵その他これに類する工作物により区画して設けられる道路の部分。

車道：専ら車両の通行の用に供することを目的とする道路の部分（自転車道を除く）。

植樹帯：専ら良好な道路交通環境の整備または沿道における良好な生活環境の確保を図ることを目的として、樹木を植栽するために縁石線または柵その他これに類する工作物により区画して設けられる帯状の道路の部分。

歩行者専用道路

道路法では、管理者が新設の道路部分の区間を定めて、専ら歩行者の一般交通のために指定した道路または道路の部分としている。歩道が原則的に道路の一部を想定しているのに対し、歩行者専用道路は主として、独立した歩行者のための道路を想定している。

これに対し、道路交通法上の「歩行者専用道路」は、道路標識等により車両通行が禁止された道路であり、歩行者天国などの日時規制を伴うものも含まれる。

宅地割り

街区

一定レベルの道路により区画された一団の宅地または画地。住宅地計画を考える場合の、基本的な単位となる。一般的な戸建て住宅地設計の場合は、短辺30〜50m、長辺100〜200m程度が標準とされている。

スーパーブロック

幹線道路などグレードの高い道路に囲まれた複数の街区を一まとまりとして単位化したもの。近隣住区論で、通過交通が侵入しないようにスーパーブロック周りの幹線道路に通過交通を負担させ、ブロック内では静穏な交通環境を保つように意図される。

背割り線

長方形の街区内の画地割りを行う際に、街区の長辺と平行して街区中央付近に引かれた線。通常、道路とは反対側の裏側の隣地境界線を結んでいくと背割り線となる。

ちなみに、背割り緑道とは、背割り線上に設ける歩行者路をいう。また、この部分を電信柱の建

柱スペースまたは地下埋設スペースとして利用する例もある。

旗竿敷地

　道路に接道していない街区内部の敷地から、幅員2m以上で道路まで到達するような細長い土地を付加し、建築基準法上の敷地の接道条件（原則幅員4mの道路に2m以上接すること）を満たすようにした敷地。

　平面形状が旗竿に取り付けられた旗に似ているので、この呼び名がある。なお、旗竿敷地の竿の部分を「旗竿敷地」あるいは「敷地延長部分」とも呼び、駐車スペースを兼ねることもある。

コモン

コモン（common）

　イギリスの集合住宅の広い中庭（コモングリーン）や、アメリカのボストンコモンやワシントンコモンに代表されるような、公共に開かれた共用の広いオープンスペースのように、多数の人が共同で利用できる空間。

　日本の戸建住宅地で用いる場合は、住戸前にある共用のオープンスペースを指して用いられていることが多い。宮脇檀氏と積水ハウスがコモンライフやコモンシティのシリーズで提唱した。コモン広場、コモン庭、コモン緑道がつくられている。土地の所有関係は、必ずしも共有を意味せず、共用空間であるという意味で使用されている。したがって、コモンの土地所有形態については、共有地、公有地、私有地（敷地延長）などがある。

ゲーテッド・コミュニティ

　アメリカの戸建住宅地などで多く見られる形式で、住宅地敷地の入口に門扉を配し、敷地周囲を柵や塀で囲むなど、周辺からの物理的遮断性を高めることにより、住宅地内の治安を高めようとした住宅地。

　敷地入口の門には門番がいないことも多く、実際には出入り自由のことも多い。このため、この種の住宅地は実際の防犯性向上よりも、不動産販売時の売り文句として活用されることも多い。日本にはほとんどないが、オートロックのマンションなどは、一種のゲーテッド・コミュニティと考えることもできる。

歩 車 共 存

ボンエルフ（コミュニティ道路、歩車共存道路）

　車を主体とした道路をもっと生活の場として使える快適性の高い空間にできないかということで、1971年からオランダのデルフトで、ボンエルフ（woonerf、オランダ語で「生活の庭」の意）を住宅地に導入し、自動車道を石張りにするなどの社会実験が行われた。この中では、車の運転手が自然と速度を緩めて通行せざるを得ないような道路形状やデザインが追求され、併せて、歩行者が車と同じ路上で共存できるようないくつかのアイデアが実験に付され、1975年にはオランダの国策に採用された。

　日本でも早速、コミュニティ道路事業として1980年に大阪市阿倍野区長池町で初めて設けられたが、これは市街地内の道路整備であり、以後全国に展開した。

　同じ年に開発された宮城県七ヶ浜町の汐見台ニュータウンでは、初めて新規開発事業の中でボンエルフの考え方が活かされ、「フットパス」のネットワーク、「フォルト（fault）」、「ハンプ（hump）」などが採用され、以後、1980年代以降の新規住宅地開発において採用される事例が多くなった。

ハンプ（hump）

　自動車速度軽減のために道路上にわざと設けたコブ。歩車共存道路の計画手法の一つ。

　実際にコブをつくらなくても、舗装面の色彩、材質の変化により心理的に同様の効果を得ようとするものを「イメージハンプ」という。アメリカではバンプ（bump）ともいう。そもそも、humpは人の背中のコブやラクダのコブのことで、bumpとは道のデコボコのこと。いずれも用いられるが、日本ではハンプを使う。

フォルト（fault）

　ボンエルフの計画手法の一つ。道路の車両通行部に植栽枡などを突き出させて、物理的に交通流を抑制するもの。「狭窄」ともいう。

　フォルトを左右交互に配置し、自動車に蛇行を強いる場合を「シケイン」ともいう。また、道路の舗装面の色彩、材質を部分的にフォルト状に設計し、心理的に速度を抑制させようとする手法を「イメージフォルト」と呼ぶ。

ボラード（bollard）

いわゆる車止め、保安柱とも訳される。車両の侵入を防ぎ、通行帯を規定する杭、またはこれに類するもの。英語ではそもそも岸壁で船をロープなどで係留するための突起柱を指す。

スラローム（slalom）道路

スラロームとはそもそも、スキーの回転競技を指す言葉であるが、スラローム道路とは車輌通行部分をなだらかな曲線として、自動車に蛇行を強いる道路。歩車道を分離し、車道をS字状にする場合が多い。クランクと比べて、奥行きのある景観が得られる手法。

公共交通指向型開発
（**TOD：Transit Orientated Development**）

鉄道やバスなどの公共交通機関を重視した住宅地開発。特に、ほぼ自家用車のみに頼っていたアメリカの住宅地計画の在り方へのアンチテーゼとして話題になった。

駅やバス停といった公共交通の拠点を中心に商業地区を配置し、その周りの徒歩圏に住宅地を配し、さらにその周りに工業立地も可能な公園等を中心とした低密度利用地区を配する。その中で、公共交通機関から歩いて各地域に楽しく辿りつけるような配置計画が指向される。このため、従来の歩車分離型のクルドサックではない、グリッドの変形パターンによって、街路構成がなされることが多い。

具体の外部空間計画は、ボンエルフの手法と共通する点が多い。さらに広く、従来の「歩行者と自動車」ではなく「歩行者と公共交通機関」の関係を重視した、たとえばLRT（次世代型路面電車：Light Rail Transit）のような交通機関などを導入する開発も、TODに含める場合もある。

緑 の 計 画

シンボルツリー

道路から個々の住宅の玄関へ至るアプローチの入口部分に植えられる中・高木。区画道路沿いの民地で並木をつくり出す手法として用いられる。また、まちのシンボル樹を指す場合もある。

二段（二重）植栽

外構に生垣を用いる場合に、生垣の道路側に灌木など高さの低いものを植栽し、道路側から植栽が二重に見えるようにする手法。

生垣の下枯れ部分の緑を補い、緑の奥行きを増すことを意図している。「生垣＋灌木等」で二列をなすものを二段植栽、「生垣＋灌木＋地被類等」により三列をなすものを三段植栽という。

オープン外構

道路との境界に極力門や塀を設けず芝張りを主体とする北米型の外構。近年日本の住宅地開発で用いられることが多くなった、視覚的にも物理的にも遮蔽物の少ない外構（open exterior）。

ただ、日本の場合、敷地の狭小化に伴って、開放感のある空間をつくる手法として活用されているが、建物の道路からの引きが小さく、植樹も満足になされない、ただの駐車スペースとなってしまっているところも多い。

まちなみのルール

概説 | ## まちなみづくりの制度

日本の近代における住宅地のまちなみに関するルールとしては、住宅地供給時の紳士協定のような形で締結されていた。例えば1923年に田園都市株式会社によって販売が開始された田園調布には、下記のような紳士協定が定められていた。

いまでいうところの、「任意協定」の類であった。
①他の迷惑となる如き建物を建造せざること
②障壁は之を設くる場合にも瀟洒典雅のものたらしむること
③建物は3階建て以下とすること
④建物敷地は宅地の5割以下とすること
⑤建築線と道路との間隔は道路幅員の二分の一

以上とすること

⑥住宅の工費は坪当たり約120、30円以上とすること

　こうした個別の建物による自主的コントロールは、田園調布ばかりではなく他の戦前の住宅地にも行われていたが、これが法規という形でルール化されるのは、1950年の建築基準法制定の際に導入された建築協定からであった。

　この建築協定はアメリカにおけるカベナント(covenant)と呼ばれる住宅地における建物の各種制限に関する景観協定から大きく影響を受けており、住宅地としての環境や、商店街としての利便性を維持することを目的として、土地所有者等の全員合意の上で取り結ぶ協定である。行政の許可、公告、縦覧という手続きを経ることによって、任意の協定とは異なり、協定締結後は、協定締結者だけでなく、その後の土地の権利取得者にも効力が及ぶ。

　協定の内容は主として建築基準法に関連する内容となっており、敷地、位置、構造、用途、形態、意匠、建築設備などについて規定される。土地所有者等の全員合意が原則であっため、立法当初はほとんど普及しなかった。新規住宅地で初めて建築協定が締結されたのは1967年の上飯田モデル住宅地区といわれている。また、1972年には横浜市の美しが丘地区で全国初の地元発意型の建築協定が締結されている。しかし、1971年に一人協定制度が導入されてから、建築協定は一挙に普及するようになった。

　まちなみのルールとしては、建築協定以外にも同じ系列の協定で、都市緑地保全法に基づく緑地協定がある。また、法律に則らない、いわゆる紳士協定的なまちなみ協定も多く締結されている。紳士協定とはいえ、自治体によってはこうした地域独自の協定を条例等で追認したりするところも出てきている。

　さらに、建築協定に近いまちなみルールとして都市計画上の地区計画がある。これは都市計画決定という行政手続きを踏んで行政の方で指定するものであるが、地元からの発意が認められる場合もあるし、決定の際には地元の意向も当然重視される。ただ、協定とは違ってルールの運用が自治体によってなされるために、居住者組織の運営負担は少ないが、協定のようにきめの細かいと

ころまでルール化できないのが難点である。このため、地区計画と任意協定との併用によって、きめの細かいルールを運用しているところもある。

　一方で、既成市街地では伝統的なまちなみや建物を保全することをめざす場合がある。まちなみを構成する重要な要素として、建物を文化財保護法に定める文化財に指定して保存することは従来から行われてきた。これは、国宝をトップに、国指定の重要文化財、都道府県指定の文化財、市区町村指定の文化財というように、それぞれのエリアごとに重要な建物を文化財行政担当(自治体の場合は教育委員会)部署が委員会などを開いて指定するものであり、建築基準法上の緩和や、保全に関わる補助などが受けられる。

　これらを「指定」文化財と呼ぶのに対して、2004年から「登録」文化財の制度が始まった。これは、建物所有者の同意を得て、自治体の教育委員会経由で文化庁にあげ、国の文化財リストに「登録」するものである。指定文化財とは異なり、原則として所有者自らが文化財リストに登録するのが原則であるため、基本的には取り壊したりもできる。ただ、マスコミなどでは国指定重要文化財と、国の登録文化財は一般的にはさほど区別されていないので、登録文化財でもたいそうな扱いを受けることも多く、まちづくりの起爆剤としてはメリットのある制度といえよう。

　こうした建物個別の保存制度から一歩進んで、一定エリアのまちなみ全体を文化財的に指定し、法的に保存のための措置を講じる制度がある。これが、一般に「伝建地区」と呼ばれる地区である。正式には伝統的建造物群保存地区という都市計画上の地域地区の一つとなる。また、エリア全体というよりは、例えば街道筋のまちなみの表情などを保存したい場合には、国交省系の補助事業として街並み環境整備事業(略して、街環)などの補助事業もよく活用されている。

　ただ、こうした建物の保存だけでまちなみの総体が必ずしも守れるわけではないことから、2004年に景観法が成立し、自治体が率先して景観形成のための条例やルールをつくり、建物ばかりでなく、風景や景観を構成する樹木や建物以外の工作物などの規制を総合的に行う制度ができ、まちなみ保全の分野で少しずつ実績をあげつつある。

景観形成の手法

隅切り

道路が直角に近い角度で交差する角地のコーナー部分から、道路に接する辺を同じ長さにとった直角二等辺三角形状の敷地を道路用地として提供し、道路の見通しを良くすること。

切り取った部分が直線であることが多いが、円弧とするケースもある。この隅切り部分には、原則として塀や建物を建てない。

セットバック（壁面後退）

日本でのまちなみ形成の都市計画的制度の古いものとして、1919年に制定された、現在の建築基準法（基準法）の前身である市街地建築物法（物法）の「建築線制度」を挙げることができる。建築線とは、建築物の外形線がその線を越えてにならないものとされる線のことである。当初は、道路と敷地の間の境界線を建築線とすることによって、道路の幅を確保しつつまちなみが形成されるのがねらいであった。この、建物の壁面線後退のことを一般に「セットバック」という。

まちなみの協定と地区計画

建築基準法

1950年に成立した、建築物を建てる際に守らなければならない最低限の基準。手続規定、単体規定、集団規定の3つのパートに分かれる。

手続規定では、確認申請手続きなどの諸手続きが規定されている。単体規定では建物の構造、防火、避難設備といった建物単体で備えなければならない基準が規定されている。集団規定は原則として都市計画区域内の建物に適用され、都市計画法で指定される地域地区などごとに、建物の設計条件が規定されている。その他、建築協定も同法に規定されている。

建築確認

建築行為を行う際に、建築主が建築主事（自治体などで建築確認にあたる人）または指定確認検査機関（民間確認機関）に申請し、建築基準法をはじめとする建築関連法規の規定に適合しているかどうかを確認すること。

この確認を申し出ることを、確認申請という。確認申請に通らないと、建築物は建ててはならない。なお、建築基準法でいう建築行為とは、新築、増築、改築、移転といった行為の中で一定の条件を満たすものを指し、その行為の対象となる面積や建築物が立地する場所によって条件が異なる。

一人協定

1976年に建築基準法の改正により、建築協定に「一人協定」が導入され、新規開発地で、事業者が土地などを分譲する前に「一人」で建築協定を締結し、その協定を購入者に継承するということが可能となり、建築協定締結地区の数は一挙に増えるようになった。また、都市計画上の開発許可制度の許可基準の中に、一人協定の締結を盛り込む事例が増えたことも、一人協定数増加の一因となった。

なお、初期に締結された建築協定が期限切れを迎え、協定廃止となる事例も増え、または更新の際に、いわゆる「穴抜け地」と呼ばれるような協定非更新敷地が現れるという問題も生じたために、1996年には「建築協定区域隣接地」制度が導入され、建築協定地区とその隣接地のまちなみの断絶を緩和しようという動きもあった。

緑地協定（旧：緑化協定）

都市緑地保全法第14条に基づく協定。市街地の良好な環境を確保するため、都市計画区域内における相当規模の一団の土地、または道路、河川等に隣接する相当の区間にわたる土地の所有者および建築物その他の工作物の所有を目的とする地上権または賃借権を有するものが、①協定区域、②樹木等の種類、植栽場所、垣または柵の構造など緑化に関し必要な事項、③協定に違反した場合の措置、を全員の合意で定め、市町村長の許可を得て締結するものである。許可の告示以降、土地所有者等となった者に対してもその効力がある。

任意協定

住民協定、自主協定、まちなみ憲章などとも呼ばれることがある。法律に基づいたまちなみに関するルールではなく、居住者が主体となって形成されたルールのことを総称していう。

法的拘束力はないものの、一定のレベルの合意と見なされれば、例えば法廷においても地域の重要な合意事項として認定される可能性もある。また、これらの任意協定をテコに、各種法的ルールの締結に展開することも多く、逆に、建築協定を地区計画に移行する際に抜け落ちる細かい規定を任意協定の中に盛り込み、「建築協定」＝「地区計画」＋「任意協定」のようなかたちで運用する場合もある。自治体によっては、条例によってこうした任意協定を公の地域ルールとして認定し、各種の助言や援助、保護などを加えているところもある。

地区計画

1980年の建築基準法、都市計画法改正によって導入された、用途地域などの地域地区制度と併用しながら、きめの細かい市街地像を形成していく手段。

具体的には、「地区計画の目標」「区域の整備、開発および保全に関する方針」「地区整備計画」を地区計画の中で定めるが、地区整備計画策定は必須ではない。具体的な規制項目としては、建築物の用途や形態・意匠の制限、容積率の最高限度・最低限度、建蔽率制限、敷地面積の最低限度、建物高さの最高限度・最低限度、壁面の位置、外壁後退を、地区整備計画の中に含めることができる。計画決定の主体は市町村である。

まちなみ保存

街並み環境整備事業

「街環」と略される。地域の良好なまちなみの形成のための国土交通省の補助事業。

まちなみ形成のための協議会活動などの支援、計画策定の支援、道路・小公園・門塀・建物の修景といった景観形成のための建設費補助など、幅広い支援を受けることができる。従来は、伝統的なまちなみに導入されることが多かったが、近年では、商業地や一般住宅地、農漁村などさまざまな場所で活用されている。

重要伝統的建造物群保存地区（重伝建）

城下町や宿場町、山村集落など、伝統的な建造物とそれと一体となって価値を形成している環境を保存するために、市町村が文化財保護法に基づく条例によって定めた地区を「伝統的建造物群保存地区（伝建地区）」といい、伝建地区のうち、文部科学大臣が我が国にとって特に価値が高いものとして、市町村の申し出に基づいて選定したものを、重要伝統的建造物群保存地区（重伝建地区）という。実際には、伝建地区のほとんどが重伝建地区となっている。

登録有形文化財制度

1996年の文化財保護法改正によってできた制度で、築後50年以上を経過した建造物を対象として、文部科学大臣が文化財登録原簿に登録する仕組み。単に「登録文化財制度」ともいう。

なお、2004年の文化財保護法改正により建造物以外の有形文化財も登録対象となった。国指定の重要文化財のような保全措置や改変への制限措置はとられないが、地域にとって重要な歴史的価値を有する建造物を幅広く保全することを意図した制度。固定資産税の減額措置、改修設計費用の部分補助、改修に関わる公的融資などのメリットがある。

景 観 法

景観法

2003年に国土交通省が策定した「美しい国づくり大綱」に基づいて、2004年に成立した景観に関する総合的な法律。

景観行政団体、景観計画、景観地区、景観協定といった、行政・事業者・地域住民が一体となって、景観の保全・創出に取り組むことを支援する枠組みを準備している。景観法に基づく景観行政の主体は景観行政団体と呼ばれ、都道府県や、都道府県の同意を得た市町村がなる。景観計画の策定を実施し、その実行を地域事業者・地域住民とともに担う。

景観計画

景観行政団体が定める景観行政の基本となる計画。

この計画を実施する景観計画区域は、都市計画区域以外でも指定可能で、景観計画区域内では建築行為の届け出が必要となり、景観計画に定められた基準に従って、景観上必要な勧告、変更

命令などを行うことができる。建物・工作物にかかわる景観だけでなく、自然景観や屋外広告物に関する景観もその計画対象としている。また、景観計画区域内では景観協定を定め、景観重要建造物や景観重要樹木の指定を行うこともできる。

景観協定

景観計画区域内の一定の範囲の土地所有者等が全員の合意により、景観行政団体の認可を受けて締結する、建築物の意匠等の基準を定めた協定。

景観地区

従来、都市計画法に基づいて指定されていた美観地区が廃止され、代わりに導入された都市計画上の地域地区の一つ。

市町村が都市計画決定を経て都市計画に定めることができる。景観地区内では、建築物の意匠や高さ、壁面位置制限、最低敷地面積等を制限でき、これらを建築確認と連動させ、違反建築物については必要な措置を命じることができる。

居住者組織とマネジメント

概説｜日本のコミュニティ

住宅地のまちなみづくりに関わる居住者組織の代表格といえば、町内会や自治会と呼ばれる地縁的な組織であろう。どちらかというと町内会と呼ばれるところの方が歴史が古く、自治会と呼ばれるところの方が歴史が新しい場合が多いようだ。町内会という組織は大正時代からしばしば文献に登場しているが、「自治」という言葉遣い自体が戦後社会の民主化の動きの中で出てきた言葉であることからわかるように、戦後出発した住宅地の地縁団体は自治会と名乗るところが多い。都道府県、市区町村が設置する公営住宅や、公団賃貸住宅（UR賃貸住宅）などの公的住宅団地なども、そのほとんどが自治会を名乗っている。ただ、町内会を名乗ろうが、自治会を名乗ろうが、基本的には自由で、そこに明快なルールがあるわけではないので、両者を総称して「自治町内会」と呼ばれることもある。

多くの住宅地でこの自治町内会が組織され、地域住民の日常生活を底支えしているケースが多い。よく見られる機能は、町の維持管理機能と、情報伝達機能、そして親睦機能である。維持管理機能の代表例として、ゴミ集積所や街灯の管理などが挙げられる。ゴミ集積所の管理はたいてい班や組といった、標準10数軒から組織される自治町内会の下部組織に任されることが多く、班や組ではたいてい輪番でゴミ集積所の掃除当番が決められたりする。

また、多くの自治町内会では、行政からのお知らせなどを回覧板で回している。もちろん行政の広報誌などだけでなく、自治町内会からの案内などが入っていることも多く、地域生活を円滑に営む際に必要な地域限定の情報が掲載されていることもある。中には、独自にニュースレターや新聞などを発行しているところもある。

そして、親睦機能というのは、さまざまなイベントなどを通して居住者間のコミュニケーションを円滑化するための一連の機能である。よく見かけるのが、子供会、婦人会、敬老会などの世代別のイベントである。一方で、夏祭りや秋まつりや新年会やクリスマス会、花見会などといった、季節ごとのイベントを多世代交流的に行うというのも定番である。近年では、ハロウィンパーティなどといった新しいイベントが、自治町内会などを中心に試みられることもある。

ただ日本では、自治町内会のような地域居住者団体に対しては、長く複雑な歴史的な経緯もあって、大切な地域コミュニティではあるが、残念ながらあらゆる人々から支持を受けている訳ではないのが実情である。江戸時代の地域住民の相互監視制度の一種でもある五人組制度の延長として町内会をとらえる人もいないわけではない。確かに相互監視的な面もあったろうが、逆に、相互扶助的な面もあったに違いないので、五人組制度が解体したのちも農村や町中でも相互扶助的な住民組織は多様に存在し続けた。これに目を付けたのが大正時代の内務省で、相互扶助的な町内

会組織の行政末端機能を強化し、居住地における人の出入りを把握する一方で、伝染病や衛生面での社会教育の単位として利用できることを、近代国家の成立基盤の一つとしようとした動きがあった。これが戦時中の隣組制度や常会制度に引き継がれたことによって、いまだに「町内会」や「組」という言葉を毛嫌いする向きもある。こうしたこともあって、戦後は町会や町内会ではなく、自治会を標榜する地域住民組織が増えていったと考えられる。

戦後再び1970年に入って、旧自治省（現総務省）によってコミュニティ政策という名前で、地域的課題を地域の住民組織が解決していく自主自決のための民主組織として、自治町内会に注目が集まった時期があった。この時から自治省の補助金を入れて全国にコミュニティセンター（通称、コミセン）が建設されるようになっていった。ただ、その後のバブル景気とともに、地縁組織による地道な活動よりも、税金のうまい回し方による課題解決の方が理にかなっているのではないかという気分の台頭もあって、地域の課題を地域で解決するコミュニティという地域居住者組織に期待される活動領域は時代によって移り変わってきた。

地域の究極的な強さ（強靱さ）というものが重要であることは、1995年の阪神・淡路大震災や、2011年の東日本大震災のような大災害が起きるたびに脚光が当たるものの、例えば2003年に公共施設の指定管理者制度が導入されたり、2005年に最高裁判決で自治会加入は義務ではないことが確認されたりもして、いまだに日本のコミュニティは、どんな姿であればいいのかという模索は続いているのである。

ただ、1970年代以降急速に数を伸ばしてきた分譲マンションにおいて組織される区分所有法上の管理組合は、共有関係にある人々の間で必然的に、自然に生じる関係であるため、自治町内会の持つ任意性を排除することができる組織としても注目される。戸建住宅地においても、共有地や共有物を設定して、区分所有法に準じて管理組合を組織しているところもあるが、管理組合の機能と、自治町内会の管理機能・情報伝達機能・親睦機能や行政との近さといった点で、なかなか両立するのが難しい場面も見られる。

こうした自治町内会や管理組合が必然的に組織

メンバーが近隣であること、すなわちコミュニティであることを要件としているのに対し、NPO法人や社団法人、財団法人といった組織は、必ずしも地域限定性を強く打ち出さず、どちらかというとテーマごとの活動をしているところは、社会学的には「アソシエーション」とも呼ばれ、コミュニティとアソシエーションのうまい連携が、今後のまちづくりにとって肝要のようである。

居住者組織

認可地縁団体

1991年に地方自治法が改正され、町または字の区域その他市町村内の一定の区域に住所を有する者の地縁に基づいて形成された団体（地縁による団体）は、地域的な共同活動のための不動産または不動産に関する権利等を保有するため、市町村長の認可を受けたときは、その規約に定める目的の範囲内において、権利義務の帰属主体となることができるようになった。

このことにより、従来、自治町内会などが所有していた土地や建物が、会長名義で登記されていたり、固定資産税などを会長名義で納めていたものを、地縁団体としての認可を得ることにより土地や建物を所有、登記することができる筋道が開けたのである。

指定管理者

公共施設の管理・運営について自治体が管理委託者として指定した者。

2003年の地方自治法改正で導入され、民間事業者やNPO法人もその対象となった。より効率的な管理・運営が志向される一方で、地域の人々による地域の管理・運営を促す側面も期待される。

公民館

現在の公民館は1946年の社会教育法に位置付けられているが、戦前にも「後藤伯記念水沢公民館（1941）」をはじめとした、社会教育を目的とした地域施設の建設はあった。戦後の民主化は地域住民の教育機会の提供を基礎とするという考えから、社会教育法上では公民館の目的を「市町村その他一定区域内の住民のために、実際生活に即する教育、学術及び文化に関する各種の事業を

行い、もつて住民の教養の向上、健康の増進、情操の純化を図り、生活文化の振興、社会福祉の増進に寄与すること」と定義し、設置者は市町村または一般社団法人や一般財団法人としている。

また、同法に規定されている公民館の事業としては、「定期講座の開催」「討論会、講習会、講演会、実習会、展示会等の開催」「図書、記録、模型、資料等の設備と利用」「体育、レクリエーション等に関する集会の開催」「住民の集会その他の公共的利用」などがあるが、もちろんこれ以外の事業も可能である。

こうしてみると、法律上公民館は地域住民の教育・体育を中心とした施設として想定されているが、実態としては、自治町内会の活動と連携して「住民の集会その他の公共的利用」に利用されている例が多く見られる。名称も、同法に基づく公民館を「生涯学習センター」や「地域交流センター」などと称したり、逆に、同法に基づかない自治会集会所などを自治公民館と称したりするケースもある。

NPO法人

狭義には、1998年に成立した特定非営利活動促進法（NPO法）によって規定されている特定非営利活動法人（Non-Profit organization）のことを指す。このNPOは、組織を「営利・非営利」、「公共・民間」に分けた場合、民間と非営利の両側面をもつ組織なので、民間非営利組織と呼ばれることもある。

1995年の阪神・淡路大震災時のボランティア活動組織の活躍が、公共セクターでも民間営利セクターでもできない分野の活動を担うことの可能性と重要性を示し、NPO法制定の契機となった。まちづくりの分野では、地域のさまざまな資源の有効活用や、建築・都市計画等の専門知識の供与などで活動が広がっており、住宅地のマネジメント分野でも、自治会、町内会等との連携のもとでの活動が期待される。

コミュニティビジネス

経済のグローバリゼーションによって加速化された地域衰退の諸問題と、必ずしも世界市場での利益追求が予定調和的にいかないという「経済の失敗」、必ずしも国家が徴収した税金が予定調和的に全体の幸福をもたらすわけではないという「政府の失敗」を踏まえ、これまでのビジネスモデ

ルでは解決できなかった地域の課題の解決を、地域に活動拠点を置く主体がビジネスとして担おうとする一連の動きを指す。

必ずしも利益最優先ではなく、地域の雇用創出や生きがいの創出、地域固有の文化形成・継承への寄与などが、活動の優先目的となることもある。逆に、従来の補助事業に基づく活動とは異なり、活動主体の経済的自立性、活動の意思決定の自立性を高めるために、ビジネスモデルを援用した活動であるともいえる。

管理組合

区分所有法

分譲マンションのように、空間利用上独立した複数の部分で構成された建築物の各部分を、それぞれ所有権の目的とするための規定を定めた法律で、1962年に制定された。俗に、マンション法ともいう。

区分所有建物を専有部分と共用部分に分け、専有部分は個別に登記し、共用部分は全員の共有として、その持ち分を登記する。この場合、共用部分の処分は専有部分の処分に連動するようになっている。柱、壁、床等の構造体および階段、廊下、エレベーターなど、構造上必然的に共用部分となる部分や、管理人室、集会所のように規約で共用部分と定めた部分（規約共用部分）を管理するために、区分所有者全員を構成員とする管理組合が自然に組織される。また、法人格をもった区分所有者の団体（管理組合法人）をつくることもできる。

戸建住宅地で、共有地や共有物を持っている場合、この法律を準用してそれらの管理を行うための管理組合を結成しているところも多い。

管理組合

民法上の共有関係または区分所有法上の共用関係を有する、共有地や共有施設の管理を行うために設ける組織で、共有者、区分所有者全員が構成員となる。

分譲マンションの管理組合は、区分所有関係があれば自動的に構成されるが、戸建住宅地などでは、共有地や共有物の管理を目的に、区分所有法に準じて結成されたり、民法に基づく組織とし

て結成されたりする。また、法に基づかなくても、上記に準じて結成される管理組合もある。

管理組合法人

　区分法第47条に基づき区分所有者が30人以上の場合に設立することができる法人格をもった管理組合。

　戸建住宅地でも共有地・共有施設を持つ場合にはこの法人が設立される例がある。

HOA（Home Owners' Association）

　「エイチ・オー・エー」（「ホア」と呼ぶこともある）。米国の住宅地で一般的に設けられている住宅地マネジメントのための組織。

　住宅所有者が運営費を拠出して、住宅地内の共有地などの管理を行う。その他、プール、ゴルフ場、保育所、賃貸住宅などの運営を行う場合もある。

新たなマネジメント領域

概説｜多様化社会を乗り切る知恵

　日本の住宅や住宅地をめぐる課題はすでに、「どうやって住宅をつくっていくのか」という軸から、「どうやって住宅を回していくのか」という新たな軸を中心に回り始めている。その背景はもちろん、少子高齢化に伴う「住宅余り現象」である。ただ、住宅が余っているからといって、それらを有効活用すればいいというだけの問題ではない。住宅単体の課題を見てみても、既存住宅の耐震補強、断熱性の強化、バリアフリー化、そして中古住宅の流通の問題など、さまざまな課題をクリアしなければ、余った住宅を有効に使える状況にはならない。このような複合的な要因を解かなければならなくなった21世紀初頭、国レベルでは住宅政策の目標を定める法律を「住宅建設計画法」から「住生活基本法」に転換し、「つくる」ことから「回す」ことへと大きく舵を切ったのである。

　そこで問題になるのは、中古住宅をどのように次の買い手や借り手に届けるのかという課題ばかりではない。昭和が終わり、バブルがはじけて、阪神・淡路大震災のような自然災害が頻発するようになって以来、日本の社会と家族は多様化の速度を速めてきた。想像以上の長期にわたる高齢期生活、家族構成員の減少、単身家族化、貧富の格差の増大、晩婚化、離婚率の増加、外国人の定住などにより、昭和時代の「右へならえ」式の価値観では到底追いつけないほどのライフスタイルの多様化が実現している。このライフスタイルの多様化は、必然的に住宅や住宅地にも多様性を迫ってくる。逆に言えば、この多様化のニーズを受け入れられない住宅や地域は、次第に空いていくのだろう。

　具体的に言えば、このような少子高齢多様化社会とそれによって生じる、空き家、空き地問題を同時に解いていくことが、今後の住宅地のマネジメントの基幹的なテーマになっていくだろうが、課題が複雑であるために、以下に解説するような領域の知識を適宜組み合わせながら、課題を解いていかなければならない時代に入ってきたようだ。課題が複雑化している分、それを解く過程も複雑化していくのであるが、まちづくりは、こうした課題を解いていくプロセスだと考え、課題を解くのが楽しみになれば、まちづくりも楽しくなるのではないだろうか。

ライフスタイル

コーポラティブ住宅

　「協同組合住宅」と直訳される。欧米では組合所有の住宅形式を主体に、数多くの実績があり、日本では1975年前後から組織的な運動が芽生え、1978年にコープ住宅推進協議会が設立され、2001年にNPO法人を取得している。

　日本では区分所有の持家型が多く、入居予定者が組合をつくり、自らの設計で発注する自主建設方式と、公団、公社などの戸建分譲住宅のかたちをとる方式などがある。数は少ないが賃貸型、定期借地権型なども試みられている。

コレクティブハウス

字義通りには集合住宅を意味するが、近年の日本では、北欧で普及しているコレクティブハウス（collective house）、もしくはコ・ハウジング（Cohousing）と呼ばれる形式の集合住宅を意味する。

各住戸の面積を減らす代わりに台所・食堂・リビングなどの共用空間を充実させ、共同で家事・食事などをする空間や仕組みを備えた集住空間を指す。日本では、阪神・淡路大震災以降本格的に建設されるようになった。主として、高齢者や母子家庭など、共同で家事などを行うことにメリットを感じる人々が、互いの生活を相互補完的に支え合う仕組みである。

シェアハウス

住宅ストックの問題が、戸建住宅の2階の子ども部屋から子どもが独立して巣離れしていくエンプティネスト問題から、高齢者独居問題や空き家問題に移行していく2000年あたりから現在まで、余った部屋や空いた家を有効に利用していくための一つの方策として、それまで1世帯で利用していた戸建住宅や集合住宅の住戸に、複数の単身者が住み、トイレ、風呂、キッチン、食堂、リビングルームなどを共同利用して住むことが流行ってきた。

戦後の日本の住宅の間取りはnLDKという呼び方からわかるように、n個の個室と、LDKという家族の共用空間から成り立つことが多いので、n個分の個室を、それぞれ単身者が寝室として使い、残りの部分を共用（シェア share）するという方式である。戦後日本社会では、個人の部屋、個人の家、個人の屋敷、個人の領域、という空間の個人化と、その所有化に重きが置かれていたが、行き過ぎた個人所有化と少子化がこのような人と人とのつながりや、所有価値ではなく使用価値を重要視する行動様式の変化の一因といえよう。当初は既存住宅をリノベーションしてシェアハウス化することが多かったが、近年では最初からシェアハウス用に新築する動きも出てきた。

住宅政策と福祉

住生活基本法

高度成長期の住宅政策の根幹であった住宅建設計画法に基づく「住宅建設五箇年計画」（第1次／1966年から第8次／2005年まで）の廃止を受けて、2006年に制定された法律。

住宅建設計画法が基本的に住宅の量的供給を主眼とし、新規建設戸数を重視していたことに対し、少子高齢化や環境問題、住宅セーフティネット（弱者支援）という背景から、住宅の長寿命化や住宅ストックの流通促進を主眼とする政策転換が図られ、10年を目途とする「全国住政策基本計画」、「都道府県住政策基本計画」の策定が義務化された。市区町村でもそれぞれの住政策基本計画を任意で策定しているところがある。

住まいのまちなみづくりの活動でも、地域のこうした基本計画（マスタープラン）に明示されているような事柄であれば、行政からの支援や援助が期待できる可能性がある。第1次全国住生活基本計画は2006年に閣議決定され、続く第2次の全国計画は2016年閣議決定されている。

居住支援協議会

低額所得者、被災者、高齢者、障害者、子どもを育成する家庭、その他住宅の確保に特に配慮を要する人を「住宅確保要配慮者」として、そのための賃貸住宅の供給の促進を図るために2007年に制定されたのが、住宅セーフティネット法（住宅確保要配慮者に対する賃貸住宅の供給の促進に関する法律）である。この中で、地方公共団体や関係業者、居住支援団体などが連携して、住宅情報の提供等の支援を実施する協議体である居住支援協議会を設置できることとされ、国によるその活動の支援制度が始まった。

そして、2017年には住宅セーフティネット法の改正に伴い、都道府県単位や市町村単位の居住支援協議会の設置が進むとともに、住宅確保要配慮者の入居を拒まない賃貸住宅の登録制度など、民間賃貸住宅や空き家を活用した「新たな住宅セーフティネット制度」が本格的に始まった。さらに、居住支援協議会とは別に、都道府県が指定する居住支援法人には国等からの活動支援も拡充されるようになった。このように、住宅セーフティネット方面では、地域の各種団体の連携によって住宅貧困者のためのネットワーク整備が進みつつある。

社会福祉協議会

1951年の社会福祉事業法を改定して2000年に制定された社会福祉法に基づき、すべての都道府県・市町村に設置設立される社会福祉法人。

活動経費の多くが行政機関の予算措置によるので、半官半民的立場で地域住民の福祉増進を図るための民間組織といえる。「社協」と略すが、全国レベルの全国社会福祉協議会（全社協）、都道府県レベルの都道府県社会福祉協議会（都道府県社協）、そして住民にとって一番身近な市区町村社会福祉協議会（市区町村社協）が法律上設定されており、さらに任意ではあるが市町村の中をエリア分けして、小学校区などの単位で地区社協をつくって活動しているところも多い。

共同募金会が行う共同募金の事務局も兼ねており、市町村レベルでは、行政の委託事業や福祉・介護サービス、障害者支援などを行っている。

民生委員

厚生労働大臣の委嘱により市区町村ごとに配置される民間ボランティア。1958年の民生委員法に規定されるほか、地方公務員法上の非常勤の特別職の地方公務員でもあり、児童福祉法上の児童委員も兼任するため「民生委員・児童委員」と称されることも多い。

社会福祉の増進のために生活困窮者の保護や生活相談などを、社会福祉協議会や保健所などと連携して行う。近年は、民生委員の高齢化や、新規で民生委員のなり手が少ないという課題もあるが、独居高齢者の見守りや相談などにおける役割が高まっている。給与は支給されないものの、一般的には交通費や通信費等相当分として自治体から活動費が支給される。自治町内会組織との連携によって、社会的弱者に対する多面的な支援が期待される一方で、守秘義務や個人情報保護法が足かせとなって連携が進んでいないケースもある。

ユニバーサルデザイン (UD：Universal Design)

従来、障害者や高齢者が家の中の段差や、街中の段差のために行動が制限されることを防止するために、バリアフリー（barrier free）という概念が用いられることが多かった。これは、身の回りの環境の中にある障害（バリア）から解放されるという意味である。しかし、子供、妊婦、子連れの人、一時的に怪我をした人なども、同様に、「優しい環境」を必要とする。こうしたすべての人々にとって使いやすい、モノや空間、まちのデザインを追究するのが、ユニバーサルデザインであり、バリアフリーを包括する概念である。

住宅のストック化と流通

空き家バンク

従来、空き家を市場流通に乗せようと思えば、ちまたの不動産事業者（宅建事業者等）に委託して、買い手や借り手を探すのが一般的であったが、全国に増える空き家の全てがこうした不動産流通市場の対象とはならないケースが増えてきた。特に地方では、そうたやすく買い手や借り手が見つからない。そうすると、売り値や貸し値を下げざるを得ない。不動産事業者の報酬は成功報酬で、しかも仲介物件の値段に応じてその額が決まるのであるが、買い手や借り手が見つかりにくい物件は、町場から遠いところにあったり、斜面地の上にあったりすることが多く、客を連れて行くのに手間がかかる割には、報酬が少なくなる。こうして、地方都市のある一定エリアでは、不動産流通に乗れないままの空き家が集積していく傾向にある。

こうした、民間市場では対応できないような空き家と、買い手や借り手のマッチングをめざして、自治体や自治体の委託を受けたNPO法人などの団体が、一定地域の空き家を登録してネットで公開したり、その媒介を行ったりする空き家バンクを運営するケースが増えてきた。しかし、空き家を出す側の相続や税金といった課題や、買ったり借りたりして移り住んで来る人のための、増改築に関わる法的課題といった付随的相談業務も併せて行わないとうまく機能しないケースも多い。

空き家法（空き家対策特別措置法）

全国で増えつつある空き家、特に、放っておくと近隣に深刻な迷惑のかかるおそれのある空き家などを行政が指定し、特別な措置を講じることをルール化した法律が、2015年に施行された。

そもそも空き家は少子高齢化、多子化、中古住宅の流通不全によって生じるものであるが、住宅が建っている土地の固定資産税が最大で1/6まで優遇される特例があるため、空き家の解体が進ま

ないという背景もある。そこで同法では、倒壊等によって周囲に迷惑をかける危険性の高い空き家を「特定空家等」と指定して、危険を除去するための勧告、命令、ひいては強制撤去を行うことが可能であることを明記するとともに、特定空家等の固定資産税、都市計画税の優遇の解除も行うことができるようにした。

リノベーション

建物を取り壊すことなく建物の用途を変えたり（コンバージョン）、増改築を施したりしながらその建物全体の利用価値、特に第三者にとっても評価できる流通価値を高める（ヴァリュー・アップ）ことを伴う建物改変行為をいう。

単なる建物の改変はリフォームと呼ばれるが、言葉の定義に関してのルールは定まっていない。したがって、単に所有者の都合で用途を変えたり、外壁を取り替えたりするだけで、第三者にとってさしたるヴァリュー・アップとならないような行為は、リノベーションとは呼ばないことが多い。

リノベーションが近年注目されているのは、全国的に空き物件の流通が社会的テーマとなり、建物の改変が中古物件流通を促進し、ひいては地域全体のヴァリュー・アップにつながるという期待が膨らんでいるからである。

安 心 安 全

自主防災組織

災害対策基本法で「住民の隣保協同の精神に基づく自発的な防災組織」と規定される組織。

1995年の阪神・淡路大震災で公的救助が滞る中、地域住民による互助的活動が功を奏したことが注目されたことをきっかけに、全国の自治体で自主防災組織の結成を促す機運が高まった。実際には、行政から自治町内会に呼びかけて組織されるところが多い。具体的には、火の用心の見回り、消火訓練、避難訓練などを行うことを通して、発災時の初期的避難、救助活動を効果的に行うことが期待されている。2011年の東日本大震災では、消防団の活躍にも注目されたが、消防団が消防組織法に定める公共機関であり、団員が非常勤の特別職地方公務員であるのに対し、自主防災組織は任意組織である。

ハザードマップ

危険予測図、災害予測図、危険範囲図などとも称され、特定の災害等が起きた場合の危険度の分布を地図上に表現したもの。

従来は公表が避けられる傾向にあったが、近年では積極的に公表することによって地域での主体的な危険予防活動を促進することが期待されている。また、犯罪発生マップ、クライムマップなどと呼ばれる犯罪発生箇所などを記した地図をもとに、地域の犯罪発生防止に役立てようとする動きもある。

CPTED
(Crime Prevention Through Environmental Design)

「セプテッド」と読む。防犯環境設計とも訳される。アメリカの住宅地における犯罪防止のための物理的環境計画の手法。

バンダリズムと呼ばれる地域環境の人為的な破壊行為などを防止するために1970年代に、オスカー・ニューマンの「守りやすい住環境」理論が普及したが、それは、社会心理学的に、住環境内のプライベート空間とパブリック空間の間に、セミ・プライベートやセミ・パブリックといった空間を配し、空間のヒエラルキーを段階的に構成することによって居住者のテリトリー形成を促し、防犯につなげる理論であったが、近年ではより綿密に、積極的に、環境荒廃要因の撤去、見通しや室内からの視線による抑止、空間への帰属意識の向上など、さまざまな犯罪防止につながる設計方法が開発・実践されつつある。

割れ窓理論

落書きや器物損壊などの軽犯罪によって環境が破壊されること、さらには美しい景観の中にふさわしくない建物を建てることをバンダリズム（vandalism）というが、落書きや壊されたものをそのまま放置しておくことは、環境破壊者に「ここを壊しても誰も何も言いません」という意味にとらえられることが多い。例えば、空き建物の窓が割れたのを放っておくと、次なる破壊を誘発しやすいので、割られたらすぐに修繕することが、環境破壊の防止につながる。

このような「割れ窓理論」を提唱した犯罪学者ジョージ・ケリングが、1994年にニューヨーク市

259

長に選ばれたルドルフ・ジュリアーニのめざす治安回復策の顧問に迎えられ、実際にニューヨークの治安が改善されたのは有名な話である。

環境との共生

ビオトープ

多様な生物が互いに連関しながら複雑に生命系を構築して均衡を保っている環境のことを指す。日本では、主として環境教育の一環として、トンボ池に代表されるような、人工的な小規模のビオトープを市街地に形成しようという動きが1990年代から盛んになった。

里山

一般的には、人間の日常生活圏内にある山や森林を指す。長い歴史に裏づけられた、人間の生活と自然環境の共生のバランスのとれた環境として、近年その存在自体に注目が集まってきている。住宅地周辺のまちづくりの一環として、荒れた里山の復活が盛んになってきつつある。

新技術

GIS（Geographic Information System）

地理情報システムの略。地図をデジタル化したうえで、個々の地図のパーツに地球上の位置データを付与し、さらに、この地図情報にさまざまなデータを関連づけて表示することにより、従来バラバラに管理されていた諸データを地理的・視覚的に統合できるようにしたシステム。

IT（Information Technology）
ICT（Information and Communication Technology）
IoT（Internet of Things）

いずれもコンピュータを使った情報技術分野の総称。IT、ICT、IoTの順番に進化してきている。

ITはパソコンやインターネットを使った情報技術。ICTはITをベースとしながら、人と人、人とモノをつなぐコミュニケーションを支援する技術で、例えば、各種センサーなどを用いた高齢者の見守り技術などを挙げることができる。IoTは、あらゆるモノ同士がインターネットを介してつながり、現場で得られたデータがインターネットを介してビッグデータとして蓄積され、分析され、現場で必要とされる最適な解をもたらしてくれるシステムを指す。例えば住宅では、トイレ機器やベッドや床や壁などにセンサーが仕組まれ、住民の健康状態をチェックしてくれる、あるいは、部屋の湿度温度を快適に保ってくれるというようなシステムである。ほかにも、自動運転や環境の遠隔操作などにも応用される。

あとがきにかえて

　本書は、住宅生産振興財団が主催する「住まいのまちなみコンクール」の受賞団体のさまざまな活動から何か学ぶところがあるはずだということで、何回かに分けて各団体にインタビューを行った記録の中から、「これは」と思う「知恵」の数々を構造化してまとめようという趣旨から始まった。よく考えれば、自治会・町内会や管理組合の役員にはなってみたが、あまりにも前後関係や専門用語がわからず、やる気はあるものの、どう進めていいかいまいちわからない、といった方々も多くいるはずである。そうした方々が気軽に参照できる「地域の役員さんの教科書」のようなものも、ついでにめざすことができるのではないかという、さらに欲張った意図もあった。

　当初の意図通りにできている部分と、なからずしもそうなっていない部分があるようにも思えるが、今となっては、その評価は読者諸兄にお任せするしかないと考えている。

　こうした欲張った企画のために出版がたいへんずれ込んでしまったのだが、この間、気長に付き合っていただいたさまざまな関係者に、最後に簡単に謝辞を述べたい。

　本書のクレジットは「東京大学建築計画研究室」となっているが、「まちコン」への関与は私が東京理科大学の建築計画研究室の教員であったころから始まっており、2008年に東大に移ってからも、たくさんの学生さんたちと共同で行った調査研究がベースとなっている。

　とりわけ、深見かほり、大河原礼美、勝間田知巳、近藤裕希、齊藤淳子、深井祐紘、大杉慎平、吉田雅史、朴晟源、生山翼、栗原理沙、泉谷春奈、金炅敏、芦澤健介、田畑耕太郎、大島史也、矢吹慎、の元学生だった諸氏には大変お世話になった(関わった順)。

　また、本書監修役である住宅生産振興財団の方々として、歴代専務理事の大川陸、石川哲久、松本浩、青木徹、事務局長の岩石正彦、歴代事業部長の阿部行雄、門馬通、三隅清孝、松岡俊一郎の諸氏には大変お世話になった。特に、最初から一貫してまちコン受賞団体との窓口を務めていただいた財団職員の石川奈津子さんのご尽力は大きかった。

　また、本書の出版では、編集の江田修司、佐藤雅夫の両氏、そして本書の発行を引き受けていただいた建築資料研究社の種橋恒夫さんにお礼を申し上げたい。

　最後に、「そこまで聞くの?」と思われながら、熱心に私たちの質問にお答えいただき、数々の住宅地のマネジメントの知恵を、惜しげもなく披露してくださり、また校閲にご協力いただきながら、辛抱強く本書の出版を待っていただいた、まちネットの団体の皆様に深甚なる感謝を捧げます。

※お名前、肩書は、本書作成に携わっておられた時点のものを掲げさせていただいている。

2018年5月　大月敏雄

大月敏雄 おおつき・としお

1967年福岡県八女市生まれ。東京大学工学部建築学科卒業、同大学院工学系研究科単位取得退学。横浜国立大学助手、東京理科大学准教授を経て、2014年東京大学大学院工学系研究科建築学専攻教授。博士(工学)。近代日本の集合住宅や住宅地などを対象に、住環境の変化や価値の向上に着目した研究に取り組む。著書:『同潤会のアパートメントとその時代』(共著)鹿島出版会 1998、『集合住宅の時間』(単著)王国社 2006、『近居──少子高齢社会の住まい・地域再生にどう活かすか』(編著)学芸出版社 2014、『住まいと町とコミュニティ』王国社 2017、『町を住みこなす──超高齢社会の居場所づくり』岩波新書 2017ほか

一般財団法人 住宅生産振興財団
The MACHINAMI Foundation
105-0001
東京都港区虎ノ門3-11-15 SVAX TTビル5F
phone 03-5733-6733
fax 03-5733-6736
www.machinami.or.jp

住宅地のマネジメント
「まちネット」から学ぶまちづくりの知恵

2018年7月2日　初版発行

編著
大月敏雄©＋東京大学建築計画研究室

監修
一般財団法人 住宅生産振興財団©

発行
株式会社 建築資料研究社
馬場栄一
171-0014
東京都豊島区池袋2-38-2-4F
phone 03-3986-3239
fax 03-3987-3256
www2.ksknet.co.jp/book/

編集
江田修司(江田編集企画室)
佐藤雅夫

デザイン
三木俊一＋守屋圭(文京図案室)

印刷製本
シナノ印刷株式会社

ISBN 978-4-86358-567-6
本書の各ページおよび各図版の一部についても無断転載は固く禁じます。